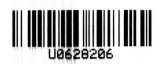

北京中医药大学重点马院建设资助项目

光明社科文库
GUANGMING DAILY PRESS:
A SOCIAL SCIENCE SERIES

·政治与哲学书系·

教化之后

儒家教化的德育诠释

程 旺|著

光明日报出版社

图书在版编目（CIP）数据

教化之后：儒家教化的德育诠释 / 程旺著. --北京：光明日报出版社，2023.6

ISBN 978-7-5194-7322-8

Ⅰ.①教… Ⅱ.①程… Ⅲ.①儒家教育思想—研究—中国 Ⅳ.①G40-092

中国国家版本馆 CIP 数据核字（2023）第 112423 号

教化之后：儒家教化的德育诠释

JIAOHUA ZHIHOU：RUJIA JIAOHUA DE DEYU QUANSHI

著　　者：程　旺

责任编辑：许　怡　　　　责任校对：王　娟　李佳莹

封面设计：中联华文　　　　责任印制：曹　净

出版发行：光明日报出版社

地　　址：北京市西城区永安路 106 号，100050

电　　话：010-63169890（咨询），010-63131930（邮购）

传　　真：010-63131930

网　　址：http://book.gmw.cn

E - mail：gmrbcbs@gmw.cn

法律顾问：北京市兰台律师事务所龚柳方律师

印　　刷：三河市华东印刷有限公司

装　　订：三河市华东印刷有限公司

本书如有破损、缺页、装订错误，请与本社联系调换，电话：010-63131930

开　　本：170mm×240mm

字　　数：323 千字　　　　印　　张：18

版　　次：2023 年 6 月第 1 版　　　　印　　次：2023 年 6 月第 1 次印刷

书　　号：ISBN 978-7-5194-7322-8

定　　价：98.00 元

序言：重思儒家教化观念的本真价值

梁漱溟先生曾特别指出："盖数千年间中国之拓大绵久，依于中国文化；中国文化发展自始不以宗教作中心，而依于周孔教化。"① 儒家"教化"不仅在中国文化中有着潜在的重要历史价值，在当今时代仍具有不容忽视的文化功能，儒家思想"注重发挥文以化人的教化功能，把对个人、社会的教化同对国家的治理结合起来，达到相辅相成、相互促进的目的"②。不过，有关儒家"教化"的本来内涵及其内在义理，还有不少有待澄清甚至误解之处。本文通过简要的勾勒叙述，对此略加疏解，以期为更好地挖掘其时代价值做好准备。

一

孔子创立儒家一派，依仁立教，确立儒学的教化精神，其后孟子主"善政不如善教"、荀子倡"美教化"，延续两千多年一直未曾中断。汉代董仲舒继续推崇教化，认为"古之王者明于此，是故南面而治天下，莫不以教化为大务"（《汉书·董仲舒传》），"圣人之道，不能独以威势成政，必有教化"（《春秋繁露·为人者天》）；《汉书》总结儒家的来源及特征，将"顺阴阳明教化"（《汉书·艺文志》）作为其重要标识之一，并且认为"教化之流，非家至而人说之也"（《汉书·匡衡传》），教化并非采取说教、聒噪的"家至人说"之方式。魏晋时代，虽然较为崇尚"触情而行"的自然之风，不过，仍有"名教中自有乐地"的执拗。到了宋明，同样依止于教化，比如朱子最重要的著作《四书章句集注》中的《大学章句》，他为《大学章句》作的序尤其值得注意，反映出

① 中国文化书院学术委员会．梁漱溟全集：第 4 卷［M］．济南：山东人民出版社，1990：21-22.

② 习近平．在纪念孔子诞辰 2565 周年国际学术研讨会暨国际儒学联合会第五届会员大会开幕会上的讲话［N］．人民日报，2014-09-25（02）.

朱子之心曲。整个《大学章句·序》就是围绕教化问题来讲《大学》的重要性及其思想逻辑的，阐述了为什么要教、如何来教、教化的工夫次序是什么、教化的方法应如何、教化的效果会怎样等问题。也就是说，朱子之所以看重《大学》就在于他认为《大学》阐明了教化之理，有助于教化的展开及落实。再如王阳明，其核心理论“良知教”，以良知为核心展开教化，“良知教”不仅强调是要确立其主体自身，还要致良知于事事物物。这是良知的本有意涵，也呈现出教化应有的意义。直到近现代，教化的本真意蕴同样一以贯之，梁漱溟先生认为“教化之所以必要，则在于启发理性、培植礼俗而引生自力”①，这个论断点出了教化的精神和旨趣，所以他依然强调“宁在教化”；牟宗三先生则着力辩护“教化意义之大防”②；徐复观先生亟亟提点“教化精神”乃儒家精神性格“为人所忽略，而实系最伟大的一面”③ ……可见，“教化”贯通儒学思想始终，实乃其精神特质之所在，是我们进入、打开儒家思想的一个核心视域。

不过，以往我们提到儒家教化往往会有一种不太恰当的理解，偏颇地将教化理解为是由上而下的、强制性的灌输形态，比如君主教化臣民、圣人教化百姓、老师教化学生等，教化被视作从思想到行为的规训机制，这样理解会导向对儒学价值的相对负面定位，对教化自身的价值也无法恰当澄清。问题在于，我们对儒家教化的理解和表述通常只停留于平铺的视角，如从政治教化、道德教化、礼乐教化、诗教、书教、礼教等不同视域来看待儒家教化，而把立体的视角忽略掉了，即对教化的合法性根基、“教”如何能“化”、教化的过程机制等未加彻底追问，由此对教化观念的内在义理结构并未透彻理解。“教化”何以可能，才是理解儒家教化需要面对的首要问题。儒家所言教化，首先是自我的教化，不管是什么形态的教化模式，只有立足于主体性的自觉和认同，教化才具有生成、实现的基础和可能。因此，我们所理解的教化本质上其实是一种转化，首要即自我本体的实存转化，以此为基础，“教”而能“化”才具有本体依据。故而，我们首先应找到人之为人的根本在哪儿，首先找到自己背后的本体，这是教化的前提。孔子找到的根据是“仁”：“人而不仁，如礼何？人而不仁，如乐何？”（《论语·八佾》）这就是人之为人的本体或价值根据。但对大多数人而言，仁不是那么容易做到的，那怎么办呢？要“学”，要“教”。学也是一种教，是自我所寻求对自我的教，所以才能“学而时习之，不亦说乎”

① 梁漱溟．中国文化要义［M］．上海：学林出版社，2000：213.

② 牟宗三．政道与治道［M］．长春：吉林出版集团，2010：118.

③ 徐复观．儒家精神之基本性格及其限定与新生［M］//李维武．徐复观文集：第二卷．武汉：湖北人民出版社，2002：53.

（《论语·学而》）。还有“子以四教，文、行、忠、信”（《论语·述而》），都是讲这个问题。尤其对老百姓来讲，教化很重要，孔子讲治理一个国家首先要“庶”，然后要“富”，最后不能忘记还要“教”。民如何教?① “民可使由之，不可使知之”（《论语·泰伯》），即顺应民众的本然生活方式来开展：“圣人之治民，民之道也。禹之行水，水之道也。造父之御马，马之道。后稷之艺地，地之道也。莫不有道焉，人道为近。是以君子，人道之取先。”（《郭店楚墓竹简·尊德义》）后来孟子提出“五伦”作为教化的内容，可视为以“人道”来“治民”的具体延伸，孟子讲道：“人之有道也，饱衣，暖食，逸居而无教，则近于禽兽。圣人有忧之，使契为司徒，教以人伦：父子有亲、君臣有义、夫妇有别、长幼有序、朋友有信。”（《孟子·滕文公上》）教化的可能，在于人性自身的定位和觉悟；教化的必要，则彰显着其现实意义所在。

二

从内在结构层面追问：“教”何以能“化”？转化如何实现？自我到社会的维度为何一定要展开？教化是有层级性的，有内在的逻辑，首先是对自我的根本确认。“仁者人也。”（《中庸》）孔子依仁立教，仁就是人自身内在自我的发现。仁虽然有时也需要学、教的环节，但并非外在的灌入，而不过是在学的过程中回问自身的自我确证，亦即自我教化之实效：“仁远乎哉？我欲仁，斯仁至矣。”（《论语·述而》）《中庸》开篇对“教”所作定位，进一步以“性”深化自我确证的内涵（“天命之谓性”），由此贞定此“教”之基本精神，“修道之谓教”是在“性”“率性”的内在根基上得以开展。孟子接着讲尽心知性、存心养性，正是对此教化精神的接续和发展。孟子的贡献在于发明“本心”，即心论性，为内在的自我根基确定了完善的存在论基础。孟子就本心讲性善，特别需要解释的是，既然性善，社会上为何有那么多恶的行为出现。人性之恶的存在，性善论是可以解释的，恶不过就是善的缺失，本心放失而不知求，当然会“放辟，邪侈，无不为已”（《孟子·梁惠王上》）。所以恶的存在是可以解释的，不能因为有恶就否定性善论②；人性本善，但不是所有人守护住生、长此

① 参李景林．“民可使由之”说所见儒家人道精神［J］．人文杂志，2013（10）：1-11.

② 性善论可以从理论上较为圆满地解释人性诸现象，包括恶的问题；反之，性恶论对“善如何可能”的问题，却难以从根源给出圆满解决。

善的本心，所以离不开“教”，而恶的存在更从反面强化了教化的理论必要性。孟子由性本善筑牢人性之根据，并将自我之教的可能阐发了出来。

仅仅这样还不够，这还不是自我教化的全部意义。在找到自我的根源、安顿好自身之后，真正的教化一定会有一个向外推展的过程，这是自我转化、自我充实之后的一个必然结果。《大学》所总结的“大学之教”——明明德—新民—止于至善、格—致—诚—正—修—齐—治—平的理论结构，正是对此教化推展的规模性刻画。不仅要落实好自己，还要影响社会，直至影响万物，孔子所谓“修己安人”“博施济众”，后来不断发展出所谓“成己成物”，所谓“先觉觉后觉”，所谓“民胞物与”，所谓“仁者浑然与物同体”，所谓“致良知于事事物物”等等，一脉相沿；现代儒学如杜维明仍总结出自我—社群—自然—天道的层级展开，来表征自我由内而外逐步外化、展开并不断上达的教化过程。① 为什么一定要外化推展乃至万物呢？“君子之心，豁然大公，其视天下，无一物而非吾心之所当爱，无一事而非吾职之所当为，虽或势在匹夫之贱，而所以尧舜其君，尧舜其民者，亦未尝不在其分内也。”② 关怀社会、安顿万物其实是成就自身、完善自我的一个必然要求，作为个体的自我转化，必须容纳自己向世界的打开过程，人和社会、万物应该是相通的，否则“自我”仍是有限隔的；另一方面，个体自我也需要依托与其相应的共同体来完成自身的义务展开、社会责任及境界提升。换句话说，不外推展自我的转化仍是未完成态，对社会、万物的观照其实正是主体自身“教而化之”的应然过程。

故此，儒家教化的本质，简要概括的话还是“内圣外王”最恰切。内圣外王讲出了儒家教化的内外两面及其关联。内圣外王不是“内圣+外王”，二者不是简单的拼接组合关系，而是一体关系，可以理解为是综合结构，不过应明确是“综合之必然”，亦即两面必然互相含蕴对方。内圣一定就包含外王的要求，否则就不是真内圣；外王就一定是立基于内圣的外王，否则就不是儒家的外王。但现有很多观点认为儒学已经失去了制度性依附，以往士大夫端身正己即可影响到其家庭以至家族乃至邦国，现在家庭都是单个的原子式单位，已无法期待外王，儒学只要做好个体修身就可以了。其实不然，真正的儒学内圣一定会导向外王的追求，反之亦然，也不会存在一个只讲外王的儒学，否则就是不合

---

① 杜维明．二十一世纪的儒学［M］．北京：中华书局，2014.

② 朱熹．朱子全书：第六册［M］．上海：上海古籍出版社、合肥：安徽教育出版社，2010：513.

“法”的。[①] 现代式的外王，并非专指政治秩序、更新治道之类，实则可在大大小小任何生活圈子里展开，如立足各自的职业去做好其职分之所当为，参与到社会共同体的运转而产生与自身职责相应的影响，还可以去做诸如志愿、公益之事来关怀、影响他人等。从广义的“外王”看，我们在生活秩序中能近取譬，外王可以无一息之停。故儒学的现代转化依然会导向外王，也可以做到外王，只是外王的形态会与时偕新，但不会无有。另一个误区，则是认为外王的实现可以不必经内圣亦可达致，否认内圣作为前提、基础的理论逻辑。大至国家层面诸如专制、苛法、暴政，个体层面诸如僭越、违法、越礼，历史表明此类“外王”或可达致，但已越出儒学之域，为儒家所不取，亦即在儒家看来，并非所有的事功成就都称得上“外王”。总之，内圣外王之间的内在统一性，彰显的正是“教”与“化”的本原一体之义，上述两大误区所反映的“教”而无“化”、不“教”而“化”，恰恰是本真的儒家教化所批判的不当模式。概言之，儒家教化——教而化之——教而必化、化必由教。[②] “教—化”的实现，印证着儒家精神的现实性。

三

近代以来，一句“礼教吃人”将传统礼教及其“代言”的儒家文化打入另册，至今仍难以全面恢复其本有面目及作用。礼教被统治阶层利用而变为钳制人性的工具，这种意义上的礼教确实应该予以批判。不过，礼教的本真面目并非如此，以前多指向对“礼”的质疑，殊不知“教”——礼的施教方式问题，才是问题缘由所在。因为古人“缘人情而制礼，依人性而作仪”（《史记·礼书》），从本质内涵来审视，礼本是顺应人之性情的产物，“先王以承天之道，以治人之情”（《礼记·礼运》）。在这样的意义上，我们也可以理解礼的本然价值：“礼，经国家、定社稷、序民人、利后嗣者也”（《左传·隐公十一年》），“道德仁义，非礼不成，教训正俗，非礼不备”（《礼记·曲礼》），故孔子曰“安上治民，莫善于礼”（《孝经·广要道章》）。虽然现实的运用可能

① 如“心性儒学”“政治儒学”式的称谓本身就是很成问题的，这不是要否定其在理论探索上的贡献，而是这种偏歧提法本身就包含对儒学义理的扭曲趋向。

② 《说文解字》解“教”“化”，其字义本然即此：“教，上所施下所效也”，“化，教行也”。

会出现“《礼》之失，烦”的可能，但“恭俭庄敬，礼教也”（《礼记·经解》）的本质仍是值得肯定的，失之于“烦”恰恰是“教”的方式出现了问题。所以如果不从“教”的角度去反思，而仅仅是针对“礼”本身去否定，我们仍无法从根本上对以往的偏激批判路向实现纠偏，也就不能客观地对礼乐教化的本质加以认同和吸收。

礼教问题只是其中一个侧面，更普遍地看，“教化”关涉着价值观如何生成与传播的方式问题。教化乃以一种由内而外的——教而化之的方式，为价值观的生成和传播提供路径，并经由“把对个人、社会的教化同对国家的治理结合起来”，实现从自我层面的个体自觉到社会乃至国家层面的稳定共识。“教化”本真结构所导出的价值观建构，首先和习俗所熟知的“内化”“强化”划清了界限：“内化”“强化”都是以“外铄”的方式，即由外而内进行价值观的灌输，而“教化”正相反，是由内而外、由己及人的价值观生成和传播。正所谓“由仁义行，非行仁义也”（《孟子·离娄下》）。在价值观的传播、弘扬层面，首先要做的固然是对价值观如实、生动之言说和表达，让人从理性上认知其为正确的；但价值观的认同建构逻辑，更重要的还必须经过内心的“审查”，即通过人性本体、自我根源的“审问”（如孔子言“汝心安乎”），让人发自内心地觉知其为“好”的、“对”的，人才会自觉自愿来接受，才有意愿去实行，才会有行动的动力，这样的价值观认同才是坚实稳固而有力量的。以前我们常讲“同情之了解”，其实不对，应该是“了解之同情”，如果能建立起“真了解”①，不用刻意强调某个东西好；其本身若是“好”的、“对”的，自然可相应引发内心之“同情”，以至“认同”。不同情往往源于不“了解”，所以我们本着儒家的精神去做事，必须回归教化的本真精神，正像礼教应有的本真落实方式一样：“其止邪也于未形，使人日徙善远罪而不自知也。”（《礼记·经解》）儒家“教化”如春风化雨，细微自然，使声色规范性被消弭于无形，在潜移默化中孕育、生发出价值观的建构与共识。

总而言之，除了儒学的反思与重建问题，围绕当代中国的社会价值培育、公序良俗养成、政治文化转型等时代论题，“教化”都是不容忽视的理论视角，以往受关注较多的是“启蒙”，“启蒙”视角是我们不容忽视的，但对中国文化而言，或可说“教化式启蒙”才是当代文化复兴应取之“中国方案”。

---

① 按此语所自陈寅恪的说法，“真了解”不是在说逻辑认知，而是强调体贴、觉知的意味。

目　录
CONTENTS

第一部分　儒家教化的理论智慧

第二部分　儒家教化的经典诠释（上）

第三部分 儒家教化的经典诠释（下）

第四部分 儒家教化的当代观察

第一部分 01

儒家教化的理论智慧

论儒学的医疗之维

——儒学生命教化论的一个新维度

提要：儒学与医疗关涉的理论维度十分丰富。儒学医疗之维，可以丰富对“医疗”理论面相的多元理解及相关疗治方案的选择途径，同时也有助于扩充儒学修身理论的应有内涵。孔子注重通过道德养生和礼仪培护来实现对身体和内心秩序的束导、调节和提升，揭示出儒学对身体疗治的独特光谱。中医学强调“正气存内，邪不可干”作为身体康健和养护的理论总则，孟子所谓“浩然之气”则凸显出“正气”应有的另一理论向度。儒学教化促进实现身心一体的形式及内涵，其思想缘由亦可从儒学内具的疗愈意义上获得理解，抑或说儒学本身就是一味药。心学一脉就善于将自身理论用以救治人心，称为“因病发药”，用心学思想来治疗心病、解除痛苦，说明儒学在疗治疾病上的效验和作用。从儒学与中医学互为观照的历史传统看，儒学和中医学都主张身心一体，且都未忽略身心、内外之间的交关、交互影响，二者都是生命的学问、教化的学问，都指向生命的教化，儒与医之间可以相得益彰、互为启益，将两个视域结合起来，生命的教化可以更有厚度。

中国传统哲学在医疗养生方面具有丰富的理论积淀，以往我们对道家道教以及佛教的养生理论、修炼法门、生活方式等多有关注和探究，而对儒家的医疗、治疗理论注意不够。儒家医疗之维的分析和解读，对于丰富传统医疗养生的理论面相或不无拓展之功。

谈论儒学的医疗之维，从传统上看，无法回避儒学与中医学的关联这一历史事实。儒学与中医学在历史上是互相影响、关联紧密的两大思想体系，在很多思想家或理论论题上，甚至可以说二者是一体关系。从儒学对中医学的影响看，中医学特别重视儒学理论基础的必要性，认为儒学对于中医学的理论养成及其旨趣有着关键的提点意义，尤其是宋代理学崛起之后。此类论述不胜枚举，如“惟儒道与医道相为流通者也……徒通乎医者，庸人也。兼通乎儒者，明医也。”（《图注八十一难经·序》）“医家奥旨，非儒不能明；药品酒食，非孝不能备也。”（《儒门事亲·序》）“先知儒理，然后方知医理。”（《外科正宗·医家五戒十要》）“以儒理通医理，故其指远。”（《吴医汇讲·洞见本源》）从中医学对儒学的影响看，儒学也将其作为基本素养的一部分予以强调，如对认为儒者应知医（“知医为孝”）等角度有一些研究，但对于儒学自身具有的“医学”意义、治疗作用，并无太多推进。简言之，医通于儒——这个角度的重要性比较明确，相关研究也很充分，得到了应有的重视；儒通于医——这个层面得到的注意似乎不够。

立足儒学研究的立场，可以得出同样的结论。以往的儒学研究，我们常常注重义理的辨析、史料的钩沉，在与文、史、哲、政、法等多学科交叉中都分别有较为充分的探究展开，但其中对儒学医疗维度的探究则颇有“相形见绌”之势。儒学对于现实人生具有重要的疗愈作用、治疗意义，这种疗治不仅是心灵层面的意义关怀，而且包括对肉身实存的切实感通。儒学作为内外一如、身心一体的“生命的学问”的思想特质，在这个维度的关照下，方可透显无余。那么，儒学有哪些相关理论资源？具有何种意义的医疗作用？对我们重新理解儒学，有何新的启发？本文试图对此略做论述，以期引起更多关注和研究。

一、“急救心火”与“因病立方”

《泰州学案》所载“急救心火”之典，是阳明后学研究中常被提及的话头。从儒学医疗的维度看，这同时应被视为一次典型的“医疗”事件：颜山农张贴“急救心火”榜文，明确欲“单洗思虑嗜欲之盘结”“而除却心头炎火”①，显然认为自己具备治疗心火之病的良方，在与罗汝芳的交流中，指出“子病当自愈”，对其疗效信心十足（张榜行为本身也是自信的体现）；罗汝芳“病心火”，在聆听山农讲学后，认为真能救治其心火之病，后“病果愈”。值得注意的是，能急救心火者，在罗汝芳看来，初“以为名医”，这是通常都会产生的看法，颜

① 黄宣民．颜钧集［M］．北京：中国社会科学出版社，1996：3.

山农固非医者，但他确实治好了罗汝芳的病，这无疑是一次确凿有效的医治行为。①

> 少时读薛文清语，谓："万起万灭之私，乱吾心久矣，今当一切决去，以全吾澄然湛然之体。"决志行之。闭关临田寺，置水镜几上，对之默坐，使心与水镜无二。久之而病心火。偶过僧寺，见有榜急救心火者，以为名医，访之，则聚而讲学者也。先生从众中听良久，喜曰："此真能救我心火。"问之，为颜山农。山农者，名钧，吉安人也。得泰州心斋之传。
>
> 先生自述其不动心于生死得失之故，山农曰："是制欲，非体仁也。"先生曰："克去己私，复还天理，非制欲，安能体仁？"山农曰："子不观孟子之论四端乎？知皆扩而充之，若火之始然，泉之始达，如此体仁，何等直截！故子患当下日用而不知，勿妄疑天性生生之或息也。"先生时如大梦得醒。明日五鼓，即往纳拜称弟子，尽受其学。山农谓先生曰："此后子病当自愈，举业当自工，科第当自致，不然者，非吾弟子也。"已而先生病果愈。（《明儒学案·卷三十四》）②

颜山农的良方看似简单——要"体仁"而不要"制欲"，实则蕴含着本体观念的一种扭转，是对修行宗旨的重新确定，从本体到工夫，将工夫进路导生于正确的根基上，使心灵秩序得以重塑，原有痛苦也就烟消云散了。颜山农应被视为一位成功的哲学治疗师。③ 以往对颜山农"急救心火"的定位多从心理

---

① 罗汝芳曾多次犯病，比如其晚年再次因思致疾："又尝过临清，剧病恍惚，见老人语之曰：'君自有生以来，触而气每不动，倦而目辄不瞑，扰攘而意自不分，梦寐而境悉不忘，此皆心之痼疾也。'先生愕然曰：'是则予之心得，岂病乎？'老人曰：'人之心体出自天常，随物感通，原无定执。君以夙生操持强力太甚，一念耿光，遂成结习。不悟天体渐失，岂惟心病，而身亦随之。'先生惊起叩首，流汗如雨，从此执念渐消，血脉循轨。"（黄宗羲．明儒学案［M］．北京：中华书局，1985：761.）罗恍惚中所见之老人及其对罗心思的准确刻画，可以看出所谓"老人"其实就是罗之自我意识的自我反照、自我审查，这是罗之"真己""真我"对自身的一次"诊治"。罗以随物感通、破除执念的思想解决了此次心疾，与急救心火时相比，颇有相似之处，而这次其可"自愈"，也可视为在颜山农的治疗之后，罗汝芳掌握了一定的治疗心疾的法门。

② 黄宗羲．明儒学案［M］.2 版．北京：中华书局，2008：760-761.

③ 颜钧还有"七日闭关"的修行法门，据其个人体验，其"闭关"方法可达到身轻气爽的疗愈之效。可参"马晓英．明儒颜钧的七日闭关工夫及其三教合一倾向［J］．哲学动态，2005（3）：56-61."一文的相关叙述。

咨询的角度来刻画，这同样点出了这一行为背后的医疗意义①，晚近兴起的哲学治疗理论则提供了新的观察视角，更有助于理解，因为“哲学治疗不同于心理医生的治疗，它对纯粹心灵本身予以慰藉，所以不是病理学意义上的，而是心灵意义上的”，“哲学治疗师与心理医生的区别，恰恰在于对本体世界的态度”②。哲学治疗直指大本，确是心学理论之所长。由此不难理解，心学一脉会经常以自身理论为救治人心的药方，称为“因病发药”。“急救心火”只是心学“医疗”实践的一个显例，其背后的思理，在阳明那里实已多有发皇了。

> 今人却就将知行分作两件去做。以为必先知了然后能行。我如今且去讲习讨论做知的工夫，待知得真了方去做行的工夫。故遂终身不行，亦遂终身不知。此不是小病痛，其来已非一日矣。某今说个知行合一，正是对病的药。又不是某凿空杜撰，知行本体原是如此。(《传习录》上)③
>
> 一友静坐有见，驰问先生。答曰：“吾昔居滁时，见诸生多务知解，口耳异同，无益于得，姑教之静坐；一时窥见光景，颇收近效。久之渐有喜静厌动，流入枯槁之病，或务为玄解妙觉，动人听闻。故迩来只说致良知。良知明白，随你去静处体悟也好，随你去事上磨炼也好，良知本体原是无动无静的。此便是学问头脑。我这个话头，自滁州到今，亦较过几番，只是致良知三字无病。医经折肱，方能察人病理。”(《传习录》下)④
>
> 一友问：“欲于静坐时，将好名、好色、好货等根逐一搜寻，扫除廓清，恐是剜肉做疮否?”先生正色曰：“这是我医人的方子，真是去得人病根，更有大本事人过了十数年，亦还用得着。你如不用，且放起，不要作坏我的方子!”(《传习录》下)⑤

阳明的两大学问头脑“知行合一”与“致良知”，均以此为喻，“正是对病的药”。诚然，阳明借医为喻，与实然意义上的治疗还有区别，不过从中不难看出，阳明认为时人的“病痛”“病理”是非常多、非常明显的，而阳明本人对以自身理论“医治”这些“疾病”是非常自觉、非常自信的。阳明弟子徐爱清

① 可参王汎森．明代心学家的社会角色——以颜钧的“急救心火”为例［M］//王汎森．晚明清初思想十论．上海：复旦大学出版社，2004：7-11.

② 尚杰．哲学治疗的可能性［J］．江苏行政学院学报，2017（2）：15-21.

③ 王守仁．王阳明全集［M］．上海：上海古籍出版社，2011：5.

④ 王守仁．王阳明全集［M］．上海：上海古籍出版社，2011：119.

⑤ 王守仁．王阳明全集［M］．上海：上海古籍出版社，2011：123.

晰记载道，“门人有私录阳明先生之言者。先生闻之，谓之曰：‘圣贤教人如医用药，皆因病立方，酌其虚实温良阴阳内外而时时加减之，要在去病，初无定说。若拘执一方，鲜不杀人矣。今某与诸君不过各就偏蔽箴切砥砺，但能改化，即吾言已为赘疣。若遂守为成训，他日误己误人，某之罪过可复追赎乎？’”①可见，阳明认为学问的首务正是针对“去病”的，而且圣贤教人“皆因病立方”，其可以产生“如医用药”般的良好疗效，也就是理所当然的了。另一方面，阳明还指出不能“拘执一方”，药随病情而“时时加减之”，这是按照医理所做的讲述。

“心病”本身就是病痛疾苦的一大写照，儒学作为一套哲学理论，对此可发挥“灵魂医治者”般的作用，“令自身成为人类生活的医生”②；法国哲学家皮埃尔·阿多亦曾指出：哲学“使自身呈现为一种治疗（a therpeutic），其目的在于医治人类的痛苦”③，“所有的哲学都是修炼……精神修炼更倾向于通过内心话语的形式进行，并在其中实现”④。心病还要心药医，心学善于“察人病理”，用心学思想来治疗心病、解除痛苦，正是儒学医疗效验和作用的一个重要展现。

二、“书本草”与“中和汤”

当然，“心病”并非仅是心学一脉才会有的问题，程朱一脉，包括朱子本人及其后学，亦曾多有此患，呈现出某种多发态势。⑤朱子从学于李侗，在体验未发气象时，“偶有心恙”⑥，导致思索上的痛苦。李侗以道南指诀的静坐澄心指导朱子，认为主一以思当有收获。我们知道，朱子早期思想发展的一大关键是从“中和旧说”到“中和新说”的转变，应该说在这次思想的突破后，朱子在中和问题上的“心恙”才得到彻底解决。这启示我们，对思想理论的理解、把

---

① 徐爱．传习录序［M］//王守仁．王阳明全集．上海：上海古籍出版社，2011：1737.

② 努斯鲍姆．欲望的治疗——希腊化时期的伦理理论与实践［M］．徐向东，陈玮，译．北京：北京大学出版社，2018：11，497.

③ Pierre Hadot. Philosophy as a Way of Life［M］//Oxford：Blackwell Publisher Ltd，1995：266. 转引自彭国翔．儒家传统：宗教与人文主义之间［M］．北京：北京大学出版社，2007：235.

④ 阿多．作为生活方式的哲学——皮埃尔·阿多与雅妮·卡尔利埃、阿尔诺·戴维森对话录［M］．姜丹丹，译．上海：上海译文出版社，2014：106.

⑤ 可参“衷鑫恣．宋以来道学人士的心疾问题［J］．文史哲，2019（2）：117-123.”一文对此的梳理。

⑥ 朱熹．延平问答［M］//黄宗羲．宋元学案．全祖望，补修．北京：中华书局，1986：1286.

握、贯通乃至提升、突破，对于解决内在的“心病”往往可以发挥根本作用（铲除“病根”）。王阳明当年“格竹”病倒，也是在龙场悟道、确定心学宗旨后才最终治好。不管怎样，这都让我们对儒学自身的“理论疗效”可以具有充分的信心。

在此思路下，我们可以结合一些具象的例子来看。清代张潮的《书本草》模仿药方开方治病的形式，以中国传统各类经典为本草，列出七个处方，并通过药性、疗效的描绘指出各个处方的不同效用，儒学经典的医疗功能可从中略见一二。

> 【四书】有四种，曰《大学》，曰《中庸》，曰《论语》，曰《孟子》。俱性平，味甘，无毒。服之清心益智，寡嗜欲。久服令人睟面盎背，心宽体胖。
>
> 【五经】有五种，曰《易》，曰《诗》，曰《书》，曰《春秋》，曰《礼记》。俱性平，味甘，无毒。服之与四书同功。
>
> 【诸史】种类不一。其性大抵相同。内惟《史记》《汉书》二种味甘，余俱带苦。服之增长见识，有时令人怒不可解，或泣下不止，当暂停，复缓缓服之。但此药价昂，无力之家往往不能得。即服，亦不易，须先服四书、五经，再服此药方妙。必穷年累月方可服尽，非旦夕所能奏功也。官料为上，野者多伪，不堪用。服时得酒为佳。
>
> 【诸子】性寒，带燥，味有甘者、辛者、淡者。有大毒，服之令人狂易。
>
> 【诸集】性味不一。有微毒。服之助气，亦能增长见识。须择其佳者方可用，否且杀人。
>
> 【释藏道藏】性大寒，味淡，有毒，不可服，服之令人身心俱冷。唯热中者宜用，胸有磊块者，服之亦能消导。忌酒，与茶相宜。
>
> 【小说传奇】味甘，性燥，有大毒，不可服，服之令人狂易。惟暑月神气疲倦，或饱闷后风雨作恶，及有外感者服之，能解烦消郁，释滞宽胸，然不宜久服也。（《书本草》）①

中医治病，最讲究遣方用药，其治病的手段与其说是“药”，不如说是“方”，无方不成药，因此特别注重配伍组合。《书本草》组方秩序井然，其中

① 张潮．书本草［M］//王晫，张潮．檀几丛书．上海：上海古籍出版社，1992：459.

儒书最纯粹，为滋补上品，无毒副作用，可见配伍组方中已将儒学的疗治作用列为最上乘；按方组药，还讲究君臣佐使、用药如用兵："须先服四书、五经，再服此药方妙。必穷年累月方可服尽"；另外，《书本草》对于药物性味以及毒副作用均有自觉说明，如佛道、小说之"有毒""不可服"，而其背后的用药警戒原则明显是一本于儒学立场。① 总之从医疗之维看，《书本草》深得中医用药三昧，完全符合药方的立方规矩，从揭示药性、疗效及副作用的角度，具象地说明了儒学理论的医疗功用，并在不同药方的排列对比中，突出了儒学医疗的独特优势。

儒学思想中不乏类似的自觉思维，经常借鉴中医学的治疗思维和方法论原则，辨证论治，组方成药，认为自身理论可以像方药治病那样发挥相应的疗治作用。

> 《诗》《书》载道之文，《春秋》圣人之用。《诗》《书》如药方，《春秋》如用药治病。(《近思录·卷三》)②
>
> 譬之医书，其前编（引者注：指《大学衍义》）则黄帝之《素问》、越人之《难经》，后编（引者注：指《大学衍义补》）则张仲景《金匮》之论、孙思邈《千金》之方，一方可以疗一证，随其方以已其疾。(《大学衍义补·原序》)③
>
> 随处体认天理，此吾之中和汤也。服得时，即百病之邪自然立地退听，常常服之，则百病不生，而满身气体中和矣……此剂中和汤，自尧、舜以来，治病皆同。(《明儒学案·卷三十七》)④

如上节所述，儒学的治疗方案与哲学治疗不无曲通之处："此心天理"，"衡尺不动"，其疗治逻辑更注重同心性本体相关联，从大本大源上使心体澄明、无所滞碍，病根无由生，顺理见疗效，"百病之邪自然退听"。对于内在类疾病，中医学也有深刻认识，如"情志疗法"等有很多相应的药方、治法，这里可以

---

① 清儒陆世仪也提出思想主旨相近的主张，他说："凡人遇有微疾，却将闲书小说观看消遣，以之却痛者。虽贤智往往有此举动，此实非也。闲书小说最动心火，不能养心。乃以之养身，可乎？愚谓人有微疾，最当亲看理学书，能平心火。心火平，则疾自退矣。"参陆世仪．思辨录辑要：二［M］．北京：中华书局，1985：94.

② 陈荣捷．近思录详注集评［M］．上海：华东师范大学出版社，2007：132.

③ 邱浚．大学衍义补：上［M］．北京：京华出版社，1999：3.

④ 黄宗羲．明儒学案：上［M］．北京：中华书局，2008：899.

看出，儒学理论可以为治疗此类病证提供新的理论支撑、拓展“方药”的选择范围，如此节“书本草”之方、中和汤之喻所昭示的，且可以有“一方可以疗一证”的针对性、个性化处方。进一步看，儒学注重正心、修身，在身心一体的意义下，内在的“病痛”也会在身体状态上体现为生理上的病态体征，那么儒学的疗治也就相应在肉体实存上体现有“医疗”之效，使“满身气体中和”，从而具有治疗身体的作用或功效。

三、“浩然之气”与“仁者之寿”

由是观之，儒学教化可以促进实现身心一体的形式及内涵，其思想缘由亦可从儒学内具的疗愈意义上获得理解，抑或说，儒学本身就是一味药。前文重在从反面彰显儒学的治疗作用，与之一体相成，“医疗的儒学”也就呼之欲出了。医疗的儒学，并不是要讲医学中的儒学因素（如医德、儒医等），而是试图进一步从正向角度阐释儒学可以发挥怎样的医疗效果。

> 其为气也，至大至刚，以直养而无害，则塞于天地之间。其为气也，配义与道；无是，馁也。是集义所生者，非义袭而取之也。行有不慊于心，则馁矣。（《孟子·公孙丑上》）

按孟子所述，浩然之气需要通过“直养”“集义”“配义与道”等道德感、正义感的途径来慢慢培养，浩然之气由此往往被强调为一种精神力量、境界诠释，这并没有错，从气的角度看，孟子还特别描述了“养夜气”（《孟子·告子上》）的重要性，孟子反复把对精神境界及其修炼工夫的刻画安置在物质性的“气”范畴之上，提示我们应看到与这种精神力量相应而起的其他维度的意义。

> 余囚北庭，坐一土室。室广八尺，深可四寻。单扉低小，白间短窄，污下而幽暗。当此夏日，诸气萃然：雨潦四集，浮动床几，时则为水气；涂泥半潮，蒸沤历澜，时则为土气；乍晴暴热，风道四塞，时则为日气；檐阴薪爨，助长炎虐，时则为火气；仓腐寄顿，陈陈逼人，时则为米气；骈肩杂遝，腥臊汗垢，时则为人气；或圊溷、或毁尸、或腐鼠，恶气杂出，时则为秽气。叠是数气，当之者鲜不为厉。而予以孱弱，俯仰其间，于兹二年矣，幸而无恙，是殆有养致然尔。然亦安知所养何哉？孟子曰：“吾善养吾浩然之气。”彼气有七，吾气有一，以一敌七，吾何患焉！况浩然者，

乃天地之正气也。作《正气歌》一首。(《正气歌·序》)①

在文天祥的生命叙述中，我们仍然可以被浩然之气“以一敌七”的力量冲击所感染，生动说明了浩然之气所切实发挥的护养肉体生命的重要作用。作为精神力量的浩然之气，向我们显示出儒家身体观的重要维度——身心一体，所以“养气”的作用一定是双向的，是身心俱养。与中医学对比来看，中医学特别强调“正气存内，邪不可干”(《黄帝内经·素问·刺法论》) 作为身体康健和养护的理论总则，从这里我们应该看到的是，“正气”不应仅仅指向肉身实存层面精气、血气的充盈有常、调理得当、不受邪气侵扰等因素，还应该包括孟子所谓的“浩然正气”。以文天祥的生命实践来看，“浩然正气”同样发挥着“正气存内、邪不可干”的实际功效。浩然正气的养气工夫对人的精神提升以及由此而来的转化肉身实存从而对人产生整体的疗治意义，成为儒学医疗的一个独特向度。

同样是“气”，荀子也特别强调，他讲的是“治气”，“以治气养生，则后彭祖”(《荀子·修身》)，认为通过物质层面的气的治理可以实现身体的优化，达到长生的效果。虽然思想结构上孟、荀有很大差异，孟子是养气+尽心，荀子是治气+养心，不过二者还是体现出“身心并重”的共同思想关怀。儒家此类对身体的疗治意义，具有多维的作用，除了可以防御邪气，还可以发挥养生、长生的积极作用。这一层面，我们可通过道德养生的大师孔子来作进一步理解。

孔子非常注重养生：“子之所慎，齐、战、疾”(《论语·述而》)，“子之燕居，申申如也，夭夭如也”(《论语·述而》)，“食不厌精，脍不厌细。食饐而餲，鱼馁而肉败不食；色恶不食；臭恶不食”“食不言，寝不语”“寝不尸，居不容”(《论语·乡党》) 以及“君子有三戒”(《论语·季氏》) 等记载都说明了这一点，显示出孔子对身体、生命的关注。内在践形可以影响肉体生命状态的变化，反过来看，肉体层面的滋养也相应地反作用于内在修为及精神境界，所以对肉体生命的保养也很重要。孔子为我们揭示出(如《乡党》篇所载) 儒学身体疗治理论的丰富光谱，具体而言，即在一种礼仪化的身体秩序中，实现对身体和内心的束导、调节和提升。

孔子活到七十三岁，在那个时代不可不谓高寿，正是其养生实践的实际诠释与证明。在这一点上，除了肉体生命的保养之外，道德的养润亦是其中不可或缺的关键一环。一个集中的表达可从孔子“仁者寿”的提法来体会。

---

① 徐中玉．唐宋诗［M］．上海：上海人民出版社，2017：263-264.

知者乐水，仁者乐山；知者动，仁者静；知者乐，仁者寿。（《论语·雍也》）

这个论断看起来平白无奇，实则并非自明。孔子径直讲述出来，不过是见道之人的见道之言。事实上，这些都是孔子自身处于相应境界的生命表述，是其道德修为的真实的效验表达。仁何以能寿？其间是有内在的理论因由的。

故仁人之所以多寿者，外无贪而内清净，心平和而不失中正，取天地之美以养其身，是其且多且治。（《春秋繁露·循天之道》）①

知者达于事理而周流无滞……仁者安于义理而厚重不迁……动静以体言，乐寿以效言也。动而不括故乐，静而有常故寿。（《四书章句集注·卷三》）②

义理通透，胸无窒碍；淡泊名利，境界洒脱；动静有常，中正平和……仁者之寿，固有其理。“儒家的身心修炼不仅具有欲望治疗的意义，即具备心理—精神的效果，同时还具有身体治疗的意义，是一种延年益寿的养生之道。”③ 儒学体仁、养德之效如此，可称之为“儒理养生”——即在儒理的浸润中，已然具备了养身、养生的疗效。

“孟子之言性也，药也，有治而能善治者也；孔子之言性也，丹也，无治而无不治者也。此圣人之所以为万世医王也。”④ “万世医王”所开创的儒学，其“医疗”的内涵还可以从养心寡欲、礼乐生活、治气养气、静坐调息、居敬涵养、读书明理等方面找到丰富的资源。此外，儒学中的仁心仁术、乐山乐水、修身践形、中和原则、知行合一等亦有资于“医”，均是值得融入思考的

① 苏舆．春秋繁露义证［M］．北京：中华书局，2015：443.

② 朱熹．四书章句集注［M］．北京：中华书局，2012：90.

③ 彭国翔．儒家传统的身心修炼及其治疗意义［M］//彭国翔．儒家传统：宗教与人文主义之间．北京：北京大学出版社，2007：232.

④ 吴应宾．宗一圣论·性善篇［M］//吴应宾．宗一圣论 古本大学释论．上海：复旦大学出版社，2019：23.

内容。①

四、儒—医与生命—教化

真正的生命健康应该是一种完全完满的状态。世卫组织对“健康”的定义是：“健康是身体的、精神的及社会的完好状态，而不仅仅是没有疾病和虚弱。”② 这告诉我们应该从更加整全、多元的视角去理解生命、调和心身。

从中医学的角度看，有所谓情志疗法、性理疗法、心身医学等治法，就注重结合哲学、儒学、理学理论，从医学角度探索生命内在情志、性理、心神对身体健康的影响和治疗规律，达到治病的效果。这种探索，确实把生命的内外统一的整全性揭示了出来，而不是仅仅针对肉体物质生命来做研究，虽然后一层面相当重要，但毕竟是有所偏的。

从儒学的角度看，有所谓哲学治疗、欲望治疗、哲学慰藉等独特视域，虽然儒学非常重视内在生命空间的拓展、生命境界层次的提升，以及心性、情感等对肉体生命的转化作用，但这种转化作用在肉体生命上的显现，其中一个重要的表征——产生治疗的效果，我们以往重视不够。这是儒学的医疗之维启发我们应特别予以注意的。

儒学和中医学都主张身心一体，且都未忽略身心、内外之间的交互影响。不过相形之下，虽不能完全忽略儒学也有礼乐生活、治气养生、静坐养气等引导肉身实存来转化心灵秩序的一面，但儒学的重心着实对内在心灵秩序的一面有更多强调，肉身秩序不过是心灵秩序的外在反映或通向心灵和谐的修炼中介，其调节身心更多是诉诸精神层面的修炼调适，以意义性的道理通达、境界提升来实现对肉身的转化效果。正如朱子指出的：“如肺肝五脏之心，却是实有一物。若今学者所论操舍存亡之心，则自是神明不测。故五脏之心受病，则可用药补之；这个心则非菖蒲、茯苓所可补也。”③ 儒学于此主张“医能宛转深求病，病亦间关巧避医”，“万般补养终成伪，只有操心是要规”④。立足本体心性

① 作为医疗领域的一个重要组成部分，有学者从心理咨询的角度围绕人生意义、应对、生死教育、哀伤辅导、心理调节、人际认知、社会生活技能、人格发展、心理咨询技术九个方面探讨了儒家思想的可能贡献。参景怀斌．儒家思想对于现代心理咨询的启示［J］．心理学报，2007，39（2）：371-380. 儒学的医疗之维，从中亦可见一斑。

② 引自岛内宪夫，张麓曾．世界卫生组织关于“健康促进”的渥太华宪章［J］．中国健康教育杂志，1990（5）：35-37.

③ 朱熹．朱子语类［M］//朱熹．朱子全书：第十四册．2 版．上海：上海古籍出版社、合肥：安徽教育出版社，2010：221.

④ 许衡．与李生［M］//许衡．许衡集．北京：中华书局，2019：382.

的精神修炼法门得到格外凸显，“操心，一则义理昭著而不昧；一则神气凝定而不浮。养德养身，莫过于操心之一法也”①。但从补偏就全、发展儒学的立场出发，儒学应充分重视中医学对生命及身心关系的理论思考。试看《黄帝内经》所述：

> 黄帝问于伯高曰：何以知皮肉、气血、筋骨之病也？伯高曰：色起两眉薄泽者，病在皮；唇色青黄赤白黑者，病在肌肉；营气濡然者，病在血气；目色青黄赤白黑者，病在筋；耳焦枯受尘垢，病在骨。
>
> 黄帝曰：病形何如，取之奈何？伯高曰：夫百病变化，不可胜数，然皮有部，肉有柱，血气有输，骨有属。黄帝曰：愿闻其故。伯高曰：皮之部，输于四末；肉之柱，在臂胫诸阳分肉之间，与足少阴分间；血气之输，输于诸络，气血留居，则盛而起，筋部无阴无阳，无左无右，候病所在；骨之属者，骨空之所以受益而益脑髓者也。
>
> 黄帝曰：取之奈何？伯高曰：夫病变化，浮沉深浅，不可胜穷，各在其处，病间者浅之，甚者深之，间者小之，甚者众之，随变而调气，故曰上工。（《黄帝内经·灵枢·卫气失常》）

儒学践形观指明了诚中形外、睟面盎背的实存转化之效果，但不得不说，儒学在内外交互的理解上更偏向于在变化气质的工夫论、境界呈现的境界论上讲，而对医疗维度的直接作用上，很明显不如中医学来得实际和具体，中医学就是重在通过对肉身秩序的把握和调节来实现身心和谐的健康状态，在调理手段上也更多诉诸生理层面，以物质性的针石或药物达到治理效果。《卫气失常》篇此节就有所体现，中医学将内（“皮肉、气血、筋骨之病”）之于外（“色”）的具体表征、症候变化都做出了明确而生动的说明，相应在治法上才可以给出“随变而调气”的有效治疗。此外，还有个相对熟悉的例证——扁鹊见齐桓公，张仲景评价为“余每览越人入虢之诊，望齐侯之色，未尝不慨然叹其才秀也”（《伤寒杂病论·序》），扁鹊“望之而走”，其之所以可以望而知之，内在的原因就在于身体内外一体，内会显现于外，中医高手如扁鹊者，通过望诊即可司外揣内，对其病状程度、病变深浅、症候趋势等做出具体而微的“读码”。这些都显示出中医学的理论特色。

---

① 薛瑄．读书录［M］//薛瑄．薛瑄全集．太原：山西人民出版社，1990：1083.

“医书言手足痿痹为不仁，此言最善名状”，“切脉最可体仁”①，儒学已然注意到借用中医学理论来拓展自身的理论维度，尤有进者，儒学可以借鉴中医学在肉身实存上的治疗观念、传变机制，在身体修炼中提供更具体、更有针对性的方案。儒学重视心的学问，身心为仁，直心为德，修身本质也立足于修心，从这个角度看，儒学和中医学的身心理论结合，在现实物质层面予以补足，可以更全面地反映身体观的整全面貌、调节身心关系的内在系统，而非仅仅是过于强调心灵对于肉身实存的决定作用。如刘宗周在谈到“治念”问题时，指出“念起念灭”会造成“厥心病”②；妄念扰动，乱其心神，严重者造成心思烦闷，产生以胸痹、心痛、短气等为症状的厥心病，是很正常的，刘宗周给出的“药方”是“化念归心”“以意化念”，这是其意本体论体系的一个具体论题，符合儒学一贯的理论思路。在此基础上，如若可以结合中医学治疗厥心病的治法，通过辨证论治而与之清中汤、厚朴丸、补火解郁汤等中药汤剂，肯定可以内外夹攻，更好地解决厥心之病，理顺心气，化念归思，实现身心秩序的恢复。

我们当然不能认为中医学只有“即身而言身”的维度，在内在维度上，中医学并非没有独到见解，比如“心藏神”的理论，就是很值得心灵秩序建设去挖掘的，现代科学研究也发现，心脏机能与内心神识之间存在生理层面的机理关联③，这是以往重视内心修养没有涉及的层面。不过，在内在心灵秩序方面，中医学仍然可以汲取儒学在心性学说、意义治疗方面的哲学理论，与情志疗法、性理疗法、心身医学等加以融汇，深化自身在内在生命维度上的认识，这一点历来深受儒理浸润的大医也是不否认的。哲学咨询的进路也可以充实中医学的治疗方案，从更为根本的角度，找到心灵疾病的疗愈之方。在修身、操心的修炼下，很多“内伤”或许可以在“神凝”之际自然就被化解了，如明儒王龙溪讲道：“医家以喜怒过纵为内伤，忧思过郁为内伤。纵则神驰，郁则神滞，皆足以致疾。眼看色，不知节，神便着在色上；耳听声，不知节，神便着在声上。久久皆足以损神致疾，但人不自觉尔。惟戒慎不睹、恐惧不闻，聪明内守，不着于外，始有未发之中；有未发之中，始有发而中节之和。神凝气裕，冲衍欣

① 程颢，程颐．河南程氏遗书［M］//程颢，程颐．二程集：上．北京：中华书局，2004：15，59.

② 刘宗周．学言：中［M］//吴光：刘宗周全集：第二册．杭州：浙江古籍出版社，2007：417.

③ 可参“刘延青．中国文化与“心藏神”［J］．世界中西医结合杂志，2017，12（2）：272-275.”“蔡辉，王强．从“心藏神”论述心血管病合并抑郁症［J］．甘肃中医，2008，21（5）：4-5.”等研究论述。

合，天地万物且不能违，宿疾普消特其余事耳。此保命安身第一义。”① 可见，儒与医之间可以相得益彰，应该互为启益。

有学者总结提炼，认为儒家身体观并非仅是“即心而言心”，而应属于“即心而言心·身”的理论形态，以《内经》为代表的医家身体观则属于“即心·身而言身”的形态②，是很有见地的。两方面有相互结合、融汇的理论基础，也只有在交互的审视中，所谓修身，所谓“身心修炼”，所谓“哲学治疗”，所谓“情志疗法”，所谓“心身医学”……方可展现更丰富、更透彻的生命维度。

概言之，儒学与医疗关涉的理论维度应包括：1）儒学理论本身所蕴含的医疗指向、实践及其疗愈之效；2）医学术语、典故、理论用以解说儒学，或用医学的疗效来比附说明儒学相关理论的作用机制；3）儒学的术语、典故、理论融入中医学，“儒医”成为医之价值目标，并可深化中医学心神、情志等内在维度的理论逻辑；4）将中医学治身、养生等内容，作为道德修养的本然要求，并扩充儒学“修身”的理论内涵；等等。“儒与医岂可轻哉？儒与医岂可分哉？”③ 儒学和中医学应互相吸收，充实自身、丰富自身，不管中医学还是儒学，都是生命的学问、教化的学问，也就是说，都指向生命的教化，只有将两个视域结合起来，生命的教化才更有厚度。透过儒学的医疗之维，我们再来看儒学的教化，也会发现更为智圆行方的实践路径。

---

① 王畿．留都会记［M］//吴震．王畿集．南京：凤凰出版社，2007：92. 标点略有改动。

② 蔡璧名．身体认识：文化传统与医家——以《黄帝内经素问》为中心论古代思想传统中的身体观［M］//《中国典籍与文化》编辑部．中国典籍与文化论丛：第六辑．北京：中华书局，2000：249.

③ 徐春甫．古今医统大全·儒学［M］//陈梦雷，等．古今图书集成医部全录：12 册．北京：人民卫生出版社，1992：50.

论儒家的圆善逻辑

——儒家“德福智慧”理论进路的再审思

提要：儒家德福智慧是在鲜明的德性论基础上展开的实践性反思，在明确德福关系的内在基础、判准层次的前提下，对德福具体内涵及其相互关系的多维面相分别予以审查，可知儒家特别重视精神之福的安顿，“无德有福”在儒家看来不能成立，仅视之为“徼幸”；修德第一义的确立首先保证了精神之福的终极来源，在这个层面上，儒家德福已然实现了一致；而所谓“德福不一”，指的乃是修德与其物质福报配享的不一致。对于物质福报的配享与否，儒家认为有待“存在界”的外缘条件，并非主体德行实践所能完全决定的。故而儒家独具一格，在处理德福不一时并非为德福配享找到可能之补救方法，而是强调修德之行敢于面对这种不一，能够以坚贞的智慧、积极的心态来化解这种不一；并主张进一步将这种“不一”作为进德之资，融入德行历练的进程中，最终并入为进德修业的有效环节。儒家德福智慧由此回向了其立基的德性论轨道，在绝对命令的理论回环中实现了一贯，故实可称之为“圆善论”。

德福一致，又称圆善，即最高的、最圆满的善。关于这个问题，牟宗三先生的《圆善论》曾做出卓越之探索，借助对康德道德哲学的吸取和反思，牟先生为儒家道德实践的纯粹性进行了理论努力，论证了道德进路的圆善可能性。当然，不同于康德诉诸“上帝存在”“意志自由”“灵魂不朽”的理论公设来保障圆善，牟先生是立基于“无限的智心”予以证成的。但立足儒家传统德福智慧而思，仍有一些问题值得追问：德福之间是否仅是因果性之关联，有无其他理论层次？儒家所谓的德福不一，具体应从何角度理解？面对德福不一的种种情形，与其他德福调适方案相比，儒家提供了怎样的独特思考？澄清这些问题，对深化德福关系的有关认识，以及体贴儒家的独特智慧，无疑将有很大的推动作用。

一、儒家德福智慧的基本理论趋向

儒家讲求德性修为，首先考虑的不是能否由此获致福报①，而是本就将修德作为主体的存在论基础予以肯认。此乃第一层级的基础义理。孔子讲为仁由己、欲仁则仁至、忧道不忧贫，孟子讲仁义礼智谓性不谓命、非由外铄、此乃天爵，均以德性作为最本己的价值基础，换句话说，亦即作为最直接的主体义务，主体的德性修为及努力，不过是主体自身目的性原则的展开进程。所谓德福一致与否，至多只能归入第二义。如果因为德福相悖而对德性修为产生怀疑，那恰恰说明该德性修为在开始时就掺杂着功利的动机，这不符合儒家德性论的第一义谛。用康德的话说，这就不符合先天的道德法则，是不纯粹的实践理性。这样看，儒家德福智慧与功利主义相关主张是明显不同的，“功利主义学说主张，幸福是值得欲求的目的，而且是唯一值得欲求的目的；其他事物如果说也值得欲求，那仅仅是因为它们可以作为达到幸福的手段”②。功利主义以幸福为第一义谛，以幸福为目的来考量其他，包括道德；儒家的思路则与之迥异，是以道德为底色来衡量幸福。同理，儒家与幸福主义伦理学如伊壁鸠鲁派的主张“幸福就是整个至善，而德行只不过是谋求幸福这一准则的形式”③ 也显然殊异，而与斯多亚派的主张“德行就是整个至善，幸福只不过是对拥有德行的意识”④则有思路契合的部分可能。

此处可先通过两个意义聚焦的论题，对儒家德福智慧的基本理论趋向略做阐述。

“朝闻道，夕死可矣。”（《论语·里仁》）对于有限性的人而言，“死”应该是获取幸福的最大对立面。那为什么闻道可死？这只有以道/德为最高实践原则才能得到理解。须知“闻道”非“听道”，“闻”并不是一般意义的听⑤，而是“闻而知之者圣”层面的声入心通之知解，人生的追求（当然也内含着对福的体认和定位）只存在于“闻道”灌注的意义域中。既然如此，为何不是朝闻朝死？朝夕之间的间距，是为了表达闻道到行道的使命与担当，是至善的实现和完成过程；另外，朝夕之间又如此短暂，也凸显出主体对至善之追求的迫切

---

① 本文使用的“福报”，包括后文分析物质之福和精神之福时分别使用的福报、福享，都只是为了表述、理解方便，没有特别的内涵指向。

② 穆勒．功利主义［M］．徐大建，译．上海：上海人民出版社，2008：35.

③ 康德．实践理性批判［M］．邓晓芒，译．北京：人民出版社，2003：154.

④ 康德．实践理性批判［M］．邓晓芒，译．北京：人民出版社，2003：154.

⑤ 李景林．孔子“闻道”说新解［J］．哲学研究，2014（6）：43-51.

与专注。这一间距张力表明，“道”成为将主体全然灌注了的人生修为之归宿，此“道”非至善而何？宜乎朝闻夕死之可，实无足憾而已。

孔颜乐处，所乐何事？古注均以“乐道”解之，二程在周敦颐的启思下则对此有新的证解。当二程弟子以“乐道”来解读对此问之困惑，遭到伊川先生的否定性回应：“使颜子而乐道，不为颜子矣。”① 这是因为“乐道”有将道作为外在之物去追逐、把捉的危险，更重要的是，“乐道”说没有认识到颜子之乐正是因为其自身已在道中、德中，所以才会“不改其乐”，道、德本身即是道德主体的目的，而不是将它作为通向、获取福报的工具。本此“以道/德论福”的立场，才能透辟理解颜子之不改“其”乐，正是因为颜子自处“闻道”之境，道即乐、乐即道，德即福、福即德，二者实乃本然一体关系。明道先生提示的“‘其’字当玩味，自有深意”②，其意亦在于此。

从孔子的欲仁仁至、朝闻夕死，孟子的性命分立、舍生取义，到周、程的“孔颜乐处”之思，再到牟宗三的圆善论说，不一而足，儒家德福智慧的德性论本质一脉延承。可见，“儒家的实践智慧明确是道德德性。儒家关注的幸福是康德所谓的道德幸福，而外在的善或身体的幸福在中国哲学中尤其是儒家哲学中则不受重视”③。

二、儒家德福智慧的基本价值取向

需要澄清的是，外在的善、福“不受重视”，并不意味着儒家完全排斥或不需要，其实儒家同样看重这些外在的物质福报，只不过儒家采取了更为豁达的一种态度，即实际生活中是否真的能够获得这些物质福报的，则不甚重要。也就是说，儒家认为这些物质福报也可以有，甚至“应该”有，但是不是必然可以得到，则不甚重视。关于后一点，后面还会讨论，关于前一点，可以结合《中庸》第十七章来看。

《中庸》第十七章有言：“大德必得其位，必得其禄，必得其名，必得其寿。”以往很多解释为了回避现实中常存“德福不一”之情形所造成的诘难，往往将此段解释为只是以舜的生平经历作为根据，认为此论并不具有普遍性。其实不然。这是儒家表示“有德必有福”的明确论断。德福一致早在儒家之前就已是显见之观念，如《尚书·汤诰》“天道福善祸淫”，《左传·成公五年》“神

① 程颢，程颐．二程集［M］．北京：中华书局，2004：395.
② 程颢，程颐．二程集［M］．北京：中华书局，2004：135.
③ 陈来．儒学美德论［M］．北京：生活·读书·新知三联书店，2019：339.

福仁而祸淫”等。《中庸》第十七章所言即儒家继承这一观念的典型表述，《易传》讲“积善之家，必有余庆”、《孟子》称“修其天爵，而人爵从之”等，均与此一脉相通。当然，从《易书》《中庸》《孟子》诸说可见孔门儒学并不是完全因袭前说，而是对之进行了内在价值形态的转化，转从修德、行善的立场来承载这一观念。

之所以往往认为此论难以自圆，是未明了儒家论说“德福一致”的立言层次。儒家对德福一致的此类肯定表述，是一种价值论的讲法，是在人类理性思维和历史经验共同推展和维系下的一种积极、温情的价值判准和价值期待，在不考虑外在因素的情况下，儒家认为有德者“应该”有位、禄、名、寿，而且，具有位、禄、名、寿的人“应该”具备德性。这既讲明了道德在现实层面应有的价值导向，又为幸福安置了道德理性的前提。至于在现实层面中具体如何保证这种幸福之“必得”，并非价值论的内在任务。价值论层面的衡准，提供的是指引与定位意义，其与现实层面存在差距，不代表这种价值衡定没有意义，更不意味着是错误的。

在对德福关系加以反思性审查而得出的价值论判定（抑或价值期许）基础上，进一步结合德、福的意涵以及在多重层面的相互关系，可以更深入地厘清儒家德福之意蕴。

三、德福之意蕴及其意义关联

关于德之定位，开篇已经论及，儒家将修德作为第一义看待，视为绝对命令，是无条件之目的。儒学首先应理解为一种德性论，此德性具有天命、内在、先天、自主等特征，故德性自足。从本然逻辑讲，自主自足之德性可凭自力来决定其行，从德性到德行的展开，即已内蕴使主体达致内在满足的“必然性”（这其实就是精神性的幸福）。儒家关于福之定位，其内涵涉及内在的一面，也涉及外在的一面；前者如求仁得仁，后者如位禄名寿，前者诉诸内在境界，后者显于世俗生活。《尚书·洪范》关于“五福”的经典划分：“一曰寿，二曰富，三曰康宁，四曰攸好德，五曰考终命”，就显示了儒家对福之两个层面的全面观照。一方面显示福的内容包含寿、富、康宁、考终命等现实福报，另一方面，也包含“攸好德”，说明“好德”内通于福。从物质性和精神性的两面来概括福之内涵的基本取向没有太多争议，但两面之间的意义关联还需审思，德福关系从中可得到进一步澄清。

首先，对《尚书》“五福”的解释中，《尚书正义》：“‘所好者德福之道。’

(孔安国传)‘所好者德，是福之道也。好德者，天使之然，故为福也。’(孔颖达疏)”① 德之为福，“天使之然”，以天论福，来强调其不同于物质性福报的另一层内涵，亦显示出“好德”对于“福之道”生成的独特意义。这一意义表明儒家传统中的福不仅是外在的物质之福，也包括德之福。儒家对福的定位与康德就有了不同，康德将德与福界定为要素、性质完全不同的概念，分属自由和自然两个完全不同的领域，认为不能“挖空心思地想出德行和幸福这两个实践原则的等同性”②；而儒家之福既包括康德意义的基于自然法则的主体之外的福，也承认基于主体自身的德之福。从后一层面看，儒家认为德福是可以有分析式的同一性关系的，亦即德福是一致的；从前一层面看，德福仍然像康德所界定的，应是综合关系。这也反映出分析儒家德福关系应注意的复杂性。

其次，儒家对内在的、精神性之福更为重视，甚至视为首出，正所谓“君子以忠信为利，礼义为福……如其忠信礼义之所在，虽剖心碎首，君子利而行之，自以为福也”③。对内在精神之福的重视，实质是对德性本体作为实践法则的肯定，或者说是德性至善的终极结果。这一理论也摆脱了功利主义及幸福主义直接从“幸福”立论的问题，现实性的、私己性的欲求是无法通过实践理性的审查的，德福关系的基本出发点必须建立在纯粹实践法则的前提下才可具备普遍性意义。

再次，从福的质感及强度看，福与人的生存状态息息相关，生存状态使福具有感受性，而其变动不居的境遇，又赋予福以历史性。这显示出福的独特性就在于，它基于主体的存在状态，具有生存论的特质，必须切入主体存在结构和存在过程之中去考察。儒家一般认为主体的存在结构乃身心一体，又以心为身的根据，主体的存在过程则在由内而外的德行实践展开中得到确定。由此，心之于身、内之于外、明德之于成己成物的关系，正构成了福之生成的意义逻辑。福只有经过实践理性之审查，符合主体安身之本，在内外一如的存在过程中获得内在体验，才能完成其之所以为“福”的本质规定性。故而，有没有一个稳固、真实的内在判准，就成为“福”之实现的根本前提。“至当之谓德，百顺之谓福；德者福之基，福者德之致”(《正蒙·至当》)，儒家正是以“德”来标示主体存在之理的内核，德因此成为福的内在根基。

最后，德不是福的手段，也无法提供现实的保障，但作为“幸福的资格”

---

① 孔安国．尚书正义(十三经注疏本)[M]．孔颖达，疏．北京：中华书局，1980：193.
② 康德．实践理性批判[M]．邓晓芒，译．北京：人民出版社，2003：153.
③ 王守仁．王阳明全集[M]．上海：上海古籍出版社，2011：883.

之判准，为福提供着其所成立的意义源泉，并可为福之生成提供动力。在后一方面，德往往会转化自身成为具有特殊意义的福，也就是说成为精神福享的内容，而且德为主体层面调校、铺垫好了获取物质福报配享的必要性条件。此类例子有很多，如“君子德行焉求福”“仁义焉求吉”（《帛书易传·要》），“言寡尤，行寡悔，禄在其中矣”（《论语·为政》），“古之人修其天爵，而人爵从之”（《孟子·告子上》），“君子致其道德而福禄归焉”（《说苑·贵德》）等，均是立足德的这一转化意义和铺垫作用来讲的。

可见，儒家对德福之定位，体现出内在关联的多维层次性。不过，我们不能因儒家强调“以德为福”的一面就简单认为儒家只讲精神性的福享，而不要物质性的福报。儒家并非要排斥福（包括物质性的）的存在，而是强调德的本体意义的贞定，意在为德福一致奠定本体论的依据，以德为根基的福才能成为真正的福。是故，与偏于抽象幸福原则的演绎不同，儒家更侧重对福之意义得以生成和建立的原初结构保持省思。主体能处身于正道而行、据德而为、乾乾精进的正命立命之途，方是此福成立的内在意义本原；相反，若投机钻营、不顾操守，内心无法建立本然之判准、真切之安宁，在儒家看来是不能获得实有诸己之“福报”的。诚如陆象山所言：“实论五福，但当论人一心。此心若正，无不是福；此心若邪，无不是祸。世俗不晓，只将目前富贵为福，目前患难为祸。不知富贵之人，若其心邪，其事恶，是逆天地，逆鬼神，悖圣贤之训，畔君师之教，天地鬼神所不宥，圣贤君师所不与，忝辱父祖，自害其身。静时回思，亦有不可自欺自瞒者，若于此时，更复自欺自瞒，是直欲自绝灭其本心也。纵是目前富贵，正人观之，无异在囹圄粪秽之中也。”① 析言之，一者，无此本原，即使是物质性的福禄，并不能成为真正的“福报”；二者，有此本原，相应之福才能被点化、提升和升华，真正为“人”所实有；三者，若有此本原，即使无物质性的福，也不失其精神上、心灵上的满足。

也就是说，儒家认为，儒家对待现实物质福报的态度是，有之则泰然处之，无之亦无所谓烦忧，而有德即使无福（物质福报），也不失其“福”，以德为基，必然蕴含着精神之“福”——“反身而诚，乐莫大焉”（《孟子·尽心上》）。究极而论，“德”本身就是一种福（虽然不是最圆满状态），可称为“道德的幸福”。如果不考虑物质之福的现实层面，至此实可说解决了德福不一问题，实现了德福一致。牟宗三先生即从“德福不离”和“以德化福”的角度认为自己解决了德福不一的问题。

① 陆九渊．陆九渊集［M］．北京：中华书局，1980：284-285.

四、何种意义上的“德福不一”

虽然我们认同牟先生的基本观点，并着重阐发了“德福不离”的意义关联，但牟先生对圆善的最终解决，依于无限智心的遍润与创生，“德即存在”“物随心转”“顺心即福”“神感神应”①，福被转出为偏于精神之福的意义取向，有消解物质之福的危险，若此便无法回应现实层面的物质之福的配享难题，也就无法说是德福一致问题得到了根本解决。在这个问题上，儒家与康德再次表现出相通之处，虽然康德最终导出的是以灵魂不朽、上帝存在来保障，但其目的正是解决人们最终如何配享物质福报的问题。德性自身的依据与内涵，并不受福之有无影响，但从德性到德行的过程中，物质性福报作为存在界对于德性的现实回应与考验，应在“圆善论”的理论逻辑中得到观照。无视抑或消解物质性福报的存在，不仅可能会对道德原则产生反噬效应，而且也不符合“圆实之教”的题中应有之义，此恰流为牟先生所谓的“偏枯之教”②。因而，“圆善”需对“德福不一”的种种情形做出全面回应。

从逻辑上分析，“德福不一”无非四种形态，“有德无福（精神之福）”“有德无福（物质之福）”和“无德有福（精神之福）”“无德有福（物质之福）”。“有德无福（精神之福）”，前所论已明确，儒家肯认德本身即是一种福，即精神性的福享，“孔颜乐处”即其真实写照，所以此形态并不成立。“有德无福（物质之福）”形态是儒家需要特别应对的，容后细论。

“无德有福（精神之福）”“无德有福（物质之福）”两种形态可以统而论之，因两种“无德有福”都缺乏德之本原基础，上一节已论及，儒家认为此福无法享成，其结果是一致的。但这两种需再作申论，因为涉及“德”的必要性问题。儒家其实是以“幸”的观念来定位这一状况的，认为无德并不能真正地获致福报，其所获的只是“幸”(侥幸）的状态。首先，儒家明确定位“幸”不是“福”，根本即在于其非源出于德，“德不纯而福禄并至，谓之幸，夫幸非福”（《国语·晋语》）；其次，“幸”是以生命活动的被动性为轨则的，这和儒家自作主宰、积极有为的生命体认是相反的；再次，在“幸”的状态下，其所获之背后的生命状态和意义内涵都是打了折扣的，并不是本真的生命状态，也非充分的意义展现。总之，儒家并不认为无德可以真正获致福报，而只不过视之为“幸”而已。《论语·雍也》“人之生也直，罔之生也幸而免”，“直”是儒

① 牟宗三．圆善论［M］．长春：吉林出版集团，2010：249，255.

② 牟宗三．圆善论［M］．长春：吉林出版集团，2010：209.

家所主德性生命的一种体现，不直而行，虽或可有生的可能，不过仅是“幸而免”的层次，旧注多以“免死”解之，可知其“生”与本来之生是不可同日而语的，朱子由此指出前“生”为始生之生，后“生”为生存之生①，是很深刻的。《中庸》“君子居易以俟命，小人行险以徼幸”的讲法与之一致，并更进一步，对之做出君子、小人之分，可见儒家对“无德有福”的状态是根本不认同的。

这种不认同有多种形态，要么认为缺少德的奠基，所得不被视为福②；即使侥幸已得，也必将失去③；要么则不仅不将此“幸”视为“受福”，反而视之为“贪祸”④。总之在儒家德福智慧中，“无德有福”并不构成对德福一致的挑战，与前述第一义的德之定位、第二义的德福之意义关联，也都是内在一致的，我们得以进一步澄清：德之于福，不一定是充分的，但一定是必要的。

因此，我们可以明确，儒家所面对的“德福不一”，实乃“有德无‘福’（物质之福）”的形态，即在现实层面有德之人在正道而行后未能实际配享相应的物质福报。而“无德有福”的形态在儒家看来并不能真正成立，不过对我们讨论“有德无‘福’（物质之福）”的形态也有相应启示。“君子无幸而有不幸，小人有幸而无不幸”（《论衡》引孔子语）⑤，“君子得祸为不幸，小人得祸为恒；君子得福为恒，小人得福为幸”（韩愈语）⑥，“有德有福”和“无德无福”，这两种形态是儒家所认同的常态，正如韩愈所言君子以得福为恒、小人以得祸为恒。而“无德有福”和“有德无福”则是两种理论展开的“变态”。对于“无德有福”，孔子和韩愈都以“幸”来标示，前文亦以此分析；对于“有德无福”（按前述，有德不可能无精神之福，有德无福只能是无物质之福），按

---

① 朱熹．朱子全书：第六册［M］．上海：上海古籍出版社、合肥：安徽教育出版社，2010：727.

② 如“诗曰：‘嗟尔君子，无恒安息，靖共尔位，好是正直，神之听之，介尔景福。’正直者，得福也，不正者，不得福，此其法也，以诗为天下法矣”。（《春秋繁露·祭义》）

③ 如“夫德，福之基也。无德而福隆，犹无基而厚墉也，其坏也无日矣。”（《国语·晋语》）“既得人爵而弃其天爵，则惑之甚者也。终亦必亡而已矣。”（《孟子·告子上》）“行之者在身，命之者在人，此福菑之本也。道者福之本，祥者福之荣也。无道者必失福之本，不祥者必失福之荣。”（《新书·大政上》）

④ 如“道而得神，是谓逢福；淫而得神，是谓贪祸。”（《国语·周语》）“唯厚德者能受多福，无德而服者众，必自伤也。”（《国语·晋语》）“苟忠信礼义之不存，虽禄之万钟，爵以侯王之贵，君子犹谓之祸与害。”（《王阳明全集·答毛宪副》）

⑤ 何晏，皇侃，等．论语：中［M］．北京：中华书局，1998：1457.

⑥ 何晏，皇侃，等．论语：中［M］．北京：中华书局，1998：1457.

孔子和韩愈的说法，都指出此乃君子之“不幸”，那么，应如何具体解释这种“不幸”，它是否会对德福一致构成挑战呢？

五、“德福一致”与“德福不一”之间

既然我们认同德福一致，又承认可能会存在特定形态的德福不一，那么，应如何对这种矛盾做出解释，后者是否构成对前者合法性的挑战？

其一，在本体论层面，不存在德福不一，此处的福之与否首先未予考虑；而且从本体层面看，道、德即具有终极性的至善意义，或者说成为福的终极根据。在此层面，实可谓有德必有福，或曰德即是福。见前第一节、第三节讨论。

其二，在价值论层面，无所谓德福不一，此处的德福不一不被承认。从价值论上讲，在德之基础上，对福之实现持全面肯定，有德应有福。见前第二节讨论。

其三，在现实的层面，存在特定的德福不一，即有德无福（物质之福）。从实现论的角度看，德是福的内在基础，但还有现实层面的外缘因素要考虑，故虽必要但不充分。有待于外，说明这一层面的“不一”并不构成终极意义上的挑战，因为德的必要性仍是被肯定的。

也就是说，在德作为本体意义的观照下，德福之间已预设了德的先在性，在价值论上也具有德福一致之肯认，而物质之福的获得与否，只是后设的、第二义的问题，并不对德福的本然合一、价值合一构成实质性的质疑。此物质之福能否在现实层面实际获得，只是本然、价值层面之外的一个次生性问题。

对此次生性的、特定层面的德福不一，我们也要分几个层次来看。

首先，儒家在价值取向上，并不排斥现实层面的物质之福。如讲王道，并不排斥事功成就，孔子对管仲的评价即是例证，虽批评管仲“不知礼”①，但仍肯定其“如其仁”的事功，直言“微管仲，吾其被发左衽矣”②，这是在道义前提基础上肯定事功成就的道义—功业相统一。在德福关系上同样如此，仅有精

① 子曰：“管仲之器小哉！”或曰：“管仲俭乎？”曰：“管氏有三归，官事不摄，焉得俭？”“然则管仲知礼乎？”曰：“邦君树塞门，管氏亦树塞门。邦君为两君之好，有反坫，管氏亦有反坫。管氏而知礼，孰不知礼？”（《论语·八佾》）

② 子路曰：“桓公杀公子纠，召忽死之，管仲不死。”曰：“未仁乎？”子曰：“桓公九合诸侯，不以兵车，管仲之力也。如其仁！如其仁！”（《论语·宪问》）子贡曰：“管仲非仁者与？桓公杀公子纠，不能死，又相之。”子曰：“管仲相桓公，霸诸侯，一匡天下，民到于今受其赐。微管仲，吾其被发左衽矣。岂若匹夫匹妇之为谅也，自经于沟渎而莫之知也。”（《论语·八佾》）

神性的福，非最理想状态，儒家充分肯定德性基础上物质福报和精神福享的同时获得，所以儒家强调真正的“大人”就是“必得”其位、禄、寿、名。在正道而行中获取福禄双全，这才是无一毫虚歉的圆满态。这里的“必得”，儒家是从价值上言其当然，而不是在现实上言其实然；现实中的实然，虽可以反衬价值当然的实在性，但价值上的当然并不能保证推出现实中的必然。儒家既不排斥亦不反对物质之福，而且在主体条件方面确实做好了调校和铺垫，但亦不能完全保证物质之福在现实层面的必然获得，任何理论上的论说都无法与现实层面达到终极的合一，这是理论与实际之间无法弥合的天然张力。

其次，有德无福虽存在，但客观而言，只是某一部分，并非全体皆然。有德无福是因他起义，相对而言，其实已经预定了有德有福之形态，即现实层面存在着德福一致的现象。人们之所以对德福不一加以致思，正是因为有此“一致”情形作参照；同时，这亦从反面说明人们认为不应该出现这种“不一”情况，这为价值论层面的德福一致提供着反证支持。换句话说，德福一致在现实中是大量存在着的。而且从量上来论，“一致”与“不一”之间的比例分属亦非完全随机无序，德福一致的比例应该更高，因为儒家以德为本体的个人价值论内蕴由德而行、明德新民、修己安人的旨趣，在与社会共同体价值体系的构建、互动中得到了主流性认同、回应，而社会共同体价值体系的运转理势是有其合情合理导向的调节机制来平衡和维系的，所以从大目观之，德福配享一致的情况应占更大比重，德福配享不一当属小部。① 这折射出社会价值系统层面的“天地之常理”“天道之大经”。

再次，有德无福的“不一”形态之所以存在，其主要原因实受现实客观条件的影响和限制，包括人之在世的生存基础、在世状态、历史情境、运命遭际等，此皆当属“天道之无常”。诸如主体之外的客观条件，如命、时、势、气运等外在性因素；主体方面的客观条件，如气禀、体质、才力、寿夭等先天性因素；此外还有德不胜诈等他者因素。如此种种，实均源于主体无法掌控的“存在界”之因，都带有“莫之致而至”的被动色彩，非“主体界”的价值抉择或道德努力所致，又因主体自身亦处于“存在界”之中，本亦无法摆脱存在律则之限定，一定程度上说明有德无福乃外因所致、被迫如此，因此从此角度展开

① 正如程子所言：“颜子短命之类，以一人言之，谓之不幸可也；以大目观之，天地之间无损益，无进退。譬如一家之事，有子五人焉，三人富贵而二人贫贱，以二人言之则不足，以父母一家言之则有余矣。若孔子之至德，又处盛位，则是化工之全尔。以孔、颜言之，于一人有所不足，以尧、舜、禹、汤、文、武、周公群圣人言之，则天地之间亦富有余也。”参见程颢，程颐．二程集：上［M］．北京：中华书局，2004：131.

的质疑，已然超出了儒家以德为基的德福关系论的意义域。

最后，如何安置这种特定的“有德无福”？大多数解决方案，是试图在理论上进行设计，从而“实现”德福的一致，认为现实中的德福不一，只是出于某种视域的限制，并未认识到其本有的合一状态，如家族福报论、未来福报轮、来世福报论、世道轮回论、上帝存在论、教化需要论、虚体福报化等。这些方案是以保证福报的配置为主，多诉诸外在的权威保障或时间上的无限延长或福之受体的转移等，但这还都不是福之“享用”、福之“兑现”，即本质上都未落实在现实的主体上，所以各解决方案或许是一种理论解决；从主体层面看，也可以说，各解决方案都回避了问题。①

六、德福一贯

有德且实有其福（物质之福），儒家不排斥、不反对，正如前述儒家在价值论上对德福一致是积极予以认肯的。更重要的是，儒家并不认为物质之福的获得与否应该对人的价值取舍产生决定性的影响。“君子所性，虽大行不加焉，虽穷居不损焉，分定故也。”（《孟子·尽心上》）有此“福”，则如“幸福”一词构成中的原初内涵，有幸得此福，视之为“幸”（这里“幸”和前述提到的“无德有福”之幸不同，这里是以德为前提而获福之“幸”，可理解为“有幸”，与前述“儌幸”不同），而不是在现实层面期之以必。这样，视之为“有幸”，则真实获得的福之体验，可以实现福享质感的进一步提升；不期之以必，则即使现实中无此“福”，儒家也认为并不是不能接受，而可以坦然处之。进一步看，儒家的这种处世态度是因为其将包括祸福在内的整个生命实存的意义取舍首先交由德性主体自身来决定。“求则得之，舍则失之，是求有益于得也，求在我者也。求之有道，得之有命，是求无益于得也，求在外者也。”（《孟子·尽心上》）“有益”“无益”的分判，说明儒家对德福一致的追寻乃诉诸“求在我”的主体自力来设定衡准尺度，而与上述那些诉诸外力或外因的解决方案构成鲜明的对比。由此才可理解在不一致的情况下，儒家的态度是端身正行，进以礼、退以义，居易以俟命，修身以俟其时。

① 彭国翔提出了一个不同往贤的解决方案。通过分疏康德和牟宗三的“德福一致”论，认为两者在德福一致问题上都未得圆满，从而提出引入儒家传统“天”的观念，来解决超越力量和主体力量的沟通和平衡。（参彭国翔．德福一致［M］//彭国翔．儒家传统：宗教与人文主义之间．北京：北京大学出版社，2007：193-215.）可备一说。彭文在否定为保证德福一致而诉诸异在人格神、导致求眷顾的宗教这一点上，与本文观点一致。

当然，这并不排斥主体立足德性修为基础上的实践智慧之发用。德智一体，内外交映，为影响和转变这种外在条件，可以充分发挥主体能动性，尤其是应物处世的自主性、开拓进取的创造性、变通趋时的灵活性等。自作主宰式的动容豁达以及道德实践中的原则贯彻本就是双向互成的一体之两面，儒家面对德福不一时的坚定持守和动态调衡之统一，表明德性本体正构成着主体实存修为、转化的力量源泉和方向定位，斯有所谓“知者不惑，仁者不忧，勇者不惧”（《论语·子罕》）。在这里，儒家的态度抉择与其德性修为理论主旨的第一义是内在联通的。由此，对于有德无福，儒家转进一层，即此物质性福报有否，实有很多“存在界”之外缘因素无法掌控和预知的，问题的关键之处，乃主体自身在情势的变动中依然会坚守立身之道，秉承应然的实践理性来随应变动并谋后动。① 正如儒家一方面承认“死生有命，富贵在天”（《论语·颜渊》）、“穷达以时”（《郭店楚简·穷达以时》），另一方面又主张“祸福无不自己求之者”（《孟子·公孙丑上》）、“德行一也”（《郭店楚简·穷达以时》），儒家对此天、命并非消极被动地予以承受，而是在积极的德行实践中通过正命、立命，来创造性地转化自我，完成对天命、时运的主体承当和内向超越。故而儒家面对德福不一问题，并不是像其他思想处理方案，为福报的配享找到可能的补救来“实现”一致，而是至此凸显出这样一层意义：尽管现实中有不一的情况，对于儒家来说，他敢于面对并承当这种不一，能够平和地面对这种不一；即使处困、处穷，亦在“君子固穷”② 的承当中实现主体自我的坚定与转化而不失其本然；德之修、学之讲，才是其始终挂心的事情，修德乃人之为人的天职，不应随物而转。

儒家敢于并且能够正视、直面这种“不一”，如前所论，此乃其德性论的本体定向及其价值导向所决定的，与此相应再进一层可知，儒家并未停留于“至福”涵摄德性或德性蕴含“至善”而分析式地导出德福一致，而是立足于实践理性的判准，在“应该做什么”的追问中，在与现实境况的“综合”中，通过德行工夫的不断修炼来动态地寻求德福之一致。在“君子固穷”地直面、应对

① 类似的问题还可从儒家“遯世无闷”的态度中体现出来，“遯世无闷”强调“君子”不为外物左右，转世而不为世转的人格独立性，着重就君子所处穷迫困厄的非常情势以言君子人格之特征及其养成之途径，“隐遯”非一般隐士之隐逸，其借此所表述的君子出入、进退之道，体现了一种乾乾精进、刚健有为的进取精神。《论语》言君子“人不知而不愠”，亦从常态的角度对此做出了表达。参李景林．“遯世无闷”与“人不知不愠”——儒者人格的独立性和独特性［J］．船山学刊，2013（2）：86-91.

② 《论语·卫灵公》：在陈绝粮。从者病，莫能兴。子路愠见曰：“君子亦有穷乎？”子曰：“君子固穷；小人穷斯滥矣。”

德福不一的基础上，儒家还认为修德之行应能够以坚实的智慧、积极的心态来化解甚至运用“不一”。儒家没有把这种不一当成僵死的困境，而是以进德修业的源泉汩汩灌注其中。如《周易》言及处困之卦颇多，儒家的解读多以修德正身以处困求通、反身自修方能济蹇涉难为寓意，就反映着其应对态度。孟子亦有言：“天将降大任于斯人也，必先苦其心志，劳其筋骨，饿其体肤，空乏其身，行拂乱其所为，所以动心忍性，曾益其所不能”（《孟子·告子下》），“人之有德慧术知者，恒存乎疢疾”（《孟子·告子下》）。正是在困以修德、因德生福的意义上，孔子对自身“陈蔡”之“困”会有径直将其理解为“福”（幸）的传述记载：“夫陈、蔡之间，丘之幸也。二三子从丘者，皆幸人也。吾闻人君不困不成王，烈士不困不成行。昔者，汤困于吕，文王困于羑里，秦穆公困于殽，齐桓困于长勺，勾践困于会稽，晋文困于骊氏。夫困之为道，从寒之及煖，煖之及寒也，唯贤者独知，而难言之也。《易》曰：‘困，亨，贞，大人吉，无咎。有言不信。’圣人所与人难言，信也。”（《说苑·杂言》）司马迁明显是相近观点的认同者，故会具体叙述道：“昔西伯拘羑里，演《周易》；孔子厄陈蔡，作《春秋》；屈原放逐，著《离骚》；左丘失明，厥有《国语》；孙子膑脚，而论《兵法》；不韦迁蜀，世传《吕览》；韩非囚秦，《说难》《孤愤》。《诗》三百篇，大抵贤圣发愤之所为作也。”（《史记·太史公自序》）在儒家的视野中，处困而居，就不再仅仅是一种人生羁绊，反而应被视为一种可以对人生历练产生积极效果的助力条件。① 所以，更进一步讲，这种罹难处困、德福不一的情境，不唯不会对儒家造成负向影响，其本身也会在“庸玉汝于成”（《正蒙·乾称》）的主体修为进路中，成为进德之资，转化为德性工夫的有效环节。由此，儒家德福智慧的逻辑又回向了其所立基的德性论基源，在绝对命令的理论回环中实现了一贯。儒家德福智慧，确可称之为“圆善论”。

处困修德，积极地正视、转化此类困境和不一，笔者称之为儒家的“困境智慧”，“困境智慧”其实正是“德福智慧”在特定情境中的具体作用与检验；而且，“困境智慧”不仅与“忧患意识”相辅相成，同时也与儒家“乐天知命”的人生哲学一脉贯通，体现出“困乐圆融”的鲜明特色。从境界上看，儒家那种本然之乐也是始终伴随的，这是源发于内的理性之乐，并不会与现实层面的德福不一产生冲突。毋宁说，这种乾乾精进的修德进德与乐天知命的内发之乐，

① 陆象山即由此引申出“福德”之说：“患难之人，其心若正，其事若善，是不逆天地，不逆鬼神，不悖圣贤之训，不畔君师之教，天地鬼神所当佑，圣贤君师所当与，不辱父祖，不负其身，仰无所愧，俯无所怍，虽在贫贱患难中，心自亨通。正人达者观之，即是福德。”（陆九渊．陆九渊集［M］．北京：中华书局，1980：285.）

真正坐实福之为福的本然、印证德福一致的本体。

七、结语

儒家在德福回环中的一贯，有三个理论效果：一者，说明儒家的理论原则“一以贯之”，一贯即是圆道，圆善体现为理论原则之圆，而非一定要配享成功物质福报之圆，这个意义上的“圆善”也可说是圆而非圆、不圆而圆。二者，重新回到德性论的基源，亦保证了德的本体之圆，超越了现实层面的不一，而在本体层面重新实现统一。三者，儒家的德福圆满，并非世俗所谓精神胜利法，而是在实际的生活处境中，以其一贯的原则为提点，通过不断的工夫修炼才能达到的一种境界，这是儒家“困境智慧”发用表现的结果，是对德福不一问题的工夫论解决。儒家“圆善的逻辑”，应在康德道德哲学基础上提出儒家的多维思考及独特智慧，也应避免牟宗三先生圆善论说可能出现理论滑转却最终也并未真正实现其所谓“圆满的善”之争议。这一逻辑显示出儒家并不排斥物质福报，甚至在价值判准上认为应该有（或可以有）相应物质福报的配享，但在现实层面，儒家承认存在此类特定的德福“不一”，承认这种不圆满，转而通过回向主体的一贯原则进行重新转化、提升并最终实现自我的圆满。

综上，儒家的“德福智慧”，强调德性修为的先在义以及德的本体性；在德性修为的奠基上，德福一致具有价值论层面的必然性；同时，德福不一也在成德之教的“规范”下，转换为儒家进德修业的逻辑环节，成为德性工夫的有效推动力。在后一种意义上，现实层面的德福不一，其实在工夫修炼的动态展开意义中，正为本体和价值层面的德福一致提供源源不断之蕴蓄。这样看来，儒家德福智慧具备内外一贯的理论完满性，作为现世中的理性存在者，人的价值实践和存在实现，可以从中获取坚定的方向指引和精神力量。

论儒家的困境智慧

提要：儒家的“困境智慧”是关于人类生存困境的根本性反思，以主体性的德行修为与道义担当为本根，以终极性的天命为依托，通晓时遇和权变的方法原则，伴随着主体内在的充实和自信，保有乐观之心境，从而实现对外在困境态势的消解和转化。儒家“困境智慧”蕴含着人生意义如何生成的内在考量，对于“作为现实中的存在”的人，具有广泛而深刻的指引意义。顺境中常思“忧患意识”，逆境中不忘“困境智慧”，两者相辅相成，共同构筑起儒家圆满自觉的人生智慧以及安身立命的人生哲学。

儒家对于人生切要问题蕴含着丰富而系统的根本反思，给予人生道路深沉而饱含智慧的启迪。如被徐复观先生称为中国人文精神之跃动的“忧患意识”，作为深思熟虑的自觉人生态度，在我们身处顺境时，应不时地予以省察；与之相应，儒家也有丰富的“困境智慧”，告诉我们在身处逆境时，应如何予以应对。① 但儒家应对困境的处世智慧，我们发掘得还远远不够，未引起足够的重视。儒家的困境智慧应和忧患意识一道成为我们精神传统的宝贵资源。本文只是一个初步的探讨。

一、从孔子厄于陈蔡谈起

孔子一生壈坎，屡遭困厄，饱经风霜。《庄子・让王》将其描绘为“再逐于鲁，削迹于卫，伐树于宋，穷于商周，围于陈蔡”。其中，孔子厄于陈蔡的事迹颇有代表性，从中可体味出孔子所代表的儒家应对困境的基本态度。《论语・卫

① 忧患意识和困境智慧分别在人生顺境、逆境中的作用，并不是截然的区分，儒家所提倡的“忧患意识”是作为人生应有的元意识而存在的，具有本原性意义，是须臾不可离的。此处分开来说，主要是突出在不同的处境中应有不同的侧重，尤其是在逆境中，应充分认识到“困境智慧”的意义。

灵公》载：

> 在陈绝粮。从者病，莫能兴。子路愠见曰："君子亦有穷乎?"子曰："君子固穷；小人穷斯滥矣。"

孔子以君子和小人对待"穷"境时的不同态度，来点化子路的质疑与不悦。"君子固穷"有两解，一解为君子固有穷时，一解为君子固守其穷。朱子注解取前者，谓"圣人当行则行，无所顾虑，处困而亨，无所怨悔，于此可见"①。"处困而亨"者，当就《易·困》卦而言，其卦辞云"困：亨；贞，大人吉，无咎；有言不信"。《周易本义》解"困"："困者，穷而不能自振之义"；《周易正义》解"困"："困者，穷厄委顿之名，道穷力竭，不能自济，故名为'困'"。这提示我们"困"与"穷"之间的关联。此处的"穷"也即困厄、困窘之义，非局限于经济上的穷困，而是指人生的挫折、政治的磨难与理想事业的坎坷。朱子认为顺上下文势看，"君子固穷"意为"君子固有穷时"，然既能"处困而亨，无所怨悔"，"固守其穷"之义亦在其中矣。

"君子亦有穷乎?"子路对君子"固有穷时"的质问和不解，实质上是对德福一致问题的困惑，有德者（如夫子）为何往往无福（厄于陈蔡）? 君子是一个遵守道德规范又追求理想的人，讲道德规范，就会有所为有所不为，追求理想，就会以批导的眼光看待现实而不会仅仅屈从顺应，故而君子常常会受到不受规范的小人掣肘，时而会感到现实势力的阻遏，遭致困境的磨难。夫子的回答实际上已超过了这一困惑，直接从君子与小人的对比，指陈亦有穷时并不是问题，此乃外力所致，时而难免，问题的关键在于其间能否做到"固"，即固守于德性原则和理想追求，而不随物流迁。《程氏易传》释《困》曰："困而能贞，大人所以吉也，盖其以刚中之道也。"② 君子贞固守正，持守中德，方为处困之道，这个过程已然蕴含了"大人所以吉"的内在理由；独立自主的君子人格，有原则、有目标，勿用去刻意求"福"，"修其天爵而人爵从之"（《孟子·告子上》），德福不一的困惑实已在这一"固""贞""修"的勉力持守之中，落向于第二义。

子路向夫子请教何谓"成人"，夫子对"今之成人"的看法，也强调了"贞固"的重要性："见利思义，见危授命，久要不忘平生之言，亦可以为成人

---

① 朱熹. 四书章句集注 [M]. 北京：中华书局，1983：161.

② 程颢，程颐. 二程集：下 [M]. 北京：中华书局，2004：941.

矣!”（《论语·宪问》）“要”者约也，可理解为困、穷之义，意思是说久处其约而仍不忘平生之志，能坚守内在的准则，固守其穷，方可称得上“成人”。这和前文的看法是一致的。不妨借用麦金太尔对亚里士多德的德性论的评论来说明:“称一个人具有德性，并不是说他所处的境况而是指他的品质。说一个人是有德性的，是说在如此这般的境况下，他将以如此这般的方式行事。”① 这和儒家的德性论实有异曲同工之处，表现在困境中，一个君子，一个有德性的人，亦将以“修道立德，不为穷困而改节”（《孔子家语·在厄》）的方式立身，而不会因所处境况改易自身的品质。也就是说，“德性虽然不是人的最终目的，却是人的生活方式的一个本质方面”②。

孔子“厄于陈蔡”曾在其后多种文献中被提及或评论③，成为讨论困境问题的上佳素材。虽各种版本的“厄于陈蔡”都多少带有“寓言”式的虚构和演绎色彩，但各个故事背后隐含的“作者”的思考和态度，同样表达着他们的“困境智慧”。这说明在当时的社会情境中，困境是受到思想者们普遍关注的话题，怎样处理或消除困境则需迫切而认真的探索，这也可从许多关于困穷、困厄、困吝、困否、困约的相关提法和讨论中看出来。此处，我们将引证《荀子·宥坐》的记载，因为其未脱离《论语》“在陈绝粮”章的章旨基调，虽不一定是历史实录，但仍是儒家论域内关于困境问题的持续思考。

> 孔子南适楚，厄于陈蔡之间，七日不火食，藜羹不糁，弟子皆有饥色。子路进而问之曰:“由闻之:为善者天报之以福，为不善者天报之以祸，今夫子累德积义怀美，行之日久矣，奚居之隐也?”孔子曰:“由不识，吾语女。女以知者为必用邪? 王子比干不见剖心乎! 女以忠者为必用邪? 关龙逢不见刑乎! 女以谏者为必用邪? 伍子胥不磔姑苏东门外乎! 夫遇不遇者，时也；贤不肖者，材也；君子博学深谋，不遇时者多矣! 由是观之，不遇世者众矣，何独丘也哉! 且夫芷兰生于深林，非以无人而不芳。君子之学，非为通也，为穷而不困，忧而意不衰也，知祸福终始而心不惑也。夫贤不

---

① 麦金太尔．伦理学简史［M］．龚群，译．北京：商务印书馆，2003：95.

② 麦金太尔．伦理学简史［M］．龚群，译．北京：商务印书馆，2003：100.

③ 如《庄子·让王》《庄子·山木》《孔子家语·在厄》《孔子家语·困誓》《孔丛子·诘墨》《吕氏春秋·慎人》《吕氏春秋·任数》《风俗通义·穷通》《韩诗外传·卷七》《说苑·敬慎》《史记·孔子世家》等文献都有提到。对夫子厄于陈蔡之后的总结和分析，可参陈少明．“孔子厄于陈蔡”之后［J］．中山大学学报（社会科学版），2004（6）：147-154.

肖者，材也；为不为者，人也；遇不遇者，时也；死生者，命也。今有其人，不遇其时，虽贤，其能行乎？苟遇其时，何难之有！故君子博学深谋，修身端行，以俟其时。”

“七日不火食，藜羹不糁，弟子皆有饥色”是对“绝粮”情境的具体形象化，这一运笔并非多余，而是让人便于体认“厄于陈蔡”的切身情景。在此境况下，弟子的“愠见”和“进问”更易于得到理解，孔子指点的“君子之学”，也更能凸显其作为困境智慧的高明和深沉。具体来看，子路不解的是“累德、积义、怀美”的“为善者”，为何“居之隐”而未“报之以福”呢？这其实是“君子亦有穷乎”的另一种表达。孔子的回答则一改“君子固穷”的简微，义例并行，层层深入。首先，君子需“博学深谋，修身端行”，以“知祸福终始而心不惑”，成为贤者仍是一个必需的条件，“为不为”是一个主体选择的行为，这是从内在的方面讲；但仅此还不够，若没有合适的“时”“世”的条件，贤者也未必能“行”，换句话说，仍会穷且困、忧而衰，故还需“俟其时”、待其命，这说的是外在的条件。这提示我们，儒家的“困境智慧”应从此内、外两方面及其关联中具体展现出来：内在的德性修为与外在的时运际遇。当然，还不应忽视贯通两者为一体的天命观念，以及在此基础上内显出的乐观境界。下面详细讨论。

二、处困之道

1. 困境中的主体自觉：德行之砥砺与道义之担当

前文提到儒家的处困之道特重贞固不已，这点是渊源有自的，周公曾总结出“慎厥初，惟厥终，终以不困；不惟厥终，终以困穷”（《尚书·蔡仲之命》）的历史教训，认为对“惟德是辅”的慎初慎终，是免于困穷的不二路径。儒家思想继承周公的“新论”，并发扬之。所贞所固、慎初慎终者，用夫子的话说，即“志道据德”也。能在困境中对此德、此道依然自觉持守，于此德、此道才称得上真正的据之、志之；也正是因为对此德、此道构成“据”与“志”的充实圆满，主体才能“不陨获于贫贱”（《礼记·儒行》），保持立身行事的坚定。

遭受困境，儒家的态度首先是考问自身德行之砥砺，“行有不得者，皆反求诸己”（《孟子·离娄上》）是儒家的一贯原则。以反思自己的德行修养，作为指引困境智慧的理论基点。《周易正义》解释《困》卦曰“处困求通，在于修德"①，深得于儒家处困之道。同样是《周易》"难"卦之一的《蹇》卦，上山下水，象征艰难险阻，君子逢此蹇难之象，《象》释曰"君子以反身修德"，即须反身修德才能济蹇涉难；《周易正义》曰"蹇难之时，未可以进，惟宜反求诸身，自修其德，道成德立，方能济险"②；《程氏易传》亦曰"君子之遇艰阻，必反求诸己而益自修"③。可见，《困》《蹇》诸卦反身修德以度艰困的寓意，正揭示出儒家困境智慧的精义：一则说明了在困境中能处之安然的人生态度之所以能挺立起来的根基，二则也反映出儒家所论德行并不因外在的处境变化而有所改易。

德行是形之于内的"行"，有内在的道德根据，是德性所施，发之于外的一个重要表现，是对道义的承当。德行之砥砺往往和道义之担当关联在一起，共同构成儒家式的主体自觉。

孔子坦言"斯文在兹"，以"与于斯文"为任，立仁修礼以垂教万世；孟子自认"平治天下""舍我其谁"，奔走呼号"仁心仁政"以匡扶世道。这些并非圣人的狂妄，而是孔孟基于自身德行修养而对道义的积极承当。这种道义承当，对于儒者而言，并不是一种外在的负担，相反，它被转化为乾乾精进、刚健有为的力量，成就积极进取的精神。孔子之"知其不可而为之"、孟子之"虽千万人，吾往矣"，都是极好的证明。与孔孟反求诸己略有不同，荀子认为"宜于时通，利以处穷，礼信是也"（《荀子·修身》）。这是主张修身以礼，肯定"礼"应对困境的价值。不过，在价值理想的积极承当上，荀子和孔孟是一致的，他说"士君子不为贫穷怠乎道"（《荀子·修身》）。不仅认为士君子应担道、行道，而且认为即使处于困穷之境，也不应有所懈怠，"君子耻不修，不耻见污；耻不信，不耻不见信；耻不能，不耻不见用。是以不诱于誉，不恐于诽，率道而行，端然正己，不为物倾侧，夫是之谓诚君子"（《荀子·非十二子》）。荀子还强调"知之而不行，虽敦必困"（《荀子·儒效》）。所以说，积极不懈，知而行之，方能免于困境。

以德为内在根基，以道为终极关怀，以义为价值原则；反身以德，修身正己，居仁由义，率道而行。德行砥砺与道义担当"通过道德和历史的教养，在个性拓展和历史命运的承担中表现人性的永恒，达到文质合一的人格完成，以

---

① 孔颖达．周易正义（上）[M]．北京：九州出版社，2004：266.
② 孔颖达．周易正义（上）[M]．北京：九州出版社，2004：228.
③ 程颢，程颐．二程集 [M]．北京：中华书局，2004：896.

成就真正的智慧”①。儒家困境智慧的最大特色就是心有所本、内有所主，强调自觉自主、独立不倚，困境的极致，也有“致命遂志”（《周易·困·大象》）以对，如此得见儒家之真精神。志道据德的价值实现，以“诚”为其意义生成之本原，“诚”即真实、实有，标志“性之德”，作为动态的生命展开过程，“诚中形外”即德性成就的完整创造历程。“在儒学的系统中，‘诚’既是个体存在本真之所是，同时，人在其存心、反思、教养的自身展开历程中又能不同层次地完成、具有（实有之）这个‘所是’”，“道德的义、法则……为人心灵所能亲切实证的‘实有’和‘真实’”，“价值的‘应当’与‘真’的内容是互摄一体的”②。在实有诸己的存在实现角度，“诚中形外”刻画出德行与道义对外在之“行”的价值奠基过程。

志道据德的主体自觉，表现于人格特色上，即“见独”。“见独”是对保持自身的个性内容的自觉和了解，也是人心对“道”之实有诸己的独知和独得；君子应体认道并推动人的形色实存和精神生活实现一系列的教化性转变，同时保持住自身独立不倚的特性。夫子所言“不怨天，不尤人”（《论语·宪问》），“不易乎世，不成乎名，遯世无闷，不见是而无闷，乐则行之，忧则违之，确乎其不可拔”（《周易·乾·文言》），以及《周易·大过·大象》“君子以独立不惧，遯世无闷”，等等，都是立足这个意义讲的，着重强调君子不为外物左右，转世而不为世转的人格独立性。也就是说，穷迫困厄的非常情势下，君子的独立人格表现尤为可贵，能保持慎独，进而“践形”，这种主体自觉下，困境中才能真正通行于无闷、不愠的自然境界和状态。《中庸》言“君子依乎中庸，遯世不见，知而不悔，唯圣者能之”，可见，君子人格之独立和独特，不仅是志道据德之主体自觉真正落实的显现方式，亦是人生修养的最高境界的体现。

2. 困境中的精神支撑：天之所寄与命之所托

与主体之自觉相应而在，儒家以“天”作为精神上的价值支撑，共同构筑困境智慧的引导力量。“天”，是个总体概念，在儒学中有多种指谓：天命、天道、天理等，但儒家之“天”具有一个共同特质，即“天”是一个超越而内在的存在。因其是超越的，故具有普遍性、无限性，可以为有限性的人类提供安顿精神信仰的寄托，夫子言“知我者其天乎”，此之谓也。因其是内在的，故并

① 李景林．教养的本原——哲学突破期的儒家心性论［M］．沈阳：辽宁人民出版社，1998：328.

② 李景林．教化的哲学——儒家思想的一种新诠释［M］．哈尔滨：黑龙江人民出版社，2005：76.

不具有绝对的彼岸性，并非不可完全达至，这就为有限性的人类提供了升华和超拔的可能，夫子言“下学而上达”，践仁可以知天，以此。因其超越而内在，故天可以成为人的身心性命的价值根据，故曰“天命之谓性”，“乾道变化，各正性命”；而人可透过自身心性的修为达到超越性境界形态的体知，故曰“尽心知性知天”，“穷理尽性以至于命”。对此超越而内在的天，主体不能将之视为以抽象思维来进行认知的客观对象，而应诉诸践仁和“下学”，注重内向性的敛聚、体认、慎独而至心性的洞明澄彻，来充分地敞开自身，方能与天相“通”。儒家天论一方面指示出主体需要有超越的精神支撑，另一方面显示出超越的精神支撑由主体内在而实现。

“不知命，无以为君子”(《论语·尧曰》)，儒家亦很重视“命”，故“天”论多从“天命”言，此外，其所论“命”，还有运命、使命等含义，“命”的这几个层面是关联一体的：“道之将行也与？命也。道之将废也与？命也。公伯寮其如命何”(《论语·宪问》)，“天生德于予，桓魋其如予何?”(《论语·述而》)，这是说，担当行道，承继斯文，此乃天之所予，由此挺立其内在超越价值信念，但超出主体范围之外的限制性因素，将之委之于命，此乃超出主体职分之外，是无可奈何的。故对于“天命”，儒家的主张是“畏天命”，同时还要“知天命”。“天命”一方面是对主体性的限定，是对自我的无限膨胀的限制，故需敬畏之；另一方面，“天命”又非完全盲目地起作用，而是经由主体的道德抉择与积极担当而呈现，并不是绝对的彼岸，故可以并应当“知天命”。二者不仅不矛盾，而且是内在一致的。“知天命的人，同时就能以敬畏恭谨的态度完全履行这种天所赋予的人道使命”，“当一个人真正理解了天命，知其所当为，知其所不能为（命），就不会再为事情的功利结果所干扰，其行为完全由自己决定”①。这样，“天命”之内在而超越，为主体提供了精神之支撑；主体则于“知—畏”的交织中，落实于实存的具体生命，实现天命的全面开显。

身处困境之中的主体，尤应实有诸己地体认“天命”。据《史记·孔子世家》记载，夫子曾坦承“丘之不济也，命也夫”。在孟子眼里，“孔子进以礼，退以义，得之不得曰‘有命’”。(《孟子·万章上》）此两处所言命略有不同，前者侧重言外在的际遇（他律)，后者以主体进礼退义的行为抉择为前提（自律)，但两者又是相通的：“孔子不能用世之‘命’，正是孔子自己为自己所设定的界限，正是孔子对自身的历史境遇（所谓‘命’）的积极自觉的选择和承

---

① 李景林．教养的本原——哲学突破期的儒家心性论［M］．沈阳：辽宁人民出版社，1998：55.

担”，孔子以义利辨天命，“直面人生际遇所做出的决断，恰恰表明了命与人道的内在一致性。天命在此不复是外在于人的消极的宿命，人的行义之决断所面对的命本身便成为规定着人之应当的界限。此界限非如宗教那样抽象地直接得自上帝的神谕，而是具体地、内在地本原于人的历史性选择”①。孟子曰“尽其道而死者，正命也”，“修身以俟之，所以立命也”（《孟子·尽心上》），也是这个意思，尽道而死与修身以俟是主体道德抉择的结果，这是主体立足自身之分位，充分体认、敬畏天命客观性而做出的不得不然的正当选择（正命），同时，这个过程亦是主体的道德抉择以全幅的主动性和正面的价值意义赋予在此命之上，由此这个命也可说是主体所“建立”（立命）。借用徐复观先生的话，这正是“由主观转出的客观，由自律性所转化出来的他律性”②。

往往越是穷厄潜隐的境遇，越能彰显儒家困境智慧对于生命向上的“推动提撕”力量。《论语》所言“见利思义，见危授命”（《论语·宪问》），“士见危致命，见得思义”（《论语·子张》），《易·困》云“君子以致命遂志”诸论，都是主张以主体的积极承受来转化天命，因为“君子于困厄之时，生死得失之命为己所不能与，则置得失生死之命运于度外，唯以行义遂志为其分内之事而自觉承当之”③。程子曰：“大凡利害祸福，亦须致命，须得致之为言，直如人以力自致之谓也。得之不得，命固已定，君子须知佗命方得。……故君子于困穷之时，须致命便遂得志。其得祸得福，皆已自致，只要申其志而已。”④

① 李景林．教养的本原——哲学突破期的儒家心性论［M］．沈阳：辽宁人民出版社，1998：53.

② 徐复观．有关中国思想史的一个基题的考察——释《论语》的“五十而知天命”［M］//徐复观．中国思想史论集续篇．上海：上海书店出版社，2004：254-255. 徐先生指出：“孔子的‘知天命’，即同于孟子的‘知性’，而‘知性’即是‘尽心’，因此，再直接地说一句，孔子的‘知天命’，即是他的本心的全体大用的显现……真正的由道德的实践以达到道德彻底内在化的时候，由实践者的虔敬之心，常会将此纯主观的精神状态，同时又转化而为一崇高的客观存在，当下加以敬畏的承当……所以孔子的‘知天命’，固然实际就是‘知性’，知自己的本心，这是我们对他的思想加以分析后得出的结论，但在孔子自己则仍称之曰‘天命’，这不仅是因为思想的发展，在概念上尚未达到更进一步的清晰程度，这要经过子思、孟子而始达到，并且历史悠久的‘天命’观念，在人的精神上已成为一种崇高的客观存在，一旦与孔子内在化的道德精神直接凑泊上，孔子便以其为传统中的客观上的‘天’、客观上的‘天命’而敬畏之。……这种由主观转出的客观，由自律性所转化出来的他律性，与仅从经验中归纳出来的客观性和他律性有不同的性格，而对人的精神向上，有无限的推动提撕的力量。”

③ 李景林．教养的本原——哲学突破期的儒家心性论［M］．沈阳：辽宁人民出版社，1998：76.

④ 程颢，程颐．二程集［M］．北京：中华书局，2004：31-32.

程子所论至矣。前文所提到的德福问题亦应在这个意义上来理解。

主体抉择于道义而积极去承当，即是践仁知天的表现，由此接通天德，达至浩浩渊渊的境地，儒家的自信就源发于此；天命作为主体安身立命的终极关怀所在，亦离不开主体的体认，由此天命方得落实。然而，主体却不能因此而无限膨胀，以免虚荡之弊，因天命毕竟是外在于人的存在，主体不能忘却敬天、畏天的一面，不能抹杀此天对于人的牵制和制约意义。天人之间保持此张力与制衡，才能透显出儒家的困境智慧的特色。对于主体而言，时刻保有敬畏之意识，尽人事，知天命，修身以俟之，可矣。

3. 困境中的方法原则：时遇之顺宁与权变之通达

时遇是人生处世重要的外缘条件，身处困厄境遇，更应对时遇保持清醒的头脑，把握时遇并懂得因时而变，才能穷变通久。安时与否，变与不变，关键在于主体自身的掌控和抉择。

这里所说的“时遇”不能简单理解为时间的延续和变动，而是指客观情势发展变化的规律和方向，是对特定历史境况下总体情状和态势的综合与抽象。“时”与环境、态势、机会、氛围等因素密切结合在一起，左右着人的行为取向和社会的历史进程。“穷”表示困厄的逆境，“达”表示通显的顺境，儒家探讨“穷达”之间的转换往往对“时遇”所期甚重。如在荀子看来，时遇具有决定性的意义，他认为“不遇其时，虽贤，其能行乎？苟遇其时，何难之有？”（《荀子·宥坐》）《穷达以时》亦有类似的观点。不过，《穷达以时》不仅包含此种对客观历史情状和态势的审慎和冷静，还立足独特的天人分位说对重视时遇提供了相应的理论根据。其开篇提出“有天有人，天人有分。察天人之分，而知所行矣”①。“分”乃职分、分位之义，立足于不同的分位而言天人之别，天人各有所本、各有自身运行的根据，进言之，人应明晓人与天之间的分际，本于人的分位来行事，而不应混淆、困惑于天之分位。在这个理论基础上，《穷达以时》提出人之分位即在于自身之德行，天的分位即时遇，由此，“遇不遇，天也”，穷达与否，实由乎天时，“无其世，虽贤弗行”；人则须在此“穷达以时”的际遇中，保持自身的分位和原则，不论时遇怎样变化，都应“德行一也”，这样就能保有人格的独立，而物随心转，做到见独，故能“穷而不怨”“莫之知而不吝”。归根结底，穷达虽然“以时”，君子则须“敦于反己”。

在“察天人之分”的基础上，儒家则进一步强调“君子居易以俟命”（《礼

① 穷达以时［M］//李零．郭店楚简校读记．北京：中国人民大学出版社，2007：111-112.

记·中庸》)，“修身端行，以俟其时”(《荀子·宥坐》)。这是说即使暂无其“时”“虽贤弗行”，主体仍应“敦于反己”“修身端行”，做到素位正己，不失自身之本分，这并非以自足于内来悬置己外之时，实际上已蕴蓄了以退为进、待时而变的可能和力量，构成了对“时”的一种回应。由此可看出，《穷达以时》虽提出“时”乃天之分位，非人所能改变，但这并非认为人不能根据时势而对自身行为有所调整。孟子称孔子为“圣之时者”，正是因为孔子懂得“可以速而速，可以久而久，可以处而处，可以仕而仕”(《孟子·万章下》)，而不会被一些固定僵化的原则束缚，所以，儒家是非常提倡变通的。因应时势并非只是被动地因循接受，其间也非常强调主动而自觉地进行权变。万事万物始终处于变化之中，充满了偶然性和不确定性，这种外在于人的天之分位虽不可完全改变，但我们可以选择合适的时机操控自身的行动，促使外在的态势朝向有利的方向发展，对自身的行动产生相应的助力，起到积极的效果。从这个角度看，时中蕴势、时中含机，势发展到一定的阶段，时就会成熟，“变通趣时”就是自然而然的选择了。

变通，很重要的一点是要兼顾内在的原则和外在的时势条件。儒家所言的内在原则即“道义”。在坚守道义的同时，能够做到因时权变、或进或退；权变之时、进退之际，则不失其道。其宗旨在于既顺应事态发展的客观的实然趋势，又适于道义之宜的理想的应然境界。

《论语》载“宁武子邦有道则知，邦无道则愚。其知可及也，其愚不可及也”(《论语·公冶长》)，“君子哉蘧伯玉！邦有道，则仕；邦无道，则可卷而怀之”(《论语·卫灵公》)。孔子对宁武子、蘧伯玉均称道有加，认为他们懂得时遇、把握时遇，并且坚守相同的道义原则，尤其难得的是在时遇不振之时，能顺时而变、不仕无道。此种“以道进退”的价值取向很大程度上塑成了后世“士”的精神气质，使后世之士无不高度重视进退、出处、行藏、穷通、行违之际，孟子作为“士的自觉”(杜维明语)的典范，将此“时—变”之间的价值原则表达得更为清楚：

> 士穷不失义，达不离道。穷不失义，故士得己焉；达不离道，故民不失望焉。古之人，得志，泽加于民；不得志，修身见于世；穷则独善其身，达则兼善天下。(《孟子·尽心上》)
>
> 得志，与民由之；不得志，独行其道。(《孟子·滕文公下》)

对照地看，“穷”即“不得志”，“穷”时应“独善其身”“不失义”，“不得志”时应“修身现于世”“独行其道”，可知“独善其身”即修身也，修身即行道也、不失义也。这和《中庸》“修身以道”“修身则道立”在道理上是一致的。《吕氏春秋·慎人》释“穷”为“穷于道之谓穷”，可谓得其义。孟子认为不论是穷是达，都应以道义为原则来要求自己，不能因身处困境就在修养过程中有损道义。在这种默默地独自坚守中，吾人方能不污于流俗，保住自身的充盈自足；也只有在道与义的夹持下，吾人才能成就刚大之资，养成浩然正气，做到兼善天下之民。

儒家式权变强调反于经而后善，“德行一也”是权变中不变的一条原则。主体即应在此变与不变之间找到立身之所，处困安时，而希求否极泰来、时来运转，亦无可厚非，但需明确变的主体是“人”，因此主动性掌握在人的手里。若时遇条件与价值原则发生了严重冲突，无法调和之时，儒家的态度亦非常明确，前文多次提到的“致命遂志”，以及“临难毋苟免”（《礼记·曲礼上》）、“志士仁人，无求生以害仁，有杀身以成仁”（《论语·卫灵公》）等，都鲜明地表达出儒家的立场。由此也可看出，儒家对于时遇的顺宁态度（如张载“存，吾顺事；没，吾宁也”），并不是完全消极、被动地接受和因循，而是在价值原则与时遇条件的理性审知和双向肯认的前提下，实现二者的协调一致、泛应曲当的高度和谐境态。

三、不容而后见君子

困境或有难免，但我们能够选择以怎样的心态去面对。其实困境之难，难的就是我们能否以一种坚实的心志以及平和的心态去面对。道、德 、天、命、时、权、乐，这些本是身处顺境也要坚守的，但顺境中我们能持守并依顺的，在困境中并不一定能持守自如。此处作为困境智慧特别拈出，正是想在困境、逆境中，凸显它们对于人生教养的特殊意义。

有学者从心理学的角度，运用问卷调查的方法，对儒家的“应对”思想做了实证分析，认为“儒家式应对思想大致包括挫折内在乐观性、‘命’认识、人的责任性、挫折作用等 4 个因素”，得出的结论与本文所论“困境智慧”不谋而合（“内在乐观性”亦相合，详后），而且从有利于心理健康的角度，肯定了儒家式应对的积极作用：“儒家式应对把挫折等压力事件作为成就自己的方式或途径，具有信念性、整体性、亲挫折性、发展性、认知转化性。”① 其实儒家的

① 景怀斌．儒家式应对思想及其对心理健康的影响［J］．心理学报，2006，38（1）：126-134.

“困境智慧”内在地决定了生存困境并不会构成对于主体长久的困扰和拘限，在发展和转化的意义上可以说困境并非仅是被消极承受。换句话说，在儒家看来，困境并非仅具有消极意义，“作为成就自己的方式或途径”，困境亦可承载积极的价值和意义。

回到首节提到的孔子“厄于陈蔡”的事例来看，《史记·孔子世家》的记载也颇为有趣，孔子拿同样一个问题“吾道非邪？吾何为于此？”来分别测试子路、子贡、颜回三个学生，从三人的回答看，子路犹不能释怀于行道与事功效果的不一，不免怀有愠气；子贡不期于修道，却期于求容于社会；唯有颜回真正实有诸己地体认到行道之所当为，不为外在的结果所牵引倾侧，而能保有固于行道的坚定，得到夫子的赞赏。颜回说：“不容何病，不容然后见君子！”这是立足于主体之人格独立性，真正有得于切身境遇与道义原则的普遍化、全方面地相契相合，方能体认到的。人生中理应时时持守的道、德、天、命，为何要在困境中成为一种难得的智慧？这实际点出了“困境智慧”的意义立足点，透显出“困境”对于人生的历练作用和独特价值。困苦穷厄之际，最能检验人的品质，也最能锻炼人的品质。“居不隐者思不远，身不佚者志不广”（《荀子·宥坐》），这是儒家所看重的，是困境智慧的题中应有之义。孟子说得更为彻底：“人之有德慧术知者，恒存乎疢疾。独孤臣孽子，其操心也危，其虑患也深，故达。”（《孟子·尽心上》）人生的通达智慧往往需在困境中才能磨炼出来。孟子还为身心所受的折磨揭示出一个内在因由，即“天将降大任于斯人也，必先苦其心志，劳其筋骨，饿其体肤，空乏其身，行拂乱其所为，所以动心忍性，曾益其所不能”（《孟子·告子下》），这样，磨难就不再是无目的、无意义的实然承受，而实可成为勇于承担大任的应然前提。“圣贤困穷，天坚其志；次贤感激，乃奋其虑”①，在此身心修炼的境况下，主体获得承天任道的积极动力和坚韧毅力。由此，困境之磨难与时运之不济，就被转换为使命之担当与责任之承当，消极的态势也被转换为道德砥砺和意志磨砺的积极条件。

不难体会出，儒家的“困境智慧”，实蕴含着人生意义如何生成的内在考量。“儒家式应对，运用困苦可以锻炼人的意志，培养人的品性，提高人的能力，以及困苦也蕴含着发展的新机会等观点，从积极角度重新解释了个体遇到的困苦境遇，消除了困苦原本的意义……”② 夫子云“陈蔡之间，丘之幸也”

① 焦循．孟子正义［M］．上海：上海书店，1986：351.

② 景怀斌．儒家式应对思想及其对心理健康的影响［J］．心理学报，2006，38（1）：126-134.

（《孔子家语·困誓》），应从这层意义上来理解，所“幸”的是，以道德的实践为路径，通过内在心性的磨炼，可从困境中转化出生命的开拓发展和精神的自我超越。① 对于“练心”而言，困境也不失为一个好的机遇，王阳明居夷处困、百死千难而动心忍性，得以实现龙场大悟的心路历程，正是此困境智慧的生动写照。

四、困乐圆融与忧困结合

从境界上看，儒家困境智慧本质上是乐天知命的智慧。傅佩荣先生指出：“凡是身处逆境而不怨不尤，甚至甘之如饴者，都属于乐天的态度。”② 这并不是说困境本身有何特有之乐，而是说困境与逆境更能彰显这种乐观背后所坚守的原则及其意义。此“乐天的态度”实源于儒家特有的终极关怀层面的归依感及历史文化价值层面的使命感。“大人处困，不唯其道自吉，乐天安命，乃不失其吉也”，“虽在困穷艰险之中，乐天安义，自得其说乐也”③，说的就是此意。儒家主张立足人文主体性的理性关怀来转化此在的在世状态，在困厄之境表现出一份人生的豁达。

孔门师徒历尽坎坷，但身处逆境却总能泰然处之。“一箪食，一瓢饮，在陋巷，人不堪其忧，回也不改其乐。”（《论语·雍也》）在常人看来，“一箪食，一瓢饮”甚有可忧，而在孔颜看来，如同“在陈绝粮”，“箪食瓢饮”只是物质上的外发之“忧”，只能算是暂时的“贫”“穷”困境，“君子忧道不忧贫”（《论语·卫灵公》），对此应持“君子不忧不惧”（《论语·颜渊》）的态度；真正的“忧”应是内发之“忧”，是忧“道之不行”“德之不修、学之不讲”，仅就外发之“忧”而言，并不能阻断君子之讲学修德、贫而乐道，“不改其乐”的理性境界自然地呈现出来。“子畏于匡”，同样是外发之“忧”，是“莫之致而至”的生存之困境，由此困境而悟到“天之未丧斯文也”（《论语·子罕》），立即可接通“发愤忘食，乐以忘忧，不知老之将至”（《论语·述而》）的至乐之境。从这个意义上，此种外发之“忧”，虽不免生存之困境，然实自有其乐于其内，故曰“乐亦在其中矣”。

此处所说的“内发之忧”，近于今所谓“忧患意识”。徐复观先生曾掘发

---

① 港台学者常以“意义治疗”来刻画儒家导源道德力量的现实功效。
② 傅佩荣．儒家哲学新论［M］．北京：中华书局，2010：103.
③ 程颢，程颐．二程集［M］．北京：中华书局，2004：940，841.

“忧患意识”作为中国文化的深层特质①，李泽厚先生则以“乐感文化”为中国文化的重要特色②，庞朴先生通过分疏，认为一忧一乐的立说并不矛盾，提出应结合二说以“忧乐圆融”标举中国的人文精神③，可谓立论全面。笔者想补充的是，“乐感文化”作为中国人的文化心理结构的沉淀，与人生逆境中智慧反思亦不抵牾，而是透显出“困乐圆融”的精神境界。

也许，从如此多的困境中经历一遭，方能于用行舍藏之际多一份“仁者不忧”（《论语·子罕》）的从容，在道义抉择上历练出“遯世无闷，不见是而无闷，乐则行之，忧则违之”（《周易·乾·文言》）的洒落，其中隐含的理性之乐亦昭然若揭，显示出儒家困境智慧的通达之处。《周易·困·彖》曰：“险以说，困而不失其所亨，其为君子乎。”君子之行在困境之中能做到不疚于道、不失于德，则险而能悦、困而能亨。“大人处困，不唯其道自吉，乐天安命，乃不失其吉也”，“虽在困穷艰险之中，乐天安义，自得其说乐也”④，说的就是此意。在儒家看来，“乐”是体于道而发于内的，作为本然之乐、理性之乐，是存有之常态，不应随外在势态的变动而改变，故能使君子“无入而不自得焉”：“素富贵行乎富贵，素贫贱行乎贫贱，素夷狄行乎夷狄，素患难行乎患难。”（《礼记·中庸》）困境被主体所超度，“乐”由此真正显示出文化心理结构的积淀特性，从忧乐圆融达至困乐圆融。

进一步看，前文提到的内发之“忧”和外发之“忧”虽蕴含着忧患意识与困境智慧的不同因由，但从终极关怀上看，两者无不是为人生提供一种启迪与指引，既在困境时提示着“否极泰来”的智慧，亦在终于“未济”的安排中指点着应有的意识。忧患意识与困境智慧结合一起，才能更准确地把握两者的真义。这点先贤也早有讨论：“君子有终身之忧，无一朝之患也。乃若所忧则有之。舜，人也，我亦人也；舜为法于天下可传于后世，我由未免为乡人也，是则可忧也。忧之如何？如舜而已矣！若夫君子所患，则亡矣。非仁无为也，非礼无行也。如有一朝之患，则君子不患矣。”（《孟子·离娄下》）所忧者，德有未至，未达于圣贤也；不患者，“非己愆也，君子归天；蹈仁行礼，不患其

---

① 参见徐复观．中国人性论史［M］．上海：华东师范大学出版社，2005：10-22.

② 参见李泽厚．试谈中国的智慧［M］//李泽厚．中国古代思想史论．北京：生活·读书·新知三联书店，2008：323-333.

③ 参见庞朴．忧乐圆融——中国的人文精神［M］//刘贻群．庞朴文集：第三卷．济南：山东大学出版社，2005：216-241.

④ 梁韦弦．《程氏易传》导读［M］．济南：齐鲁书社，2003：266，277.

患”①，“存心不苟，故无后忧”②。此处言“患”是形下地言，近于生存困境之意；此处之“忧”近于今所谓忧患意识。“有终身之忧”，即本于忧患意识的体贴；“无一朝之患”，即因有困境智慧的显发。忧患意识应终身有之，时时以希圣希贤为念，践仁行礼，实现自身，使生命智慧全幅打开，廓然大公、物来顺应，不忧不惧，则无所谓“患”。可以说，忧患意识与困境智慧在“成德之教”的规范下实现了德性主义的统一，在“乐感文化”的结构中实现了乐观主义的升华。

作为“终身之忧”，忧患意识的本原性并不排斥困境智慧，毋宁说，二者在人生顺境和逆境中应各有侧重，切近不同的人生境遇而分别给出更富奋发精神的指点。顺境中常思忧患意识，逆境中不忘困境智慧，两者相辅相成，共同构筑起儒家圆满自觉的人生智慧以及安身立命的人生哲学。

五、结语

应该指出，本文所讲的“智慧”不是一种智虑或机巧，而是一种观照和透悟。③“困境智慧”反思的是超越困境如何可能，其主要指向并非通过改造外部条件来消减困境或提高人的处理困境的能力，而是作为应对人生困境之道，指示身处困境应有之心态，是关于人类生存困境的根本性反思，以主体性的德性修为与道义担当为本根，以终极性的天命与时域和谐调顺为依托，伴随着主体内在的充实和自信，保有乐观之心境，从而实现对外在困境态势的消解和转化。

由此观之，儒家“困境智慧”并不同于时下曾颇为流行的所谓“逆商”。逆商（AQ），又叫挫折商或逆境商，是英文 Adversity Quotient 的缩写，指的是人们面对逆境时的反应方式，即面对挫折、摆脱困境和超越困难的能力。逆商是应对困境的能力，有很强的针对性和技巧性。儒家困境智慧则是内心境界无私意计度的当下显现，更多地指身处困境所持有的心态，通过困境中的德行砥砺、道义承当和天命依托，潜在地转化出意义世界的生成。从文化比较的角度来看，儒家的困境智慧与基督教回溯上帝的个人原罪论不同，与道家知其不可奈何而安之若命、保存自身为目的的自然倾向，以及虚与委蛇、安时处顺的随顺立场也不同。唐君毅先生指出：“儒家之所以高于道家及西方之宗教家，则在儒家之

---

① 焦循．孟子正义［M］．上海：上海书店，1986：351.

② 朱熹．四书章句集注［M］．北京：中华书局，1983：298.

③ 这颇近于冯契先生的“智慧说”意义上的“智慧”：智慧说以 epistemology 代替 theory of knowledge，以“整个的人”为出发点，在元学态度上反思元学如何可能、理想人格如何培养的问题。

充量肯定人生之一切活动，与一切遭遇之价值之精神；中国之儒者，则以此一切世俗幸福之有无，对己皆不碍吾人精神生活、道德生活之成就，亦皆可为进德之资。"① 唐先生此说颇得其中三昧。

儒家的"困境智慧"立足天命支撑、安时明变、有本有根的主体立场，强调通过反身而诚的修养工夫及主体正面的积极挺立而自然呈现出应对人生困境的平和心境、乐观心态与坚韧意志。这对于"作为现实中的存在"的人，无疑具有广泛而深刻的指引意义。如同忧患意识所启示的是忧患而非安逸使我们在人生道路上稳步前行，儒家困境智慧不仅凝结了应对困境之道，同时告诉我们只有经过困境与磨难的砥砺，人生才能蜕变成饱含睿智的存在者，正所谓"激愤，厉志之始"（《孔子家语·困誓》）也。故而，身处顺境，莫要大意，提醒自己："殷忧"方能"启圣"。身处逆境，不要沮丧，告诉自己：磨难是一个人最宝贵的财富。

如何完整、深刻地阐发并弘扬儒家的困境智慧，是我们今天仍值得致力的课题。

---

① 唐君毅．中国文化之精神价值［M］．桂林：广西师范大学出版社，2005：177.

《易传》中的君子智慧

提要：《易传》作为解释《易经》之书，以“观其德义”为纲领，以“本天道以立人道”为原则，效法“天道”发明“人道”之“德义”。《易传》人道思想的核心是君子思想：首先，认为君子具有四点基本品质，即“明于忧患与故”、慎言、自强、知时；其次，通过“天地设位，圣人成能”，圣人创易，代天行道，完成天道与人道（君子）的贯通；最后，强调君子应“进德修业”，以“安身立命”，实现君子的理想人格，“乐天知命”，达至圣人境界。

《易传》是一部系统解释《易经》的书。在对《易经》的解释中，“《易传》继承了占筮的象数观念，对《易经》的占筮作了理论化的解说；但更重要的是，《易传》把《易经》本身所蕴含的义理提升到了一个新的高度。就其实质而言，《易传》已完全是一部哲学著作”①。传统观点认为《易传》为孔子所作，虽然这种观点已受到人们的质疑，但通过对《易传》思想和新出土文献（尤其是1973年出土的湖南长沙马王堆汉墓帛书《周易》）的研究，可以肯定孔子与《易传》有着非常密切的关系。孔子所说的“观其德义”（《帛书周易·要》）无疑也成为整部《易传》对《易经》解释时所坚持的思想总纲，这也是《易经》所蕴含的义理得到提升的一个重要原因。《易传》创作的一个基本原则“本天道以立人道”“推天道以明人事”即是效法“天道”发明“人道”之“德义”，根据“天道”推明“人事”之应然性。这里，《易传》所论及的“人道”“人事”包括君子、小人、大人、王等；但相对而言，《易传》更重视对君子的讨论，《易传》中“君子”一词的出现频率竟高达近百次，可见，《易传》“人道”“人事”的核心乃是其所彰显的君子思想。本文对此略作阐释。

---

① 廖名春．《周易》经传十五讲［M］．北京：北京大学出版社，2004：220.

一、君子的基本品质

（一）君子有忧患

《易经》是一部形成于殷周之际的占筮之书，其目的是引导人们防患于未然，化险为夷，趋吉避凶。因而，在其卦爻辞及卦爻象中，包含了较为深沉的忧患意识，《易传》就把这种忧患意识概括为“明于忧患与故”（《易经·系辞下传》）。《易经·系辞上传》曰：“一阴一阳之谓道。继之者善也，成之者性也。仁者见之谓之仁，知者见之谓之知，百姓日用而不知，故君子之道鲜矣！显诸仁，藏诸用，鼓万物而不与圣人同忧，盛德大业至矣哉！”这里特别拈出“鼓万物而不与圣人同忧”一语，说明“忧”是人之事，而非天地自然之事。换句话说，“忧”纯粹属于人类主体的行为。君子要有“忧患意识”，这是君子的自觉，是君子之为君子的责任意识的扩充与彰显。所以，《易经·系辞下传》曰：“子曰：危者，安其位者也；亡者，保其存者也；乱者，有其治者也。是故君子安而不忘危，存而不忘亡，治而不忘乱。是以身安而国家可保也。《易》曰：‘其亡其亡，系于苞桑。’”这不仅强调了君子要有忧患意识，要防患于未然，而且也说明这种忧患意识造就了君子以天下为己任的处世哲学，即君子会像圣人那样“吉凶与民同患”（《易经·系辞上传》）。

（二）君子慎其言

《易传》认为“言行”对于君子而言非常重要，是君子的“枢机”，因为“君子居其室，出其言善，则千里之外应之，况其迩者乎？居其室，出其言不善，千里之外违之，况其迩者乎？言出乎身，加乎民；行发乎迩，见乎远；言行，君子之枢机”。（同上）所以，君子要慎其言，用《易传》的话说即“枢机之发，荣辱之主也。言行，君子之所以动天地也，可不慎乎？”（同上）这里，《易传》看到了语言行为的重要性，认为通过“言行”，君子可以对外部世界产生能动作用，但是并没有对“言行”做语言学方面的讨论，而只是在人伦道德范围内论述了君子的处世原则，属于道德修养问题。“乱之所生也，则言语以为阶。君不密，则失臣。臣不密，则失身。几事不密，则害成。是以君子慎密而不出也。”（同上）所谓“慎密而不出”并不是让君子不说话、不发表言论，而是强调君子应该“安其身而后动，易其心而后语，定其交而后求”（《易经·系辞下传》）；“君子修此三者，故全也”。（同上）做到这三点就能“全”，即成就君子之道：“君子之道，或出或处，或默或语。二人同心，其利断金。同心之言，其臭如兰。”（《易经·系辞上传》）

（三）君子当自强

乾卦是《易经》的第一卦，其上下卦体由“八经卦之乾”重叠而成，八卦之中，乾为“天”，上下皆天，表示天健行周流，永不停息。“乾”的性质是纯阳至健至刚，《易经·系辞下传》曰：“夫乾，天下之至健也。”君子要效仿天德，就要刚健自励，形成自强不息的品德。“天的刚健之性，就是透过由纯阳爻组成的《乾》卦的解释功能，而成为人之内化天之刚健品格的哲学依据。”① 所以《大象传》解释《乾》卦说：“天行健，君子以自强不息。”就是指出君子要效法天道刚健有为、周而复始的品格，努力奋斗，自强不息。这里需要指出，《大象传》是对卦象的解释，每卦一句，共64句话。每句话前半句讲天事，后半句讲人事，认为天事与人事具有同一性，推天道以明人事。而且其所明人事有51句是直接指向君子的，诚如李镜池先生所言：“整部《大象传》都是针对君子讲的，涉及方方面面，但归纳言之，不外乎围绕个人修养，讨论儒家的政治哲学和人生哲学。”② 政治哲学上《大象传》提倡的是儒家的民本论，如“容民畜众”（《师·大象》）、“称物平施”（《谦·大象》），其中也有一些法治观点，如“明罚敕法”（《噬嗑·大象》）、“明慎用刑”（《旅·大象》），但这些法制观点也是在儒家的民本思想基础上形成的；人生哲学阐发的大都是儒家的修养工夫论，如“恐惧修省”（《震·大象》）、“反身修德”（《蹇·大象》）、“见善则迁，有过则改”（《益·大象》），这样就能做到“顺德，积小以成高大”（《升·大象》）、“厚德载物”（《坤·大象》）等。这些和“天行健，君子以自强不息”一样，都是以天地自然之道，印证主体的道德生命体验：“一部《大象传》几乎完全是从直观经验的层面提升人类的德性而作的。”③

（四）君子需知时

时者何谓？“即因‘时代’‘环境’‘事宜’之不同，而各为适当必要之措置”④，所以君子应因时、乘时、应时而措置之，以崇德广业，开拓自身理想的生存发展天地。《乾·文言》曰：“居上位而不骄，在下位而不忧，故乾乾因其时而惕，虽危无咎矣。”这说的是君子首先应该具有的时的智慧——应时。具有这种智慧，善于据位待时，即使是生不逢时，真正的君子也可立定本位，树立确然不可动摇之德操与心志：“不易乎世，不成乎名，遁世无闷，不见是而无

---

① 杨庆中．周易经传研究［M］．北京：商务印书馆，2005：254.

② 李镜池．周易探源［M］．北京：中华书局，1978：308.

③ 杨庆中．周易经传研究［M］．北京：商务印书馆，2005：254.

④ 金景芳．易通［M］//金景芳．金景芳全集：第一册．上海：上海古籍出版社，2015：71.

闷；乐则行之，忧则违之，确乎其不可拔，潜龙也。”（《乾·文言》）当然，君子并非只是一味地被动顺应时遇，君子会在应时的基础上，去把握时的脉动，洞悉当下时遇的各个具体环节，又总揽全局，因应时位之流变，适切地张扬主体性，稳步向前推进，做到“终日乾乾，与时偕行”。这是君子进一步应该具有的时的智慧——与时偕行。具有了这种智慧，人生才会因机适遇，创造出最为真实而理想的人生德、业之辉煌和人生之境，所以说：“上下无常，非为邪也；进退无恒，非离群也。君子进德修业，欲及时也。”（同上）在这种智慧指导下，君子会“时止则止，时行则行，动静不失其时”，达到一种生活世界、生命、当下时遇同步无隔的境界，即“时中”的境界：“以亨行，时中也。”（《蒙·彖传》）。“时中”，即“中”而因其“时”，“时”而得其“中”。得其“中”，所谓经也；因其“时”，所谓权也。有经有权，故能变通。此所谓“变通者，趋时者也”（《易经·系辞下传》）变通趋时，即变化日新，此所谓“日新之谓盛德”。也就是说，“时中”实现了主体性的我与时遇的脉动之流的妙合，在这种妙合中，人的正大人文德与业得以顺畅拓展，人文价值世界与总体天人关系图景进入理想之佳境——“先天而天弗违，后天而奉天时”。

以上就是君子应具有的四点基本品质。可以看出，《易传》对君子基本品质的规定是在人伦道德层面上提出的道德教化的标准和准绳。这显然是继承《论语》而来的；因为在《论语》之前，“君子”一词不过是对一个人社会地位的称谓，如《诗经·鄘风·载驰》：“大夫君子，无我有尤。”“君子”是指和“大夫”并列的一种有地位的人；经过《论语》中孔子所做的改造，“君子”才转化为对有道德修养的人的称谓，如《论语·学而》：“人不知而不愠，不亦君子乎？”朱熹注曰：“君子，成德之名。”① 使君子成为“一个抽象化、普泛化的概念，其实质是孔子基于其政治、道德、伦理观念所提出的一种理想的人格规范，一个做人的标准，一个衡量和评价任务的尺度和准绳”②。可见，“君子”作为《易传》人道思想的核心，亦是其所要成就的理想人格，这是对《论语》的君子思想的继承③。而与孔子在《论语》中确立君子理想人格不同的是，《易传》的君子理想人格的确立有其深层根据和内在逻辑——“本天道而立”。

---

① 朱熹．论语集注［M］．上海：上海古籍出版社，1987：1.
② 杜豫．论语读本［M］．郑州：中州古籍出版社，1997：124.
③ 这里之所以未说是继承孔子而来的，是因为笔者认为《易传》的基本思想亦源出孔子，《论语》和《易传》分别体现了孔子两个不同阶段的思想。由于论题所限，对这一问题不再做深入论述。

二、本天道以立人道

《易传》中的君子属于其人道范畴，而其人道、地道、天道是统一的。《易经·系辞下传》说“有天道焉，有人道焉，有地道焉，兼三才而两之，故六”，这本意是从筮法的角度谈卦画的构成问题，但它纳天、地、人于一卦六爻的符号体系内，体现了天、地、人三才统一的整体观念，这是《易传》考察天人关系的出发点；而且正是基于此，《易传》昭示了天道与人道之间的内在同一性，认为通过认识和效法天道，就可以从中汲取教益，引申出人道所遵循的原则，即“本天道以立人道”。君子所应具有的忧患意识、自强精神、与时偕行意识等，都是本天道所立人道之典范。以《乾·大象传》“天行健，君子以自强不息”为例，其中，“君子以”三个字就表明“人类德性的提升，一方面需要经验层面的模仿对象（‘天行’）；另一方面又需要理性层面的主体自觉（‘君子以’——君子应当）；同时还需要在道德实践中不断内化‘对象’（天）的品格力量，丰富主体自觉的内容，并在二者的圆融中充沛自我，以使之成为彰显人类品格魅力的大本大源”①。这说明天道是君子理想人格的深层根据，是其得以确立的“大本大源”。那么，以君子为核心的人道如何才能效法天道，或者说天道怎样成为贯通人道（君子）的“大本大源”？“理性层面的主体自觉”如何实现？这也关系到君子的最终归宿问题。在这里，《易传》提出以“圣人”作为沟通天道与人道的中间环节，圣人就是君子“自觉”后的归宿。

“观天之神道，而四时不忒。圣人以神道设教，而天下服矣。”（《观·彖传》）“天地养万物，圣人养贤，以及万民。”（《颐·彖传》）“天地感而万物化生，圣人感人心而天下和平。”（《咸·彖传》）这些材料或者讲圣人根据天之神道，教化百姓；或者讲圣人效法天地养育万物之功，而培育贤才、养育万民，等等。总之，通过圣人才能本天道以立人道、圣人本乎天道的秩序，建立人道的秩序，即“天地设位，圣人成能”（《易经·系辞下传》）。当然，“君子”理想人格的确立也是圣人在“成能”过程中完成的。圣人具体如何开展“成能”过程呢？“圣人设卦观象，系辞焉而明吉凶，刚柔相推而生变化。”“圣人有以见天下之赜，而拟诸其形容，象其物宜，是故谓之象。圣人有以见天下之动，而观其会通，以行其典礼。系辞焉以断其吉凶，是故谓之爻。”“夫《易》何为者也？夫《易》开物成务，冒天下之道，如斯而已者也。是故圣人以通天下之志，以定天下之业，以断天下之疑。”（《易经·系辞上传》）圣人主要是

① 杨庆中．周易经传研究［M］．北京：商务印书馆，2005：253.

通过设卦、观象、系辞，根据“天地设位”（“天下之赜”“天下之动”），达到“成能”的目的：开通天下人的心志，确定天下人的事业，解除天下人的疑惑。所以《易经·系辞上传》又说“备物致用，立成器以为天下利，莫大乎圣人”。通过“成能”的过程，圣人逐渐达至天道并与天道相融合，与天道地道相“参”，效法天道，建立类通天地的人道秩序。这样，圣人也就与天道“感而遂通”了：“夫‘大人’者，与天地合其德，与日月合其明，与四时合其序，与鬼神合其吉凶。先天而天弗违，后天而奉天时。……知进退存亡而不失其正者，其唯圣人乎！”（《乾·文言》）“大人”即圣人，《史记·索隐》引向秀《易·乾卦》注云：“圣人在位，谓之大人。”圣人在天人之间的中介作用不是兴云播雨，而是以义理以性命感通天道、体味天道，并在此过程中经过一番特殊的符号化（设卦观象）和知识层面的转换（系辞）来创立易道：借易道使君子自觉，在道德实践中不断内化天道的品格力量；借易道使君子自觉，在道德实践中不断实现天人之间的德性互动；借易道使君子能知天地万物乃至鬼神之情状，节制天地变化，委曲成就万物，进而与天道一样运行，即天人合一。

由“天地设位，圣人成能”，到圣人创易，代天行道，完成了天道与人道（君子）的贯通，即“天道→圣人→易道→人道（君子）”。而且在这个过程中，圣人表达了一种对理想人格的寄寓，以促成事物发展变化有为的本质，也集中体现人道的能动性——君子的自觉。所以《易经·系辞下传》说：“是故圣人以通天下之志。”而《彖传》说：“唯君子为能通天下之志。”换句话说，圣人也就是君子这种理想人格的最终归宿，所以《易经·系辞上传》在论述“圣人之道”时说圣人之道也就是易道，是圣人“极深而研几”的结果，它是“至精”“至变”“至神”的，是圣人代天所立之天道；君子若要有所作为，要禀受天道而行，而这唯有通过学习圣人之道才能做到。

三、修人道以证天道

《易传》认为君子要做到“明于忧患与故”、慎言、自强、知时，要成为圣人，必须遵循一个原则，即“一阴一阳之谓道”。《说卦传》称此法则为“性命之理”：“昔者圣人之作《易》也，将以顺性命之理，是以立天之道曰阴与阳，立地之道曰柔与刚，立人之道曰仁与义。”那么，君子应如何“顺性命之理”？《易传》认为只有通过“进德修业”：“君子以成德为行，日可见之行也”（《乾·文言》）；“君子进德修业，欲及时也”（同上）。所谓“进德修业”，就是“忠信所以进德也。修辞立其诚，所以居业也”，“学以聚之，问以辩之，宽以居之，仁以行之”（同上），即要求君子以忠诚信实增进道德，言辞出于诚心，以加强修养；依靠学习来积累知识，靠发问来辩觉疑难，以宽阔的胸襟来处世，以仁慈之心来行世。具体说来就是做到两点，第一是内圣外王，《坤·文言》曰："君子黄中通理，正位居体，美在其中，而畅于四支，发于事业，美之至也!"这是说君子要品德高尚，通晓事理，操守本分，居位得体。"黄中通理，正位居体"就是讲内圣，这是基础、根本；"畅于四支，发于事业"就是讲外王，这是目的。要做到内圣外王，"君子敬以直内，义以方外，敬义立而德不孤"（《坤·文言》）。"敬以直内"是说内圣需"敬"，"敬"是修己的手段，孔夫子曰"修己以敬"（《论语·宪问》），即君子在道德实践中不断以一种恭敬之心内化自己，这样才能"美在其中"，这是君子实现天人德性互动的前提，也是君子自强不息的一个内在规定；内圣做好了，就要发之于外，"义以方外"即用处事之宜来方正外物，所谓"圣人知天道也。知而行之，义也。行之而时，德也"（《郭店楚简·五行》）说的就是君子在体认和效法天道时要因时而动、与时偕行，这样才能达到"至美"之德，就成为"圣之时者"的圣人。第二是"三陈九德"，即《易经·系辞下传》曰："《易》之兴也，其于中古乎！作《易》者，其有忧患乎！是故履，德之基也；谦，德之柄也；复，德之本也；恒，德之固也；损，德之修也；益，德之裕也；困，德之辨也；井，德之地也；巽，德之制也。履，和而至；谦，尊而光；复，小而辨于物；恒，杂而不厌；损，先难而后易；益，长裕而不设；困，穷而通；井，居其所而迁；巽，称而隐。履以和行，谦以制礼，复以自知，恒以一德，损以远害，益以兴利，困以寡怨，井以辨义，巽以行权。""三陈九德"通过反复论述德的价值和为德之方，使君子做到"闲邪存诚"（《乾·文言》），以迁善改过、趋吉避凶。这样做的目的是"惧以终始，其要无咎"（《易经·系辞下传》），即让君子始终保持警惕和谨慎，防止犯大过错，"慎言"是其应有之义；而这样做的原因就是圣人具有的忧患意识，"三陈九德"就是《易传》开出的忧患之方。

这样，《易传》通过"内圣外王""三陈九德"两方面的"进德修业"，使君子理想人格得以实现，即做到"明于忧患与故"、慎言、自强、知时，也就是掌握了易道，用《易传》的话说即"观变于阴阳而立卦，发挥于刚柔而生爻，和顺于道德而理于义，穷理尽性，以至于命"。"'穷理'即阴阳变易的法则；'尽性'即发挥人的仁义之性；'至于命'即达到安身立命的境地，即对生死夭寿、吉凶祸福等遭遇，皆能安然处之。"① 这种安身立命之境地已然达至圣人的境界，《易经·系辞上传》称赞这种境界为："与天地相似，故不违。知周乎万

① 朱伯崑．朱伯崑论著［M］．沈阳：沈阳出版社，2006：647.

物而道济天下，故不过。旁行而不流，乐天知命，故不忧。安土敦乎仁，故能爱。”这一点也涉及君子作为人道之核心在处理与天道的关系时的态度：“不违”“不过”“乐天知命”，即君子是从一种中正和谐的立场处理天人之间的关系的。“天地以顺动，故日月不过，而四时不忒。圣人以顺动，则刑罚清而民服。”（《豫·彖传》）“日月得天而能久照，四时变化而能久成，圣人久于其道而天下化成。观其所恒，而天地万物之情可见矣。”（《恒·彖传》）这些都鲜明地体现了天人之间相参、相成，和谐统一的关系。这种“和谐”，站在天道的立场说，是人与自然的和谐相处与合规律运动；站在人道（君子）的立场说，是“顺乎天而应乎人”的道德理想与“保合太合”的精神境界。在这样的和谐中，天与人、自然与人，可以超越分别，达到合一。正如《乾·文言》所说：“夫‘大人’者，与天地合其德，与日月合其明，与四时合其序，与鬼神合其吉凶。先天而天弗违，后天而奉天时，天且弗违，而况于人乎！况于鬼神乎！”“先天而天弗违”，是说君子先于天时而动，天时并不违背君子的行动。“后天而奉天时”是说天时的变化到来后，君子又能依天时而动。能这样，就是真正达到《易传》所谓的“乐天知命故不忧”。

以上对《易传》的君子思想做了一个大体的梳理：君子是“明于忧患与故”、慎言、自强、知时的，是通过“天地设位，圣人成能”建构起来的，君子“进德修业”“安身立命”“乐天知命故不忧”，调节天人关系达到“保合太合”的境界。透过前文分析可以看出，《易传》通过“观其德义”，基于伦理、道德、政治层面塑造的君子理想人格，为人类主体开出德性价值的修养进路，是对道德自我和道德主体的肯定和张扬，这基本上与孔子儒家的人道（君子）思想一脉相承；而且，《易传》本天道之必然性，立人道（君子）之应然性，这种“本天道以立人道”的思维方式，为孔子儒家人道（君子）思想提供了一种天道观的说明，《易传》立足于宇宙生化来标示道德性命的确当性，以宇宙法则贯通生命之道，印证生命体验，修养德性生命，也为孔子儒家人道（君子）思想提供了一种宇宙论的支撑。

《易传》的人道（君子）思想的研究也具有深远的现实意义。当今社会由于科技理性、工具理性的过分膨胀和物质贪欲的无限制增长造成人文价值的丧失、道德意识的危机、人生的荒谬感，这只有重新确立人类的价值本体和生命本体，确立人道之尊，重建道德自我与道德主体，才能克服精神危机中的“形上迷失”；《易传》建构的君子理想人格恰恰是为人类主体提供了一种价值和意义结构，张扬了人类主体的能动性，同时从宇宙论的高度探寻天人之间的内在同一性，为道德形而上学的建立提供契机；这就为解决现代社会克服精神危机中的“形上迷失”，重建道德自我与道德主体，将科学理性置于价值理性范导之下提供了一条有效的途径。《易传》的君子理想人格即是现代社会人们一种可能的“安身立命”指向，即为现实社会中的人确立起存在的合理性根据；为人的合理性存在找寻到合法性根据。

孔子儒学的“求道”特质

提要：儒家的本质规定或曰儒学的精神方向应是“求道”。“道”在孔子思想中的地位非常“显赫”，在《论语》中出现八十多次，孔子自觉地用“吾道一以贯之”来涵摄自己思想的特质。如果说儒的本质特征体现为“助人君顺阴阳教化”的教化职能的话，那么儒家的特质则应定位为“于道最为高”的终极价值追求。道是具有形上形下双重意味的天人合一之道，在孔子思想体系架构中即追求天道、人道并重，并在其易学中完成了这种“天人之道”的圆满构建，孔子易学将其人道之学贯注于所求之易道之中，建构了一种圆融的天人之学。只有在天人之学的视域中，我们才可以透视孔子之学的真精神；只有在求道之学的意义上，我们才能获取孔子及儒学思想特质的内在体悟和切实把握。

一、说儒

孔子创立了儒家，孔子之学是儒学之本，孔子思想的特质在某种意义上也就代表了儒家/儒学的特质。儒家/儒学源出于儒，但与儒并不是一回事，冯友兰先生曾指出“儒指以教书相礼等为职业的一种人，儒家指先秦诸子中之一派。儒为儒家所自出，儒家之人或亦仍操儒之职业，但二者并不是一回事”①，可见儒家/儒学与儒有很大的不同。充分认识儒与儒家之间的根本不同，对于探寻孔子及儒家思想的特质是很有帮助的。

近代以来在“原儒”工作中，许多前辈都提出了自己的看法，就儒家的起源的角度来看，陈来先生将其中比较有影响的观点归为以下四类：第一，儒出于祝史，儒家出于史官（章太炎、郭沫若）；第二，儒出于术士，儒家出于术士（徐中舒、杨向奎、傅剑平）；第三，儒出于职业，儒家出于职业（傅斯年、钱穆、冯友兰、侯外庐）；第四，儒出于司徒，儒家出于地官（何新，刘艺江）。通过检讨以上学者的研究成果，陈来先生指出其研究方法不外乎两类，即傅斯

---

① 冯友兰．原儒墨［M］//冯友兰．中国哲学史：下卷．北京：中华书局，1947：附录1.

年所谓“语学的”和“史学的”方法。大略地讲，“历史学的方法，注重制度的发生与变化，得到的共同结论是，孔子以前的儒为一种教授礼乐知识的职业，这种职业儒是由西周职掌礼仪典籍的官员流落转化而来。文字、语言学的方法注重考释文字的源流，着重于解释这种春秋时以传授礼乐为生的职业何以称之为‘儒’”。这些方法虽各自取得了有意义的成果，但都集中在职业类型与职业名称上，大都未涉及儒家思想的根源。于是，陈来先生提出一种新的研究路径：思想史的研究方法。思想史立场的提出，有见于“儒家思想本身是三代以来中国文化的产物，是接续着三代文化的传统及其所养育的精神气质，儒家思想一些要素在三代的发展中已逐渐形成，并在西周成型地发展为整个文化的有规范意义的取向”，孔子以前的儒家思想要素，正是参与了从西周到春秋形塑中国文化模式与文化取向这一过程的建构。“孔子修成康之道，述周公之训，以教七十子，使服其衣冠，修其篇籍，故儒者之学生焉。”（《淮南子·要略》）这个记载就认为孔子承继文武周公之道，以传之后学，与“祖述尧舜、宪章文武”都说明儒家思想的渊源有自。因此，“离开三代以来的中国文化发展去孤立地考察儒字的源流，就难以真正解决儒家思想起源这一思想史的问题”；考察“儒家思想的起源，也不能仅从春秋末期的职业儒去了解，要从三代文化（这里的文化是指观念、信仰、伦理、意识形态、精神气质）的发展过程来寻绎”①。

笔者比较认同这种能切中思想史本身的思想史的研究方法和立场，历史学、语言学的方法“只是把儒看作一种传授某种知识的人，视儒为一种‘艺’。而没有把儒作为一种‘道’，把儒家作为一种思想体系来把握”，“忽略了这样的立场和眼光，就可能止于局部而不自觉”②。我们并无意于由此去推原“儒”的本义，只是想借助于陈来先生的研究引发出对儒家思想特质的思考。《汉书·艺文志》载：

> 儒家者流，盖出于司徒之官，助人君顺阴阳教化者也。游文于六经之中，留意于仁义之际，祖述尧舜，宪章文武，宗师仲尼，以重其言，于道最为高。

《汉书》提出诸子之学出于王官，其论儒家“出于司徒之官”；虽然陈来先

① 陈来．古代宗教与伦理——儒家思想的根源［M］．北京：生活·读书·新知三联书店，1996：331-342.

② 陈来．古代宗教与伦理——儒家思想的根源［M］．北京：生活·读书·新知三联书店，1996：342.

生依《周礼》及郑玄等注，经“师儒”认为“教典及其所相连的司徒的功能主要是教化”，“从大司徒到州长注重‘德行道艺’，以六德、六行教化万民的传统来看，几乎不必再为儒家思想的来源寻找什么别的或某一特殊的职官载体”。① 但是《汉书》所言也不是全无意义，其并没有否认儒家“助人君顺阴阳教化”所具有的“礼乐教化”职能，这点也说明儒家与儒（“儒即是保氏及对六艺六仪有专门知识者”②）的关联；更为重要的是，《汉书》所涵指的“儒家”并没有局限于这种教化职能，相对于司徒之官、“儒”而言，儒家实现了相当大的转进与提升，这个转进当然始自孔子发明：“祖述尧舜，宪章文武，宗师仲尼，以重其言”；而这个转进的具体表现就是“游文于六经之中，留意于仁义之际”；“于道最为高”表达的则是儒家提升出的新的价值追求。由此可见，儒家与儒分化实已非常明显。这点从孔子对“儒”的评论中可以看得更明显：

> 儒有不陨穫于贫贱，不充诎于富贵，不慁君王，不累长上，不闵有司，故曰儒。（《礼记·儒行》③）

“陨穫，困迫失志之貌；充诎，喜失节之貌”，“不慁”“不累”“不闵”句“言不为天子、诸侯、卿、大夫、群吏所困迫而违道”④，孔子总结的“儒”不正是一副“富贵不能淫、贫贱不能移、威武不能屈”的大丈夫面貌吗？孔子“以大丈夫精神说儒，而结之以‘故曰儒’，已经不是仅仅懂得传统礼仪和诵说诗书的知识人，而是具有特定人格和价值理想的儒，是体现着儒家思想的智识分子”，“儒家以大丈夫的君子儒自命，显示着儒与儒家的根本分化”⑤。因此，如果说儒的本质特征体现为“助人君顺阴阳教化”的教化职能的话，那么儒家的特质则应定位为“于道最为高”的终极价值追求。也就是说，儒家的本质规

---

① 陈来．古代宗教与伦理——儒家思想的根源［M］．北京：生活·读书·新知三联书店，1996：344，347.

② 陈来．古代宗教与伦理——儒家思想的根源［M］．北京：生活·读书·新知三联书店，1996：350.

③《礼记·儒行》所载，“是否全为孔子所述，也许有不能肯定的地方，但大体上应当有所根据”。但其“对儒者德行的论述，合于《论语》所说的君子儒精神，与世俗所说的小人儒完全不同。孔子说儒的这种分疏，对我们的原儒工作也有重要的提示意义”。（陈来．古代宗教与伦理——儒家思想的根源［M］．北京：生活·读书·新知三联书店，1996：351.）

④ 郑玄．礼记正义［M］．孔颖达，疏．北京：北京大学出版社，1999：1590.

⑤ 陈来．古代宗教与伦理——儒家思想的根源［M］．北京：生活·读书·新知三联书店，1996：351.

定或曰儒学的精神方向应是“求道”。

二、原道

儒家的本质规定由夫子所开显，这是毫无疑问的，孔子已然奠定了儒家的求道特质。仅就被视为缺乏“哲学味”的《论语》而言，“道”字就出现84次，而且“道”在孔子思想中的地位非常“显赫”，如“守死善道”（《论语·泰伯》）、“君子谋道不谋食”（《论语·卫灵公》），说明孔子将整个生命价值与道联系在一起，道的价值即是生命的价值；“朝闻道，夕死可矣”（《论语·里仁》）则表征出道对于孔子而言具有超越生命的终极关怀意义①；“志于道，据于德，依于仁，游于艺”②（《论语·述而》），更是一语道破“道”作为孔子思想的最高要求与终极目标而存在；不仅如此，孔子已自觉地用“道”来涵摄自己思想的特质——“吾道一以贯之”（《论语·里仁》）、“予一以贯之”（《论语·卫灵公》）。

“道”字最早见于金文，西周初铜器铭文《貉子卣》里就有“道”字，“首”字位于“行”字中间，从行从首；《散盘》中也有“道”字，下面加一个“止”字，从行从首从止；“行，道也”（《尔雅·释宫》），“首，向也”（《广雅·释诂》），“止，下基也，象草木出有址，故以止为足”（《说文解字》）。从金文来看，“道”字的本义原是指道路而言。《说文解字》云：“道，所行道也，从辵首。一达谓之道。”《释名·释道》曰“道，一达曰道路。道，蹈也；路，露也。言人所践蹈而露见也”，也都是以人行走之道路解“道”、释“道”。由“道路”发展而来，“道”的引申义包含甚广，有行走义、引导义、言说义、

① 此语大有深意。大多时候我们只关注“道”与“死”的关联，而不注意“朝”与“夕”的设定、“闻”的意蕴。如果孔子要突出的只是“道”的重要性，甚至超过死亡的重要，那为何要说“朝闻”而“夕死”，为何不说“朝闻”而“午死”，或直接说“闻道可死”，其效果岂不是更好？可见“朝”与“夕”的设定不仅仅是从早到晚的一段时间这么直白，应该还有生命的历程寓于其中。再者，“闻”也不应只是“听说”“听到”“明白”等字面含义，因为孔子对生命的关注超过死亡（未知生，焉知死），没有任何东西可以让孔子“听到”“知晓”后即可放弃生命，即使有重于生命的东西，则“死”于此“听见”“知晓”又有何益？除非“闻”字还包含着“行”的意义：明白了道，并用一生去践行之，虽死也无憾。从这个意义上讲，此处的“死”所表征的意涵，也主要是相对于生命而言，“道”所具有的一种超越性的终极关怀。

② “志于道”之道不仅指人道，就其本源上来说，首先是天道，这样，德与仁的根据和依傍才得以可能；颜炳罡教授指出如果从孔子哲学的逻辑架构讲，我们可以说孔子的仁则是从天道转化而来，其路向即由道而德，由德而仁。参颜炳罡．孔子“道”的形上学意义及精神价值［J］．贵州社会科学，2010（2）：12-18.

抽象方法义、普遍原则义、天道义、人道义、宇宙本源义、哲学本体义等。总之，“随着人们认识的逐渐深化，道的内涵也不断丰富，最终由一般的名词概念，抽象发展为中国哲学的核心和最普遍范畴”①。在孔子思想中也不例外，“道”的含义是很丰富的②，按颜炳罡教授的说法，《论语》中的“道”就至少有10种含义：1）道路；2）言说、表述；3）引导、治理；4）技艺；5）规矩、处事的原则；6）合理的方法；7）公正、合理；8）目标、理想；9）思想、学说、主张；10）精神价值、终极信仰。③ 其中，孔子之道既有形上的哲学意味，又有形下的道德追求，既有“性与天道”④ 的期许，又有“人能弘道”的坚定，“通过分析天道与人道的分疏以辨析孔子之‘道’所具有的形上学和本体论的意义，基于孔子之‘人道’包括‘仁之道’‘礼之道’‘中庸之道’而说明孔子之谓‘道’具有浓厚的人伦道德特色，从而系统而完整地阐明了孔子之‘道’的含义”⑤。应当说，这是一种深刻的见解。但学术界有一个流行看法，即认为老子重道，孔子重礼、重仁，孔子即使言及道，也只是伦理道德教化经验的形下层面，不具有哲学的意义，似乎哲学意义上的道只是老子道家的专利，如黑格尔指摘“孔子只是一个实际的世间智者，在他那里思辨的哲学是一点也没有的”⑥，陈鼓应由此申论“老子建立了相当完备的形而上学体系，而孔子在宇宙论和本体论方面几乎是空白的”，“老子的道以形上学的意义为主，而孔子的道属于伦理政治范围”⑦。其实不论从孔子早中年论礼、仁还是晚年论《易》来看，孔子对“道”的重视都是研究者不应忽视的，孔子之道的形上意味也是非常浓厚的，“黑格尔说孔子只是‘世间的智慧’，说明他不了解孔子的‘道’的真谛。在孔子，‘道’具有形上学意义和超越的信仰意义”⑧。“孔子的道学并不仅仅是经验层面的伦理知识之学，而且是一个具有超验本体层面的、可以执一统多的人文整体精神的思想体系。”⑨ 可见，道是具有形上形下双重意味的天人

① 蔡方鹿．中华道统思想发展史［M］．成都：四川人民出版社，2003：120.

② 杨伯峻分疏为8种，参杨伯峻．论语译注［M］．北京：中华书局，1980：293-294. 但杨的分疏主要从文字、语言学角度理解孔子之道，没有指出道的哲学意义。

③ 详参颜炳罡．孔子“道”的形上学意义及精神价值［J］．贵州社会科学，2010（2）：12-18.

④ 《论语》中“性与天道”的问题，应重新审视，“不可得而闻”，不能囫囵解之。

⑤ 高书文．孔子成德思想研究［D］．北京：北京师范大学，2008：131-142.

⑥ 黑格尔．哲学史讲演录［M］．贺麟，王太庆，译．北京：商务印书馆，1996：120.

⑦ 陈鼓应．老子与孔子思想比较研究［J］．哲学研究，1998（8）：30-40.

⑧ 颜炳罡．孔子“道”的形上学意义及精神价值［J］．贵州社会科学，2010（2）：12-18.

⑨ 高书文．孔子成德思想研究［D］．北京：北京师范大学，2008：137.

合一之道，道在孔子思想体系架构中始终是十分重要的。有学者将《论语》中孔子之道的地位归结为七个方面：道是孔子思想理论活动的最高目标；道是孔子思想理论主张的最高概括；道是孔子价值取向和价值判断的最高准则；道是孔子在社会历史范围内抽象概括出来的最高法则；道的实质是一个社会成员为整个社会及其管理者所涉及的理想治世原则；道是中国思想史上第一次提出的社会原则和社会理想；道的提出标志着中国历史上一个思想家阶层的诞生。① 总之，“纵观孔子一生，他不仅是把志于道作为人生的最高追求，而且他的一切活动，都是为了道的最终实现”②。

金岳霖先生曾提出：“每一文化区有它的中坚思想，每一中坚思想都有它最崇高的概念，最基本的原动力……中国思想中最崇高的概念似乎是道。所谓行道、修道、得道，都是以道为最终的目的。”③ 可以说，中国思想的终极追求正是“道”。儒学作为儒家持守的理论学说，其所期许的终极形态，何尝不是一种对道的诉求？而且孔子及儒家勉勉于“志道”“学道”“行道”的信念与精神，是其他学派不能比拟的；即使从内涵上进一步申明，我们把孔子及儒家思想的特质定位为“求道”，也足以将其从重“道”的中国思想中标示出来：孔子所贞立的天人合一之道，以及儒学视域中关于道的沉思，在理论建构的进路上无不关涉着仁义的基质、德性的指向、内在意义的追寻、精神境界的追求以及人文理性的关怀。在这个意义上讲，孔子之道即是价值之道，被赋予了浓厚的人文内涵，关注于人文关怀和道德理想的达成。陈来先生把儒学的追求概括为“特定人格和价值理想”，杨国荣先生认为“孔子的‘志于道’，其中蕴含着对理想的精神世界的追求”④，都是基于这种理解做出的阐释。不仅如此，以此价值之道为特质，孔子儒学“在一种有别于其他家派的生命与文化的哲学诠释学进路下，渐次确立起自身涵纳天人、贯通古今、放眼未来的哲学天人之学。这

① 详参杜豫．论语读本［M］．郑州：中州古籍出版社，1997：31-50.

② 刘周堂．前期儒家文化研究［M］．桂林：广西师范大学出版社，1998：79.

③ 金岳霖．论道［M］//金岳霖．金岳霖文集：第二卷．兰州：甘肃人民出版社，1994：156.

④ 杨国荣．精神世界与意义追求——现代视域中的儒学［M］//崔英辰．儒教文化研究（国际版）：第十二辑，2011：130.

一天人之学，成了儒家整体哲学文化价值系统终始一贯的超越性终极学理根基"①。在天人之学的视域下，孔子所求之"道"又呈现为"天人之道"的特质，表达了价值之道的内在超越性。这种"天人之道"表现出与道家之"道"明显不同的理论旨趣，道家对道也颇为重视，但道家忽视人道，只偏重天道，"道家从'天道'出发，探寻'先天地生'的世界本原之'道'，就是抽象的规律。道家的'道'论，是'形而上'的纯观念的学说，反映出当时对客观存在的规律之认识"②，故荀子批评庄子"蔽于天而不知人"，一定程度上也体现出道家的理论偏失；孔子则天道、人道并重③，并在其易学中完成了这种"天人之道"的圆满构建，这需要从其论《易》之"易道"来完整审视。

三、论易

以上研究多是偏重于《论语》文本，孔子晚年研究《周易》同样涵贯了对"道"的不懈追求。孔子晚年易学在其早中年仁学、礼学基础上调适上遂，致力于天道—人道相贯通，正是源于对天道的感怀，孔子易学中的"道"论更能全面、准确地透显出孔子之道所具有的"形上学和本体论的意义""形上学意义和超越的信仰意义"。不过，以上基于《论语》的研究而对孔子之道做出的刻画，可以为我们理解孔子易学之天人之道与前期仁、礼之人道的关系提供有力的侧面证明："在孔子思想中，道分天人，并非人与自然的对峙，而是本体与现象的分疏，在此意义上，天道就是人道，人道不过是天道的表现，或者更准确地说，是人对天道的自觉和把握，故人道也是天道。"④ 通过对孔子易学研究的深入，对这一点可以有更深刻的体认。

孔子易学作为夫子之学的重要组成部分，其理论特质当然也是"求道"。"子曰：'夫《易》何为者也？夫《易》开物成务，冒天下之道，如斯而已者

---

① 王新春．儒学视域下的自我［M］//崔英辰．儒教文化研究（国际版）：第十三辑，2011：116. 王先生还特别指出此一天人之学在易学独特话语系统的涵毓下，得以首次开显；作为一专门之学的易学，其自身也因此成为一种高度哲学性的独特天人之学。不过，王先生把这一易学的发皇界定在"战国以降"是笔者不能同意的，这大概是据流行的《易传》为战国著作之看法而得出的结论。

② 刘翔．中国传统价值观诠释学［M］．上海：上海三联书店，1996：249.

③ 很多人认为天道乃道家所独有，《易传》的天道思想乃是老子的创造，如杨庆中．周易经传研究［M］．北京：商务印书馆，2005：203-209. 事实上，天人之学是中国哲学之成为哲学的最根本命题，即原问题，为孔老共同发展，儒道是同源而不只是互补。见蒙培元．蒙培元讲孔子［M］．北京：北京大学出版社，2005：33-37，293-300.

④ 蒙培元．蒙培元讲孔子［M］．北京：北京大学出版社，2005：139.

也。'"（《易传·系辞上》）只是这种浓郁的人文情怀和道德理想在求易之道的"易道"承载下彰显出新的理论魅力，表现出与夫子前期学说（礼学、仁学）不同的理论品格。易道作为生生变易之道，表现为天人架构的理论进路与形而上的致思趋向，孔子易学将其人道之学（人文情怀与道德理想）贯注于所求之易道（形而上学与天人架构）之中，建构了一种圆融的天人之学，这种天人之学的经典表达就是"观乎天文，以察时变；观乎人文，以化成天下"（《易传·贲彖》）；要之，孔子易学之道就是本乎"天文"、不离"人文"的天人合一之道。"五者（指《诗经》《尚书》《仪礼》《乐经》《春秋》——引者注），盖五常之道，相须而备，而《易》为之原"（《汉书·艺文志》），这不仅标示出"六经之教"与道的关联，而且表明易道为诸经之本原，"《易》为之原"在孔子易学的语境中就体现为：证成天人合一之道，建构天人之学，为其人道之学寻求形而上的天道根据；这可以看作孔子研《易》而求"易道"的理论宗旨。需要进一步指明的是，孔子并不是为《易》而论《易》、就天道而天道，孔子之论《易》、讲求天道，其根本用意还是要论证人道，天道、易道最终要落实到人道、人文，无论是由人而天，还是由天而人，其重心、其根本用意皆是人，这正合于孔子所强调的"道不远人。人之为道而远人，不可以为道"（《中庸》）；而且，不可否认的是，"易道"人文趋向的得以可能，也正是孔子研易求"易道"的理论前提。"求道之学"就是在这种双向互动中展开自身。

孔子之学是求道之学。在其思想体系中，从纵向的发展历程来看：礼学、仁学求礼之道、仁之道，易学求易之道。前者属人道，后者侧重于天道；前者偏于内在性，后者侧重超越性；前者偏于讲道德教化，后者侧重寻求形上根据。孔子之道是人道和天道、内在与超越的统一，是天人合一、内在超越的道德形上学。从横向的理论旨归来看：无论礼学钩沉的和谐之道（礼之用，和为贵）、仁学关切的仁爱之道（仁者爱人），还是易学首肯的生生变易之道（生生之谓易，一阴一阳之谓道），三者的归趣其实只有一点，即撑开安身立命与治国安邦、成己与成物、修己与治人的价值空间和理论张力，成就成德之教、内圣外王之道。只有在天人之学的视域中，我们才可以透视孔子之学的真精神；只有在求道之学的意义上，我们才能获取孔子以及儒学思想特质的内在体悟和切实把握。

所谓"古之儒者，博学乎六艺之文。六学者，王教之典籍，先圣所以明天道，正人伦，致至治之成法也"，《汉书·儒林传》述及的"古之儒者"正可作为上文所贞定的孔子儒学之特质的一个注脚："王教"正以"明天道"为宗旨，

“明天道”终不离于“正人伦”。杜维明先生将儒学分疏为“道”“学”“政”面向[①]，既表明道之于儒学的根本地位，又呈现出儒学所具有的多重面向。虽然儒家/儒学的特质由儒之“教”转向了求道，但这并不否认“教”仍是儒教/儒学的一个重要面向，“于道最为高”并不排斥“助人君，顺阴阳，明教化”。笔者认为，“教”正是作为儒家之道的实现方式而存在的，孔子的“六经之教”正是其所求之道的价值理想在实践领域的投射；贯注了儒家之道的孔子易学，在这个意义上可以称为“易教”，易教是孔子易学所求之“易道”的实现方式。

① 参杜维明．古典儒学中的道学政［M］//郭齐勇，郑文龙．杜维明文集：第三卷．武汉：武汉出版社，2002.

第二部分

02

儒家教化的经典诠释（上）

孔子“五十以学《易》”辨正

提要：历来对“五十以学《易》”的解释都不够圆满，其原因是未能厘清此章言说时间与“五十”之间的逻辑关系。经由义理、文势、事证等多方面的论证可知，此章应是孔子暮年归鲁后的企求、哀叹之言，应解为“再让我多活几年吧，（这样我）五十岁已经开始学《易》历程，就可以没有大的过错了”。孔子开始学《易》的时间是五十岁时，与老而好《易》、晚而喜《易》并不同时；并从思想与现实两个层面对其五十岁开始学《易》的可能原因进行了分析。孔子易学态度的转变可表述为从早年斥《易》到五十学《易》再到老而好《易》、晚而喜《易》的大致历程。

李学勤先生曾指出：“通过对《周易》与孔子、孔门弟子之间关系的论证，以及《周易》经传形成时代的分析，来探索孔子、七十子、七十子弟子那个时代的哲学思想的水平，是一项很重要的工作。”① 就孔子与《周易》的关系而言，孔子是否学《易》、何时学《易》，亦是儒学史、易学史上两桩著名的公案。巧合的是，围绕这两个问题的争论都与《论语·述而》“五十以学《易》”章密切相关。

> 子曰：“加我数年，五十以学《易》，可以无大过矣。”

由此，正确理解此章内涵，就显得格外重要了。此章看似平实，实则内藏玄机，从字义到句意，古往今来的许多学者纷持异见，莫衷一是。其中争论主要集中在两个问题上，一个是“鲁读”问题，即“易”是否当作“亦”，直接

① 李学勤．出土文物与《周易》研究［J］．齐鲁学刊，2005（2）：5-9.

关乎孔子是否学《易》，不过，今人的许多“考辨”工作于此问题廓之已清①，本文不予再论；另一个是“五十”问题，即“五十”何解，此问题不仅指涉此章的言说时间，更关乎孔子何时学《易》，然已有的解答尚觉欠然，故针对“五十”问题做一点讨论，并在此基础上就孔子的易学历程提一点新看法。

一、“五十以学《易》”之解的历史考察

欲解“五十以学《易》”，首先要对此章的言说时间做出认定，然后据言说时间推定“五十”之意义。历来之解大致分为两种情况，主“早年说”，则以“五十”为实指；主“晚年说”，则以“五十”为虚指。②

“早年说”认为，此章应是孔子五十以前的言论，“五十”实指五十岁。以郑玄为代表：“加我数年，年至五十以学此《易》，其义理可无大过。孔子时年四十五六，好《易》，玩读不敢懈倦，汲汲然，自恐不能究竟其意，故云然也。”③ 也就是说孔子讲这段话的时间当在他四十余岁时。南朝皇侃《论语义疏》说“当孔子尔时年四十五六”、宋代邢昺《论语》《论语注疏》说“加我数年，方至五十，谓四十七时也”云云，都是由此而发，其后崔适《论语足征记》、宦懋庸《论语稽》皆主此说。“早年说”有一个难以解决的问题，就是若孔子时年才四十余岁，正值中壮年，怎会有“加我数年”这种衰年哀叹？而且若四十余岁就意识到《易》可寡过，为何非要等到“五十”才学？这两个问题，“早年说”都没有提供让人满意的解答。今人梁涛先生亦主此说，并试图完善解释，认为“五十以学《易》”是孔子五十岁以前的言论，孔子可能很早就已经接触《周易》，但他这时主要视之为占筮之书，快五十岁时认识到《周易》之于人生的指导意义，于是立志重新学习《周易》，但由于四处奔波，不可能有足够的时间来实现这一愿望，直到晚年自卫归鲁之后，才真正有时间来学

---

① 比较有代表性的成果如金景芳．孔子对《周易》的伟大贡献［J］．儒学国际学术研讨会论文集．吕绍纲．周易的作者问题［M］．吕绍纲．周易阐微．长春：吉林大学出版社，1990：286. 李学勤．“五十以学易”考辨［M］．李学勤．周易溯源．成都：巴蜀书社，2006：82-83. 廖名春．《论语》“五十以学易”章新证［J］．中国文化研究，1996（1）：25-28. 郭沂．孔子学易考论［J］．孔子研究，1997（2）：3-13. 黄沛荣．易学乾坤［M］．台北：大安出版社，1998：173-174. 等，近期成果如朱宏胜，钱宗武．“孔、《易》关系”公案考辨——以陆德明《论语音义》条例为中心［J］．孔子研究，2011（2）：69-79. 从考察《论语音义》条例出发，也对此问题做出了澄清。

② 历来对此章的言说时间的认定主要分两种：“五十岁以前”和“六十八岁以后”，为称述方便起见，权以“早年”“晚年”的提法代之。

③ 王素．唐写本论语郑氏注及其研究［M］．北京：文物出版社，1991：78.

《易》，孔子的易学见解主要在晚年提出，但他对《周易》的思考经历了从五十岁到七十余岁一个漫长的过程。① 梁先生指出孔子的易学思考经历了一个“从五十岁到七十余岁一个漫长的过程”实属卓见，但仅以“不可能有足够的时间”一语带过这将近二十年的时间，深恐不妥。

“晚年说”则主要根据《史记·孔子世家》所载孔子“晚而喜《易》”语。

> 孔子晚而喜《易》……曰：“假我数年，若是，我于《易》则彬彬矣。”

《史记》把“假我数年”一句系于孔子自卫归鲁（六十八岁）后，所以《论语》“五十以学《易》”章当为孔子晚年所言。按“晚年说”所论，加我数年方至“五十以学”就无从谈起，故他们认为“五十”不能是实指，只能是虚指。虚指何时呢？为了解决“晚年”所说与“五十”以学之间的矛盾，许多学者极尽想象之能事，如：

> 假我数年，卒以学《易》，可以无大过矣。（朱熹《论语集注》）
>
> 加我数年，吾以学《易》，可以无大过矣。（俞樾《群经平议》）
>
> 加我数年，七十以学《易》，可以无大过矣。（惠栋《论语古义》）
>
> 加我数年，九十以学《易》，可以无大过矣。（何异孙《十一经问对》）
>
> 加我数年，五、十，以学《易》，可以无大过矣。（龚元玠《十三经客难》）

对于经典我们也应保持一颗敬畏之心，在原文可以承载的意义范围内，对原意进行合理的揣测，加以圆满地解说，如若不能圆满解释，可以暂时存疑，而不应仅凭一己私见而妄断之，有如毛奇龄所言：“勿改经以误经。”（《西河合集·西河经解凡例》）前四说，改动经文，多任己意，不免穿凿，难与为训；第五说以一五一十为断，这样“五十”岁就成了五年、十年，但“五”尚合“数年”之说，“十”则有违，且此断句使语气极为不畅，就算“五”“十”皆合于“数年”之说，则径言“加我五、十，以学《易》”岂不更显通畅。还有一说，以“五十”是指大衍之数五十，而不是“五十岁”，如明孙应鳌《四书

① 梁涛．孔子学《易》考［J］．中华文化论坛，2000（4）：79-82.

近语》，此说固新奇，然与“加我数年”之义完全不相干矣。今人廖名春先生亦主“晚年说”，认为《史记》将此章定于孔子自卫返鲁后是正确的，他以“五十”为假设，将此章定为孔子晚年深入学《易》之后的追悔之言，其意思是：“再多给我几年时间，只要我从五十岁时就像现在这样学《易》，就可以不犯大的错误了。”① 然如廖先生所论，若为追悔之言，悔恨自己如果五十岁时就已开始学《易》则该多好啊，那又为何须再希求“加我数年”；若希求“加我数年”，则何必又去追悔五十未学，犯了“大过”？

正是认识到希求“加我数年”与追悔“五十未学”之间不够恰切，一些学者就转变思路，开始在“加我数年”上动脑筋。如今人郭沂先生提出一种不同的观点：他首先推定此语是孔子在五十几岁之后、六十岁之前说的；他认为既然是“假年”，则所假之年既可以往未来的方向推，也可以往过去的方向推，此处正属于后一种情况，“加我数年的真正含义”是“如果我再年轻几岁”。② 然如郭先生所论，若“孔子是在七十三岁去世之前出此语，他一定会说‘加我数年，八十以学《易》’，这又和‘五十’毫不相干”，那么我们同样可以推测若孔子在“五十六七岁到六十岁之间”所言，他会说“加我数年，六十以学《易》”，这和“五十学《易》”又有何相干？况且孔子若想表达“如果我再年轻几岁”的意思，为何不说“少我数年”而非曰“加我数年”，把“加我数年”“往过去的方向推”解为“如果我再年轻几岁”，于情于理都难以让人信服。

现有的观点大都沿着“早年说——‘五十’实指”、“晚年说——‘五十’虚指”的思路进行思考，未能充分厘清此章言说时间与“五十”之间的逻辑关系，“解释力”似乎都不太理想。事实上，缺乏一个“合法”的逻辑出发点，对经典“疑义”之处做出合情合理的诠解是很困难的。朱子曾言：“大凡疑义，所以决之，不过义理、文势、事证三者而已。”③ 因此，重新反思以往的思路，立足一个更为合理的逻辑出发点，并考诸义理、文势、事证，庶几可得此章真义。

---

① 廖名春.《论语》“五十以学易”章新证［J］.中国文化研究，1996（1）：25-28.

② 郭沂.孔子学易考论［J］.孔子研究，1997（2）：3-13.按：廖、郭的观点当均对吕绍纲先生的说法有所采纳，吕先生曾言：“孔子垂老之年发这番学《易》恨晚的感慨，意谓如果让我年轻几岁，五十岁开始学《易》，就可以不犯大过错了。既有自谦之意，也是赞扬《周易》之词。”参吕绍纲.周易的作者问题［M］//吕绍纲.周易阐微.长春：吉林大学出版社，1990：287.

③ 朱熹.朱子全书：第六册［M］.上海：上海古籍出版社、合肥：安徽教育出版社，2010：543.

二、“五十以学《易》”章的新解

从逻辑组合的角度看，还有两条进路未受到前贤的充分重视，或可重新加以考虑，即“早年说——‘五十’虚指”“晚年说——‘五十’实指”。经由论证，笔者认为此章的圆满解释应取径“晚年说——‘五十’实指”，请试言之。

首先，这句话当为孔子晚年所说。《论语·述而》“加我数年”本就可与《史记·孔子世家》“假我数年”所载相发明，而且现在也有了出土文献的新证：

> 夫子老而好《易》，居则在席，行则在橐。（帛书《易传·要》）①

“老而好《易》”又可与《孔子世家》“晚而喜《易》”相印证，孔子学《易》、好《易》、喜《易》，都应是不争的事实，“虽古书之未得证明者，不能加以否定；而其已得证明者，不能不加以肯定，可断言也”②。《论语》与帛书《易传》的记载都可以使我们对《孔子世家》关于孔子学《易》的记载保持乐观的态度，所以，《孔子世家》将“加我数年”之语定在孔子自卫归鲁以后应是有据的。而且“加”者，通“假”，借也。③“然而，人之天年有定数，安能相借？所以，‘加我数年’必为不可能实现的假设。如果孔子在五十岁以前出此语，其前提必须是他意识到自己天年已终。否则，享其天年，便可至五十，何须‘假年’？”④ 这就是说，“加我数年”的假设语气，预设了此章的话语逻辑前提，即孔子必须已意识到自己天年将终，所以此语当为孔子暮年所说，看来，《孔子世家》将“加我数年”之语定在孔子自卫归鲁以后是有理的。有理有据，《史记·孔子世家》所记就是可信的。具体地说，此章应是孔子自卫归鲁（六十八岁，鲁哀公十一年）、老而好《易》之后说的。

其次，这句话中的“五十”应是实指。历来不把“五十”视为实指的主要

---

① 帛书《易传》均据廖名春．帛书《周易》论集［M］．上海：上海古籍出版社，2008．引，方便起见，错别字、古体字、异体字、假借字径以相应简体写出。

② 王国维．古史新证——王国维最后的讲义［M］．北京：清华大学出版社，1994：2-3．

③ 刘宝楠正义曰：“《孔子世家》：‘孔子晚而喜《易》，序《彖》《系》《象》《说卦》《文言》。读《易》，韦编三绝。曰：假我数年，若是，我于《易》则彬彬矣。’彼文作‘假’。《风俗通义·穷通卷》引《论语》亦作‘假’。《春秋》桓元年‘郑伯以璧假许田’，《史记·十二诸侯年表》作‘以璧加鲁易许田’，是‘加’‘假’通也”。参刘宝楠．论语正义［M］．北京：中华书局，1990：268．

④ 郭沂．孔子学易考论［J］．孔子研究，1997（2）：3-13．

是些“晚年说”论者，很大程度上都是因为“五十以学”与晚年所说无法调和，加之前一句“加我数年”是一个假设语气，进而把“五十以学《易》”亦理解成了假设语气，误会此句为虚指，而附会种种穿凿之解释。大多学者未辨其中之异，导致对这句话争论不休。其实“五十以学《易》”应是实指，孔子只是陈述了自己五十岁时就已开始学《易》的事实。曾有人批评以“五十”为五十岁之说“过凿无理”，“幼习六艺，便当学《易》，何况五十？”① 这个批评是站不住脚的。第一，在五十岁决心“学”《易》之前，孔子接触过《周易》应该是没有问题的，但彼时其对《周易》认识有所偏见，仅仅将《易》视为卜筮之书而不予重视（详见后文），故就算五十以前接触过《周易》，也不应将这种“接触”纳入“学”的范围内②，若不然，孔子应该说“五十复学《易》”；第二，此说明显带有以今度古的色彩，撇开“学”的意义层次不论，当然，孔子是有可能幼时就已“学”《易》（姑且称之为“学”），但孔子明确表述的是“五十以学《易》”，那么，我们就应当以孔子的自述为依据，而不应把我们的价值判断强加于古人。

如上所言，若此章是孔子“晚年”所言，“五十”为实指，那么以此为逻辑出发点，能否在句意和文势上理顺“晚年说——‘五十’实指”的逻辑关系呢？

答案是肯定的。由前，“加”通“假”，假设语气；“五十”即五十岁，陈述语气。又，“以”通“已”，已经之意③；“大过”即大的过错，兼指学《易》

---

① 毛奇龄．论语稽求篇［M］//程树德．论语集释：第二册．程俊英，姜见元，点校．北京：中华书局，1990：469. 不过，毛说指明“好《易》、赞《易》非学《易》时也”则属洞见。

② 有观点认为，“这样的‘学’，绝非初学，亦绝非一般性的学。因为一般性的学，看到的只是吉凶悔吝，绝不会看出《周易》是寡过之书。”（廖名春：《〈论语〉“五十以学易”章新证》，《中国文化研究》1996 年春之卷）“五十以学《易》”之“学”不是一般的学习，而应理解为研究、探索。（可参郭沂．孔子学易考论［J］．孔子研究，1997：2.）如此来看，五十学《易》与幼习六艺本不可同日而语，这个批评就更站不住脚了。

③ “以”“已”互释，早有先例，如《礼记·檀弓下》“则岂不得以”、郑玄注“以，已字。……以与已字本同”，又如《周易》损卦初九爻辞“已事遄往”、《经典释文》“本或作以”，故“以”“已”可通用。“以”字通“已”之例也并不鲜见，并有多种意涵：有太、甚之意，如《孟子·滕文公下》“三月无君则吊，不以急乎”；有完结之意，如《墨子·号令》“事以，各以其记取之”；有已经之意，如《穀梁传·文公九年》“襄公以葬”、《战国策·楚策一》“五国以破齐楚，必南图楚”、《后汉书·荀彧传》“今华夏以平，荆汉知亡乎”等。“五十以学《易》”之“以”通“已”，表过去，当训为“已经”。前人诸说于此未辨，多认“以”字表未来意，造成此章句意逻辑隐晦不明，衍生诸不可能圆满之解释。

与人生。其句意可理解为：“再让我多活几年吧，（这样我）五十岁已经开始的学《易》历程，就可以没有大的过错了。”此语应理解为孔子暮年的企求、哀叹之言，哀叹的是“五十以学《易》”才略闻其“要”，企求的是“加我数年”继续学《易》，方可“无大过”。言外之意，孔子有感于天年将终，但自己从五十岁已经开始学《易》，直到现在，始对大《易》之“要”略有领悟，故哀叹时不我待，企求天命能多借给他几年时间继续研究《周易》，才能参透易理，对《易》理解不偏颇、人生不再有大过错。这并不是孔子的“追悔之言”，更不是“往前推，再年轻几岁”，而是一个垂垂老者在“安得益吾年”（《要》）的反思中涵泳出的企求之言，也是一个经历了长时期的学《易》历程后真正知晓了大《易》之美、深见《易》之无穷，老而好之、晚而喜之又不能尽之至之的哀叹之言。

刘宝楠《论语正义》看到了“五十”实指与“晚年说”之间的困难，曾“独辟蹊径”，认为《孔子世家》与《论语》所述不在一时：“五十前得《易》，冀以五十时学之，明《易》之广大悉备，未可遽学之也。及晚年赞《易》既竟，复述从前假我数年之言，故曰：‘假我数年，若是，我于《易》则彬彬矣’。”①这个观点认为《论语》“五十”应实指五十岁、《世家》所言当在晚年是正确的，但由于他未能把两者贯通，只得将这两句同归殊出的话分别定位于两个时段；如果“五十岁”与“晚年说”实在无法调和，刘宝楠的说法不失为一个可能的精巧解释，但正如前文所论，《论语》“五十以学”不可能是“早年”（五十岁前）说的，而且“五十”实指与“晚年”所说也是可以圆满讲通的，所以即使刘氏复起，也“必从吾言”吧？《史记·孔子世家》所记“假我数年，若是，我于《易》则彬彬矣”是孔子学《易》自道的另一版本，其沿自《论语》“加我数年”章而来甚明，虽不涉及“五十”的争论，仍可与我们的理解互为印证，其意为“再多给我几年时间，如果可以的话，我就能完全与易理相融”。“假”，借也，同“加”，表假设，与“五十以学《易》”的确定性陈述相对扬；“若是”，“竟事之辞”；“彬彬”，“犹班班，物相杂而适均之貌”②，适与“无大过”相映衬；将两句话结合起来，则文义畅然明白矣：“加我数年，若是，五十以学《易》，我于《易》则彬彬矣，可以无大过矣”。为什么“五十以学”，到暮年还需“加我数年”？正因为《易》道精微，十几年如一日地学《易》仍未能“彬彬”，即使圣如夫子，也需加以年日方能尽之。为什么只需

① 刘宝楠．论语正义［M］．北京：中华书局，1990：268.

② 朱熹．四书章句集注［M］．北京：中华书局，1983：89.

“假我数年”，就能“于《易》彬彬”？正因为孔子早就开始了学《易》的历程，五十岁就开始认真研究这部至命之书了。孔子表达“无大过”的愿景也说明孔子学《易》已久，学习的内在领悟与生活的外在坎坷相互印证，对“大过”的体认更深一层，才会发出如此哀求之言。

可见，未被前人重视的“晚年说——‘五十’实指”路向，反而可以厘清此章言说时间与“五十”之间的逻辑关系，并且于字义考之则有据，于句意考之则有理，从字词句意上做出有理有据、合情合理的解说。孔子开始学《易》的时间是五十岁，与喜《易》、好《易》并不同时①；老而好《易》、晚而喜《易》是在六十八岁以后，“加我数年”章与帛书《易传》所载孔子论《易》亦应是此时而发。这也正是“吾好学而才闻要”（《要》）之语所由出也。

三、孔子五十学《易》之原因的可能阐释

孔子为何会在五十岁开始学《易》呢？这当然与春秋时代社会思潮的理性化转型、易学文化的人文化动向及孔子思想的好学特质等内外因素密切相关，但具体的原因，史料则未载。据现有材料分析，可能有两方面的原因。一方面是思想原因，源自孔子自己所“逗漏”：五十岁时知晓天命，促使其开始研究《周易》。《论语·为政》“五十而知天命”一语即是“五十以学《易》”的内证：

> 《易》“穷理尽性以至于命”，年五十而知天命，以知命之年读至命之书，故可以无大过矣。”②

何晏此注引《说卦》赞“易”之语与《为政》晚年自述之语将“五十”“知命”“学《易》”有机联结，既阐明“五十学《易》”之“五十”即知命之年的五十岁，又提出“五十以学《易》”的原因应当是知命而为之，至为精妙。孔子在五十岁感悟到天命的於穆不已，于是会去研究生生不已的大《易》；也正是在大《易》的印证下，孔子对天命之纯完全吃透，实现了天道性命的贯

---

① 廖名春先生认为：“《论语》此章之‘学’，实质就是《史记》《汉书》、帛书《要》篇之‘喜’‘好’。只不过‘喜易’‘好易’是他人对孔子的客观描述，而‘学易’则是孔子的谦称罢了。”（廖名春.《论语》“五十以学易”章新证［J］. 中国文化研究，1996（1）：25-28.）此说是为了与作者前已论定的学《易》、喜《易》、好《易》同为孔子晚年之事相调和，附会“喜、好”解“学”字，看似有理，实则不免造作。将三者等同，未认识到孔子研《易》是一个由学到喜、好的过程，并非一步到位。

② 何晏. 论语注疏［M］. 邢昺，疏. 北京：北京大学出版社，1999：91.

通、天道人道的冥合，逐渐达至“耳顺”乃至“从心所欲不逾矩”的境界。何注后曾受到许多学者批评，以其注为胶固，如崔适的《论语足征记》批评说：“‘五十知天命’乃孔子七十岁后追述之辞，‘穷理尽性以至于命’亦晚年赞《易》之辞，未至五十，焉知是年知命？又焉知他年赞《易》有至命之言耶？”① 这个批评的立足点认为孔子“五十以学《易》”是其五十岁之前所说，由此认为何注不成立；而正如前文已交代明白的，“五十以学《易》”应是孔子暮年归鲁（六十八岁）之后所说，这样，崔氏的批评不仅站不住脚，反而为何注提供了一个反证，孔子七十岁后追述“五十知天命”之辞适与其六十八岁后追叹“五十以学《易》”之言相吻合，两者都是孔子对自己人生学思历程的回顾，何注之解正可明其中三昧，若两者之间没有关联，恐怕才是一种武断呢。有观点认为“五十而知天命”的“五十”不应理解为五十岁，而是概指“五十至六十这一个阶段”（同理，孔子同时说的“三十而立，四十而不惑”，“六十而耳顺，七十而从心所欲，不逾矩”，皆当作如是观）②，与“五十以学《易》”所指不同。这种观点至为荒谬，实不足一驳，若如此论所言，那么“十又五而志于学”的“十五”应概指十五岁到三十岁的一段时间都在立志，这合情理吗？“七十从心所欲不逾矩”之“七十”应概指七十到八十的一段时间，这合事实吗？“五十”确指五十岁无疑矣，而不应是五十至六十之间的一段时间，其他几句话皆当如是观之：孔子十五岁已立志为学，承担斯文以学礼（“不学礼，无以立”）；三十岁已立于世，向知者进取（“知者不惑”）；四十已然不惑，开始下学上达，体认天命；五十已上达天命，并契悟于大《易》；六十耳顺，达致自在自如之境；“七十从心所欲不逾矩”，不勉而中，在规矩中自由，这也就是《易》之天人圆融无碍之道的体现。

另一方面，孔子五十岁时可能在鲁国见到了《易象》一书。如果这种推测成立，那这将是孔子五十学《易》的现实原因。《左传》载：

> 晋侯使韩宣子来聘，……观书于太史氏，见《易象》与《鲁春秋》，曰：“周礼尽在鲁矣，吾乃今知周公之德与周之所以王矣。”（昭公二年）

由韩宣子所言可以看出，《易象》当为周公阐释《周易》的书，主要是发扬了他的敬德理念，这就很容易与仰慕周公、重德务德的孔子产生共鸣。《易象》之

---

① 转引自程树德．论语集释［M］．北京：中华书局，1990：471.

② 持这种观点的不在少数，如郭沂．孔子学易考论［J］．孔子研究，1997（2）：3-13.

所以名为“易象”，很可能也与“易象”的两种属性分不开，“一方面，代表易象的符号是抽象的”，“另一方面，易象具有伸展特点”①，这样，周公以“易象”解《易》，既能与《周易》的卦爻辞发生联系，同时又能与德性理论发生联系，可以根据需要说明各种德性条目；《易象》成为沟通《周易》与德性的桥梁②，这又与孔子学《易》主张观其德义、上达天道、阐扬哲理而依重《易》之卦爻符号系统的理论原则是一致的。可见，孔子见《易象》而学《易》，在思想性上是顺理成章的。从现实性来看，孔子五十岁时尚在鲁，此时（定公八年）距韩宣子见《易象》（昭公二年）已有近四十载，《易象》可能已经流传出来或早已流传出来，孔子学无常师，五十岁时在鲁见到《易象》并认真学习的可能性是很大的。而且定公八年时的鲁国内忧不断，既有三桓之旧患，又添阳虎之新乱（阳虎欲去三桓，谋杀季氏未遂），故面对如此世道衰微、王纲失纽的国家秩序，孔子虽还未出仕（五十一岁时始任中都宰），但对天道变化之则、阴阳变易之理肯定深有领会，因此受《易象》影响并对《周易》产生兴趣，是很自然的。

廖名春先生论述孔子易学观的转变时，也曾推测可能与孔子见《易象》有关③；不过廖说一贯主张孔子学《易》、好《易》、喜《易》是同一时期的事，同在孔子暮年归鲁之后，故廖先生认定孔子见《易象》的时间亦是孔子暮年自卫归鲁（哀公十一年，六十八岁）之后。前面已得证明，孔子学《易》在五十岁，与晚年归鲁后好《易》、喜《易》并不同时，撇开这点不谈，只就见《易象》时间而论，自卫归鲁后始见的看法，也颇有不妥。若如廖先生猜测：“孔子自卫反鲁时，《易象》可能早已流传出来”，那更有可能早在去卫之前就已流传出来；况且直到自卫返鲁的垂暮之年才见到《易象》，时不我与，故只能立即转变易学态度，开始研《易》，那孔子这个转变过程也太快了，难怪廖名春先生会用“突然改变”来形容孔子易学态度的转变。若言这是王室藏书，平常人见不到④，那为什么自卫返鲁后就能见到，而自孔子仕鲁（定公九年，五十一岁）

① 林忠军．象数易学发展史：第一卷［M］．济南：齐鲁书社，1994：28.

② 有学者推测文王《易象》与今《周易·大象传》相近，如姜广辉先生认为：“文王周公之《易象》，今《易象》（《周易》大象）可略当之。此乃易学之正鹄。”见姜广辉．“文王演《周易》”新说——兼谈境遇与意义问题［J］．哲学研究，1997（3）：64-72. 亦见于姜广辉．中国经学思想史·第一卷［M］．北京：中国社会科学出版社，2003：370. 刘大钧先生也曾指出：“《易象》的内容，与今本《大象》之内容相去不远。”见刘大钧．“卦气”溯源［J］．中国社会科学，2000（5）：122-129.

③ 廖名春．试论孔子易学观的转变［J］．孔子研究，1995（4）：25-29，59.

④ 如有观点认为《易象》是鲁国秘府所藏，并不传布于民间，一般人极难见到。见姜广辉．中国经学思想史·第一卷［M］．北京：中国社会科学出版社，2003：357.

直到官至鲁国大司寇（定公十二年，五十四岁）的三四年时间里，却没机会见到？再者，从孔子晚年对子贡等弟子的传授来看，孔子的易学思想已相当成熟，这么短的时间就研《易》如此，怎还会有“加我数年”“无大过”之叹？孔子自卫反鲁后见《易象》说法，无乃而太晚乎？

总而言之，孔子由五十岁（知天命、见《易象》）开始对《易》产生兴趣，易学态度慢慢发生转变，从此走上了学《易》之路。其间，在孔子出仕治鲁、周游列国的人生历程中，饱经磨难、历尽坎坷，无不伴随着《周易》的人生指南，以及对《周易》的不断契悟①；自卫归鲁之后，“鲁终不能用孔子，孔子亦不求仕。孔子之时，周室微而礼乐废，《诗》《书》缺。追迹三代之礼，序《书传》……晚而喜《易》，序《彖》《系》《象》《说卦》《文言》”（《史记·孔子世家》），读《易》“韦编三绝”，与弟子论《易》、传《易》，益发觉悟易道之精深，直至发出“加我数年”之哀叹与企求。

---

① 《说苑·敬慎》即载有一例：孔子遭难陈、蔡之境，绝粮，弟子皆有饥色。孔子歌两柱之间，子路入见曰：“夫子之歌，礼乎?”孔子不应，曲终而曰：“由，君子好乐为无骄也，小人好乐为无慑也，其谁知之，子不我知而从我者乎?”子路不说，授干而舞，三终而出。及至七日，孔子修乐不休。子路愠见曰：“夫子之修乐，时乎?”孔子不应，乐终而曰：“由，昔者齐桓霸心生于莒，句践霸心生于会稽，晋文霸心生于骊氏。故居不幽则思不远，身不约则智不广，庸知而不遇之于是兴?”明日，免于厄。子贡执辔曰：“二三子从夫子而遇此难也，其不可忘已。”孔子曰：“恶，是何也！语不云乎：‘三折肱而成良医。’夫陈、蔡之间，丘之幸也。二三子从丘者，皆幸人也。吾闻人君不困不成王，列士不困不成行。昔者，汤困于吕，文王困于羑里，秦穆公困于殽，齐桓困于长勺，句践困于会稽，晋文困于骊氏。夫困之为道，从寒之及暖，暖之及寒也。唯贤者独知而难言之也。《易》曰：‘困，亨贞，大人吉，无咎。有言不信。’圣人所与人难言，信也。”据《史记》载，陈蔡之困，事在鲁哀公四年，孔子时年六十一岁。孔子现身说法，以“困之道”解说自己遭厄的人生际遇，借自己的处境阐发《困》卦的哲理，说明他在周游列国时已经研究《周易》了。虽然《说苑》并非正史，多为故事叙事，但与《孔子家语》《韩诗外传》一样，其事并非毫无根据，不可全盘抹杀，而且此处所引最后一句“子曰”在帛书《易传·昭力》篇有相近记载。

孔子为何“老而好《易》”

提要：孔子早年认定《易》为卜筮之书，未予重视，所以一直没有去研究；五十岁开始沉潜于大《易》，经过一个长时期的研究与探索过程，孔子逐渐发现《易》之德义、《周易》未失的教化功能、“古之遗言”的文王之教，以及依重《易》之卦爻符号话语系统而得以获取的超越天道与内在哲理，老而好之、晚而喜之。孔子对《周易》的新发现与其思想内在的演进轨迹是一致的。一方面，从五十学《易》到老而好《易》的转变，契合其自身思想具有证显形上和追求超越的一贯精神，与其思想在晚年的发展和转向保持了一致；另一方面，其学《易》过程中，对《易》的内容有了新的发现，对《易》的性质有了新的判定。后一方面的“新得”与前一方面思想上的变动交相互证，两方面密切吻合，共同推动了夫子晚年好之、喜之而不能已之的状态。统合思想和文本两方面的原因，方能完备地了解孔子“老而好《易》”的真实根由。

据《史记·孔子世家》记载，孔子“晚而喜《易》，序《彖》《系》《象》《说卦》《文言》。读《易》，韦编三绝”。可见孔子研《易》之精勤。近些年出土的简帛文献，亦有不少关于孔子与《易》相关之文献，为我们更全面地审视和评估孔子易学观提供了新的材料，值得更深入地加以研究。本文以孔子“老而好《易》”之原因为中心，试对此问题做一探析。

一、学《易》历程

首先，我们来看看孔子经历了一个怎样的学《易》历程。帛书《易传·要》篇有一节记录比较集中地涉及这个问题，其文如下。

> 夫子老而好《易》，居则在席，行则在橐。子赣曰：“夫子它日教此弟子曰：‘德行亡者，神灵之趋；知谋远者，卜筮之繁。’赐以此为然矣。以此言取之，赐缗行之为也。夫子何以老而好之乎?”夫子曰：“君子言以榘

方也。前羊而至者，弗羊而巧也。察其要者，不趆其福。《尚书》多疏矣，《周易》未失也，且又古之遗言焉。予非安其用也，予乐［其辞也，予何］尤于此乎?”［子赣曰:］“如是，则君子已重过矣。赐闻诸夫子曰：‘孙正而行义，则人不惑矣。’夫子今不安其用而乐其辞，则是用倚于人也，而可乎?”子曰:“校哉，赐！吾告汝《易》之道：良□□□□□□□此百生之道□□《易》也。夫《易》，刚者使知惧，柔者使知图，愚人为而不妄，渐人为而去诈。文王仁，不得其志，以成其虑。纣乃无道，文王作，讳而避咎，然后《易》始兴也。予乐其知之。□□□之自□□，予何□王事纣乎?”子赣曰:“夫子亦信其筮乎?”子曰:“吾百占而七十当，唯周梁山之占也，亦必从其多者而已矣。”子曰:“《易》，我后其祝卜矣！我观其德义耳也。幽赞而达乎数，明数而达乎德，又仁□者而义行之耳。赞而不达于数，则其为之巫；数而不达于德，则其为之史。史巫之筮，乡之而未也，好之而非也。后世之士疑丘者，或以《易》乎？吾求其德而已，吾与史巫同涂而殊归者也。君子德行，焉求福？故祭祀而寡也。仁义，焉求吉？故卜筮而希也。祝巫卜筮其后乎?”①

从《要》篇来看，孔子晚年不仅喜《易》、好《易》，还与他的弟子讨论过《周易》，并进行了详细的讲解；孔子晚年的易学态度，与其早年对待《周易》的“它日之教”迥异，不得不谓之一大转变。孔子易学态度的转变具体表现为什么样态呢？晚年孔子易学态度转变，学《易》几近痴迷，其弟子也颇感疑惑，在对这些疑惑的解答中，孔子易学态度转变的样态初露端倪。面对夫子的老而好《易》，子赣（子贡）大为不解，“夫子它日教此弟子曰：‘德行亡者，神灵之趋；智谋远者，卜筮之繁。’赐以此为然矣”。“夫子亦信其筮乎?”子贡不仅认为孔子好《易》有违“它日之教”，而且将好《易》与信“筮”挂钩；这说明早年的孔子直接认定《周易》为卜筮之书，以求神问卜之类活动与其仁义礼乐的人文教化思想难以兼容，甚至是“德行”“智谋”的对立面，真正的仁者、智者，“顺正而行义”，不忧亦不惑，不需要卜筮与神灵，所以对《周易》是不重视的、有意回避的。而子贡深以孔子早年易学之教“为然”，且坚持勤勉践行（“赐缗行之为也”），故有“夫子何以老而好之乎”的疑问。在弟子以它日之

① 马王堆汉墓帛书《周易》［M］//北京大学《儒藏》编纂与研究中心．《儒藏》（精华编）第281册．北京：北京大学出版社，2007：107-110. 为便于理解，个别古体字、异体字、假借字，在行文中径以相应今体写出。

矛攻今日之盾的“质问”下，孔子如此解惑：“察其要者，不诡其福”，“予非安其用也”，“《易》，我后其祝卜矣！我观其德义耳也”。孔子解释称自己的好《易》并不是安于卜筮之用，祝巫卜筮只是次要的东西，因为他更为关注《周易》之“德义”；摆脱史巫术数的形式，转进于德行、仁义的追求，才是他好《易》的重要目的。从早年斥《易》到“老而好《易》”，孔子实现了对《易》之态度的根本转变。

这一转变之可能，不能忽略这中间经历了“五十学《易》”的阶段。子曰：“加我数年，五十以学《易》，可以无大过矣。”（《论语·述而》）关于这句话的理解存在许多歧解，笔者经过考辨诸种解说，认为历来的解说都不够圆满，其原因是未能厘清此章言说时间与“五十”之间的逻辑关系，这句话应理解为“再让我多活几年吧，（这样我）五十岁已经开始的学《易》历程，就可以没有大的过错了”。[①] 这是孔子暮年的企求、哀叹之言，哀叹的是“五十以学《易》”才略闻其“要”，企求的是“加我数年”继续学《易》，方可“无大过”。言外之意，孔子有感于天年将终，但自己从五十岁已经开始学《易》，直到现在，始对大《易》之“要”略有领悟，故哀叹时不我待，企求天命能多借给他几年时间继续研究《周易》，才能参透易理，对《易》理解不偏颇，人生不再有大的遗憾。这是一个垂垂老者在“安得益吾年”（《要》）的反思中涵泳出的企求之言，也是一个经历了长时期的学《易》历程后真正知晓了大《易》之美、深见《易》之无穷，老而好之、晚而喜之又不能尽之至之的哀叹之言。

“五十学《易》”之“学”不是一般性的学，乃是认真钻研、探索之意，与幼习六艺、早年观《易》意义上的“学”不可同日而语[②]；“五十学《易》”之“五十”乃实指，孔子开始学《易》的时间是五十岁时，与老而好《易》、晚而喜《易》并不同时，其易学态度转变也并非一蹴而就（如廖名春先生即认为孔子晚年突然转变易学态度，转向“老而好《易》”）。“五十以往，当学《易》之年，摄相用鲁，鲁国大治，女乐去鲁，席不暇暖，富贵贫贱，夷狄患难，毕聚十年之间，知进退存亡，而不失其正，此知天命之大节。六十以往，

---

① 关于“五十以学《易》”章的详细考辨，请参前文所论。

② 廖名春、郭沂亦有近似的理解。“这样的‘学’，绝非初学，亦绝非一般性的学。因为一般性的学，看到的只是吉凶悔吝，绝不会看出《周易》是寡过之书。”（廖名春．《论语》“五十以学易”章新证［J］．中国文化研究，1996（1）：25-28.）“五十以学《易》”之“学”不是一般的学习，而应理解为研究、探索。（郭沂．孔子学易考论［J］．孔子研究，1997（2）：3-13.）

自卫返鲁，删《诗》《书》，定礼乐，赞《周易》……”① 孔子五十岁开始学《易》，五十之后的人生起伏，与五十学《易》所得互为印证，由此而明吉凶祸福、进退存亡之道，即事即理，合之昭昭；六十归鲁之后赞《易》，老而好之。这认识到从五十学《易》到老而好《易》的发展过程。经过一个漫长的探索、领悟、印证的过程，十余年上下求索以学《易》、研《易》，六十八岁自卫归鲁后更是“居则在席、行则在橐”，才逐渐老而好之、晚而喜之，这也正是“吾好学而才闻要”（《要》）之语所由出也。整个历程大致可示之为：早年斥《易》、五十学《易》、老而好《易》、晚而喜《易》。这个转变历程与孔子厘定的学问三层次“知之者不如好之者，好之者不如乐之者”（《论语·雍也》）如出一辙，由早年知其名、未得其实（知之），到五十以学《易》、好学之（好之），再到闻要得道的喜《易》、好《易》（乐之），此语虽不必是对自己易学心路的完全摹写，但不可否认与此一波三折的易学态度转变之精神若合符节。

明乎孔子学《易》历程，我们不禁要问：“五十学《易》”之后，孔子究竟从《易》中“学”到了哪些新东西，对他有如此的吸引力，使其对《易》的态度转变到居行不舍、韦编三绝的地步？这个过程，与其思想之间是否有某些交互性的影响？这两个问题，其实是对孔子为何“老而好《易》”之根由的追问。相应地，我们可从两个方面来思考这个问题。一方面，从思想上加以考虑；另一方面，从文本入手分析。

二、思想内因

我们先来看前一个方面，即从思想原因的层面看，孔子思想原本即包含有形上学和超越性的面相，与其“老而好《易》”的思想取向一致，这预示了其晚年思想发生转向的内在动因。

对孔子好《易》的种种质疑，一个核心的观点是认为孔子之学重在人道教训，罕言天道性命，由此不能接受孔子易学的种种“造道”之论。这种观点主要以《论语》为依据，认为其思想重在礼、仁，属于人道之学的形下层面，与孔子易学立足天道建立思想体系的形上论说毫不相干。不过，从《易传》《孟子》《礼记》及近年的出土简帛等“二重”文献来看，《论语》是否涵盖孔子思想的全部，能不能将其他孔子言行语录完全否定抛弃，是个很值得考究的问题；即便以《论语》一书为判准，我们也不能认为孔子的思想仅仅局限于人道层面、

① 程复心．孔子论语年谱·孟子年谱［M］．上海：商务印书馆，1939：1.

完全没有形上超越之论。① 《论语》所载夫子之言“知我者其天乎”“君子上达”（《论语·宪问》）等之论都说明其具有追求形上的祈向。只是在以仁学、礼学为主体的《论语》中，其形上思考并未明显地加以展现，其对形上层面的把握也更多诉诸默识和体知的方式，暂未找到合适的语言指陈表述方式，只能说在《论语》中对此述及不多，但不能由此得出孔子排斥形上探求的结论。

关于“性与天道”章的理解可以帮助理解这一点。“夫子之言性与天道，不可得而闻也”（《论语·公冶长》），这句话常被误解为夫子不言“性与天道”，试比较“子不语怪力乱神”可知，这里并没说“子不言性与天道”，“不可得而闻”不能等同于“不语”“不言”，问题的关键不在言与不言，而在于闻与不得闻。“闻”字在儒学系统中有其深层意蕴，闻不是感官性的听，“闻”乃心之官，诉诸内在“听觉意识”来达致“圣”的超越境界，以内心自觉、自晓、自得的贯通为特征，是中国哲学证显本体的一种独特方式。② 有学者提出此处“闻”可解释为“知解”，也是出于同样的考虑，子贡说这句话的意思是：“孔子关于性与天道的议论高深微妙，连他自己也难于知解。”③ 子贡不可得“闻”，恰恰证明夫子对“性与天道”有所言及。犹有进者，夫子所言“性与天道”者，应该就是《易》，刘宝楠对此做出翔实的疏证，他认为“性与天道”与“文章之学”不同，是其教化育人之需要，而“言性与天道，则莫详于《易》”，并掇取《易》中涉及“性”“天道”诸语证之。④ 联系《要》篇子贡对孔子好《易》之不解，让我们对刘宝楠的推证多了几分信心，《要》篇所记载的不正是“夫子之言《易》”，子贡不可得而“闻”吗？程颐曾断言这句话乃“子贡闻夫子之至论而叹美之言也”。朱子注曰：“言夫子之文章，日见乎外，固学者所共闻；至于性与天道，则夫子罕言之，而学者有不得闻者。盖圣门教不躐等，子贡至是始得闻之，而叹其美也。”⑤ 由此我们似可推测“不可得而闻”可能正是子贡第一次聆听到大《易》之论后，对其中“性与天道”的叹美

---

① 如有学者即对《论语》中所载形上学思想进行了专题论证和梳理。可参苗润田．《论语》的形上学研究［J］．齐鲁学刊，2004（6）：11-15.

② 参李景林．听——中国哲学证显本体之方式［M］//成中英．北京：中国人民大学出版社，2007：157-166.

③ 参崔英辰．儒教文化研究：第十七辑［M］．国际版．首尔：成均馆大学校出版部，2011：229-232.

④ 详参刘宝楠．论语正义［M］．北京：中华书局，1990：184-187.

⑤ 朱熹．四书章句集注［M］．北京：中华书局，1983：79.

之辞。[1] 无论如何，“夫子之言性与天道，不可得而闻也”都不能作为孔子没有形上思想、孔子没有论《易》的证明；相反，对“夫子之言性与天道，不可得而闻也”的分析，却让我们得出孔子“应该”老而好《易》、晚而喜《易》的推论。

横渠先生曾指出：“子贡曾闻夫子性与天道，但子贡不自晓，故曰‘不可得而闻也’。若夫子之文章则子贡自晓。圣人语动皆示人以道，但人不自求。”[2] 这个看法是有见地的，对于“性与天道”，要注重自身的体贴和晓求；对于夫子的道德教诲，也应作如是观。圣人言行语动皆有深意存焉，不能仅仅视之为老练的、常识性的人道教训，要晓求其中蕴含的深意，尤其不能忽视其中所涵具之本人道以参天道的超越面相。门人问“仁”，夫子所答每每不同，从未对“仁”下一定义，而常切于人身行事之机、在“随材成就”的意义上予以指点，从浅处看，可“视仁为德目的意义，即仁义礼智信中之仁。孟子亦仁义礼智四德并举。这样，仁即仁爱，爱人”。深入地看，“孔子的仁，就是‘创造性本身’。孔子在《论语》中讲来讲去，对于仁有种种表示。假如我们能综括起来，善于体会其意义，则他那些话头只是在透露这‘创造性本身’。谁能代表这创造性本身？在西方依基督教来说，只有上帝。孔子看仁为宇宙万物之最后的本体”[3]。超拔于形而下的论述，而致思于形而上的境遇，“人‘如何’体现天道以成德”，方是孔子所开创的儒学之特质。

夫子尝言“吾道一以贯之”（《论语·里仁》）、“予一以贯之”（《论语·卫灵公》），“一以贯之”在《论语》中出现两次，我们习惯从忠恕之道的角度来理解，通过忠恕的推扩，实现由己及人的人道秩序之有序展开，从而实现成己成物之境界的畅通无碍，这样理解是对的，但不全面，愚以为，“一以贯之”还包含上与下之间的“贯通”义，夫子所言“下学而上达”正是这一层“一以贯之”义的确解。“一以贯之”表明，夫子之学具有“十字打开”的规模，不仅包含人道秩序的推展，还内蕴着天道、人道相贯通的义涵。

夫子自道“五十而知天命”，这句话亦非常重要，不仅告诉我们夫子不断地在体悟天命，且五十岁时参透了天命。与“一以贯之”之“贯通”义相合，且与前节所述“五十以学《易》”互为参证，“五十而知天命”一语即是“五十

---

① 据《要》篇，夫子给子贡解惑之后，接着是给“门弟子”“二三子”（应该包括子贡，子贡可能是第一次参与进来）传授损益之道，正好谈到了天道。

② 张载．张载集［M］．北京：中华书局，1978：307.

③ 牟宗三．中国哲学的特质［M］．上海：上海古籍出版社，1997：93.

以学《易》”的内证。何晏注解曰：《易》“穷理尽性以至于命，年五十而知天命，以知命之年读至命之书，故可以无大过矣”①。何晏此注引《说卦》赞“易”之语与《论语·为政》晚年自述之语，将“五十”“知命”“学《易》”有机联结，既阐明“五十学《易》”之“五十”即知命之年的五十岁，又提出“五十以学《易》”的原因应当是知命而为之。孔子在五十岁感悟到天命的於穆不已，于是会去研究生生不已的大《易》；也正是在大《易》的印证下，孔子对天命之纯完全吃透，实现了天道性命的贯通、天道人道的冥合，逐渐达至“耳顺”乃至“从心所欲不逾矩”的境界。

“天道”和“天命”不完全等同：“天道”是相对于人道而言，略重其形而上意义，更多体现出超越视域中的下贯意味，“天命”更多地关联着主体自身体认和承当而言，蕴含着“合内外之道”的特性；但二者内在关联一致：“天命犹天道也，以其用而言之则谓之命”②。孔子其实并未明确地区别“天”“天命”“天道”之间的差异，我们须从具体语境中去品味其中三昧。不过，在夫子看来，其间的差异不是关键所在，其共同之处才应多加措意：三者从本质上均指涉普遍性、永恒性、超越性，都是致思形上的主要理论话语。“天道高高在上，有超越的意义”，孔子所说的“天”“天命”“天道”乃“形而上的实体”，“‘天命’的观念表示在超越方面，冥冥之中有一标准在，这标准万古不灭、万古不变，使我们感到在它的制裁之下，在行为方面，一点不应差忒或越规。如要有‘天命’的感觉，首先要有超越感，承认一超越之‘存在’，然后可说”③。当人道关怀和价值追求在现实世界不能得到应有的实现时，就应逐渐体知天命分位之所在，承认此“超越感”的存在，追寻天道下贯，为人道价值的合理性提供一个形而上的基础，由此实现人道价值的超越性证成；同样，天命之知、天道之体，最终还是要验之于现实行事，以修人道以证天道、本天道以立人道的双向圆融为归趣。《易》之天人之学，在某种意义上已成为孔子人道之学的必然归宿。

但是对天道的追寻与体认何尝不是一个艰难的行程，只有洞察大道的仁人君子才乐于坚守不辍。孔子五十岁开始学《易》，经过十余年践仁知天、下学上达的探索，才逐渐有得于《易》之天道论说，可以与其早年人道思想结合，为其提供终极性的形上根据。《周易》文本本身也包含天道人道之间的一致性，其

---

① 何晏．论语注疏［M］．邢昺，疏．北京：北京大学出版社，1999：91.

② 程颢，程颐．二程集［M］．北京：中华书局，2004：274.

③ 牟宗三．中国哲学的特质［M］．上海：上海古籍出版社，1997：93.

卦爻辞中的有些文句，既讲天道的变化，又配以人道的变化，认为二者存在着某种同一性，如乾卦爻辞中说的龙象，属于天道的范畴，初九“潜龙勿用”、九二“见龙在田，利见大人”，九五“飞龙在天，利见大人”，这些爻辞意味着龙由潜伏到腾空，和人的政治生涯从不见用到飞黄腾达是一致的。《周易》将天道与人道结合，通过阴阳、刚柔、奇偶、爻位等卦画抽象符号，形成一个开放的体系，建立了一种与社会人生相对应的哲学理论模式。《周易》的思考模式，对孔子天道、人道的圆融建构不无启发意义，孔子在对天道的追寻中，走向了易学，借助《易》之话语来言说天道问题，撑开了天与人的理论空间，初步建立起了天人之学。可以说经过五十学《易》到老而好《易》的过程，孔子的易道探求早已呼之欲出了——“《易》所以会天道人道者也”（《郭店楚简·语丛一》）。

由上，夫子五十学《易》之后，结合自身的遭遇和思想祈向的萌动，晚年思想开始发生转向，逐步探求形上之学①；五十学《易》与五十知天命互相参证，正是在转向天命、追求“性与天道”的过程中，逐步改变了其对《周易》的态度，体认到《周易》这一经典文献的新价值，使《周易》成为适合其表达晚年思想的有力经典依傍。这就涉及前述夫子老而好《易》的第二个方面的原因，即从经典文献角度认识重新“发现”了《周易》。

三、文本新识

孔子对《易》之新认识和新发现，与其早年主张的道德教训和人道教化是一脉相承的，同时，在此基础上相应地催生着思想上的“哲学突破”；另外，伴随着这些新发现，孔子对《周易》一书的性质进行了重新衡定。结合《易传》和帛书《易传》等篇，具体从以下五个方面体现出来。

1. 孔子发现《易》之德义——《易》为崇德广业之书

从《要》来看，早年孔子认为《易》之“要”就是寄托于祝巫、卜筮的神秘性操作而求得福庆吉祥，这与祭祀、求神的性质一样，都是缺乏德行、远离智谋的表现，所以视《易》为卜筮之书而“寡”之、“希”之。相对于史巫术数的求福求吉，晚年孔子更看重《易》所含蕴之德行、仁义的价值取向，视《易》为“德义”之书而好之。所谓“德义”，细究而言，“德”和“义”似有不同，帛书《易传·衷》篇载孔子论“九德”时提到“赞以德而占以义”，将

---

① 赵法生．孔子“晚而喜易”与其晚年思想的变化［J］．哲学研究，2012（2）：38-45，128. 此文亦从思想角度分析了这个问题。

“德义”分开来，金春峰先生认为此处的“‘德’是卦本身具有的，‘义’则是从德中引申出的占辞，即修养和行为的指示”①。其实，在更多的时候，孔子的“德义”可以不作区分，从宽泛的意义上，我们可以认为“义”从属于“德”。如果说“德”更多地指向内在（“顺正”“仁守”），“义”则更多地指向外在（“义行”“义行之”），以德统义的理解也没什么问题，因为中国古代的“德”往往兼内外而言，“德”字古亦写作上“直”下“心”，《广韵·德韵》释“德”为“德行”，《说文》释为“外得于人，内得于己”，故而，孔子之“德”可以涵括、统摄“义”。这样就不难理解孔子讲“观其德义”，同时又只说“求其德”“达乎德”，而不提及“义”；这也是为什么他讲“观德义”“求德”的时候又讲到“德行，焉求福”“德行亡者”如何如何。从外延上讲，“德义”既指涉德性又指涉德行。从内涵上讲，“德义”则至少包含以下四个方面：卦爻辞本身就包含的道德教训和治世智能；卦爻符号系统本身具有的德性象征，乃天理之德；卦爻符号系统呈现出的蓍德、卦德、卦义、爻义，以易学话语系统探寻宇宙万物变易之理；借助卦爻符号系统，发挥儒家的道德、德性，以易学话语系统寄寓儒家的仁义道德理念。这四点并存于孔子的易学解释中，层层关联，贯通无碍。在“德义”的引导下，孔子发挥卦爻辞、卦爻义之间的道德教训，极深研几，终将《易》衡定为崇德广业之书：“《易》其至矣乎！夫《易》，圣人所以崇德而广业也。”（《系辞上》）“夫《易》何为者也？夫《易》开物成务。”（同上）《周易》就是圣人用来高扬道德而弘广事业、成就事务的。从功效上讲，“德义”能开显出“广大”视域，与“崇德广业”的旨趣相通。如《二三子问》释“龙战于野，其血玄黄”云：“此言大人之广德而施教于民也。夫文之孝，采物毕存者，其唯龙乎？德义广大，鸣物备具者，[其唯] 圣人乎？”“德义”作用广大，是圣人引导万物所必须具备的；“大人”正是推广此德来垂教万民。观其“德义”，并寄寓、发挥“德义”，以广德施教、成己成物、开物成务。孔子衡定《易》为“崇德广业”之书是很恰切的。孔子发现《易》之“德义”，是其老而好《易》的首要原因——“吾求其德而已”（《要》）。

2. 孔子发现“《周易》未失”——《易》为显微阐幽之书

孔子晚年研《易》认为“《尚书》多疏”而“《周易》未失”。《书》所疏者何也？是指“《书》之失诬”（《礼记·经解》）还是指“《诗》《书》故而不切”（《荀子·劝学》）？就《尚书》与《周易》的比较而言，汉人扬雄的解释

① 金春峰.《周易》经传梳理与郭店楚简思想新释［M］. 北京：中国言实出版社，2004：135.

值得参考："《书》序之不如《易》也"，《易》数"可数焉故也"，"至《书》之不备过半矣，而习者不知"①。《尚书》其数不可数、不备过半，故言多有疏漏；而《易》数甚明，正可施与教化，故曰"未失"。盖孔子在常年的教育活动中，面对纷纭复杂的历史传承、变动不居的社会人生，其所依据的《尚书》等经典常常不能全面、合理地应对，而《周易》却能极好地弥补这方面的缺失，因为《周易》为"显微阐幽"之书："夫《易》，彰往而察来，显微而阐幽②，开而当名，辨物正言断辞则备矣。其称名也小，其取类也大，其旨远，其辞文，其言曲而中，其事肆而隐，因贰以济民行，以明失得之报。"（《系辞下》）在孔子看来，作《易》者开释卦爻使各卦各爻各义适当，物象明辨，而且语言周正措辞决断以致天下万理具备；卦爻辞所称述的物名虽多细小，但所取喻的事类却十分广大，其意旨深远，其修辞颇饰文采，其语言曲折切中事理，所用典故明白显露而哲理隐奥；运用《周易》阴阳两方面的道理济助百姓的行动，可以让人们明确吉凶得失的应验。③ 在充分认识了《周易》"显微阐幽"特性的基础上，孔子深刻认识到"《周易》未失"的教化功能。与此相关，孔子还认为祝巫卜筮等史巫术数并非只有消极的意义，通过"神道设教"的方式，这些史巫之术也可以是"未失"的，孔子并不决绝于宗教性的巫蛊之术，而是即事以明理，通过澄汰、纯化、调教、提升，引导史、巫之术转向德、义的追求，使其可以面向广大民众施展因应时宜的教化之效，从而与史巫之徒"同途而殊归"。所以《周易》独具的占筮之用，也可以成为施教之方。④ 明乎此，就不难理解学习《周易》，可以教化"刚者使知惧，柔者使知图，愚人为而不妄，谗人为而去诈"，使人们获得辩证统一的人生教训。此外，《礼记·经解》曾提及"《易》之失"云云，与此处"《周易》未失"所指不同，并不矛盾。前者乃过失之义，后者乃失去、遗缺之义。"《周易》未失"是说《周易》抽象言理、显微无间、往来不遗，体现为"絜静精微"的易教特色，是对《周易》本身性质的评定。

---

① 扬雄．法言注［M］．韩敬，注．北京：中华书局，1992：104.

② 原文为"而微显阐幽"，朱熹认为当作"微显而阐幽"（朱熹．周易本义［M］．北京：北京大学出版社，1992：158.），高亨认为当作"显微而阐幽"（高亨．周易大传今注［M］．济南：齐鲁书社，1998：434.），今从高说。

③ 本文有关《周易》译文均参考黄寿祺，张善文．周易译注［M］．上海：上海古籍出版社，2004. 下同。

④ 关于儒家独特的施教之方，可参李景林．教化视域中的儒学［M］．北京：中国社会科学出版社，2013：115-120.

3. 孔子发现《易》有“古之遗言”——《易》为彰往察来之书

《要》篇指示出的夫子老而好《易》的第三个原因是，孔子发现了《易》有“古之遗言”。李学勤先生曾指出：“‘古之遗言’也不是泛指古代的话，因为《周易》对于孔子来说本来是古代的作品，用不着强调。‘遗言’之‘言’应训为教或道，系指前世圣人的遗教。”① 廖名春先生进一步认为“这里的‘遗言’是指周文王之道”②，李先生后来也明确地将“古之遗言”贞定为“文王之教”③。这些说法颇中肯綮。如同孔子评论宋人之言“‘人而亡恒，不可为卜筮也。’其古之遗言与”（《郭店楚简·缁衣》），其所说的“古之遗言”主要是指道德教训，以及一些治世智能，也就是《易》卦爻辞中的文王遗教：“文王仁，不得其志，以成其虑。纣乃无道，文王作，讳而避咎，然后《易》始兴也。”（《要》）这与《系辞下》“易之兴也，其于中古乎？作易者，其有忧患乎？”“易之兴也，其当殷之末世，周之盛德邪？当文王与纣之事邪？”如出一辙，具体而言，孔子此处所讲的文王遗教主要表现出一种以“忧患”为主的文化气质。④ 文王在与商纣的革命斗争中，发现了吉凶成败与当事者行为之间的密切关系及当事者在行为上应负的责任，从而在《易》辞创作中，植入了许多居安思危的忧患观念（三陈九德应是最有代表性的），这是某种欲以己力突破困难而尚未成功时的心理状态，是人对自己行为的谨慎与努力，更是对后世行为的警示与告诫，表现出一种坚强的意志、奋发的精神及敬畏的心灵。⑤ 孔子以“吾从周”的文化使命承继斯文，身居春秋末世礼乐崩坏、王道失坠的历史情景之中，对文王之教的忧患气质具有内在的深刻认同，故其早、中年思想中就将礼与仁的思想理念融入其中，而有“忧道不忧贫”（《卫灵公》）、“德之不修、学之不讲，闻义不能徙，不善不能改，是吾忧也”（《述而》）等之论；所以，孔子晚年才会敏锐地察觉《易》中的文王遗教而喜之，并在礼学、仁学思想理解的基础上，以更高的认识层次将文王铺陈的忧患气质重铸、提升为忧患意识，这从孔子易学多处有关“忧患”的论述中可以认识到。孔子不仅学习并吸收《易》的“古之遗言”，尊重文化传统，而且注重对文王遗教的创造性转化，以垂范于后世。从这个意义上讲，在孔子的文化视野内，《易》是名副其实的彰往察来

---

① 李学勤．周易经传溯源［M］．长春：长春出版社，1992：226.

② 廖名春．试论孔子易学观的转变［J］．孔子研究，1995（4）：25-29，59.

③ 李学勤．周易溯源［M］．成都：巴蜀书社，2006：374.

④ 杨庆中先生推测孔子所说的古之遗言可能就是《系辞传》所载孔子解释的十九条爻辞，聊备一说。参杨庆中．周易经传研究［M］．北京：商务印书馆，2007：40-41.

⑤ 参徐复观．中国人性论史［M］．上海：华东师范大学出版社，2005：10-20.

之书。

4. 孔子发现《易》之天道思想——《易》为求道之书

孔子早中年的礼学、仁学作为以人文关怀为价值指向的人道之学，其价值理想在现实社会屡遭冷遇与失意，而无以落实，但是怨天尤人是无济于事的，“君子上达”，必须转向更高形态的天道之学寻求思想支撑。子曰：“不怨天，不尤人；下学而上达。知我者其天乎！”“下学”何事？“上达”何处？孔安国注：“下学人事，上达天命。”① 程颐曰：“下学人事，便是上达天理。”② 二说极是。但更确切地讲，“下学”者仁、礼之人道，“上达”者形上之天道，此“知我者”之“天”即子贡“不可得而闻”的“性与天道”之“天道”；“知我者其天乎”的感叹，即表达了早中年礼学、仁学要求形而上理论奠基的思想企望。《史记·孔子世家》将此语系在孔子“晚而喜《易》”多年后的七十一岁（鲁哀公十四年），是有道理的。仁、礼思想视域中的《诗》《书》《礼》《乐》并不足以成为“下学”与“上达”之间的学术桥梁；恰恰是因为孔子五十岁开始学《易》，在钻研过程中，逐渐发现了《易》与“天道”之间的可能关联：“上达”者，上达天道也，达者，合也，“上达天道”即“与天地合其德”，而“天地设位，而《易》行乎其中”（《系辞上》），故《易》可以成为其上达天道的主要理论资源。钱穆先生在辨析《易传》非孔子所作时，其中一条重要论证指出《易传》与《论语》中“道”的内涵不同，他认为《系辞》里的“道”是抽象的独立之一物，《论语》中的“道”只是人类的行为，以《论语》为标准来看，《易传》远于孔子思想。③ 这个考证的前提是值得商榷的，即《论语》是不是代表着夫子思想之全部？孔子的思想是否是一成不变的？这两个问题恰不能坐实，我们可以看出孔子思想经历了一个转变，经过了从立足人道到追求天道、会通天道人道的历程。况且，《易传》中的“道”与《论语》中的“道”并非完全不相及，两书所论“道”，从实质上讲有其一致性，都是具体体悟得出的，都是普遍性的具体表达，都是人格教化意义上的智慧成就。④ 从《论语》到《易传》《帛书易传》实则是一脉相承，可以分别代表孔子不同时期思想的作品（这并非主张《易传》《帛书易传》乃孔子亲手所著，只是说二著的思想源于孔子，可以反映孔子易学思想的特征）。由克己复礼、践仁知天，到乾道变化、各正性

---

① 何晏．论语集解义疏［M］．皇侃，义疏．北京：商务印书馆，1937：216.

② 转引自朱熹．四书章句集注［M］．北京：中华书局，1983：158.

③ 钱穆．国学概论［M］．北京：商务印书馆，1997：89.

④ 详参李景林．教养的本原——哲学突破期的儒家心性论［M］．沈阳：辽宁人民出版社，1998：44.

命，《易》成为孔子下学人道上达天道、天道下贯以明人道，最终会通天道人道的求道之书。廖名春先生断言“孔子晚年重《易》而轻《诗》《书》《礼》《乐》，实质是为其人道哲学寻找天道的依据，将其人学发展为天人合一之学”①，可谓一语中的。

5. 孔子看重《易》之卦爻符号话语系统——《易》为哲理之书

孔子不仅认识到《易》是一部涵纳天人之道的求道之书，而且还洞察到《易》是可以钩稽深层义理的哲理之书。但是，孔子尝云：“书不尽言，言不尽意。”（《系辞上》）书面文字不能完全表达深层的义理语言，语言也不能完全表达内在的哲理思想；就“道”而言，“唯人道为可道也”（《郭店楚简·性自命出》），在形而上的天道视域，则是“道可道，非常道”（《老子》）、“道不可言，言而非也”（《庄子·知北游》）。孔子亦早就看到了一般言语表达之于内在哲理以及超越天道的局限性，才会有“予欲无言”之论。所谓“予欲无言”，也许是夫子出于对天之必然性与决定性的内在体认而无须言：“天何言哉！四时行焉，百物生焉；天何言哉?”（《阳货》）但也不能排除这是夫子感叹“无法”可言的困惑与无奈的可能性。一方面由于夫子当时还未找到“上达”天道的合适路径，另一方面可能正是因为夫子缺乏有效地表征天道的话语系统。但孔子老而好《易》之后，找到了突破言《易》、言道对峙的途径，这两方面的缘故使孔子特别看重《易》之卦爻符号话语系统，对《易》的表达方式充分肯认。子曰：“圣人立象以尽意，设卦以尽情伪，系辞焉以尽其言，变而通之以尽利，鼓之舞之以尽神。……是故夫象，圣人有以见天下之赜，而拟诸其形容，象其物宜，是故谓之象。圣人有以见天下之动，而观其会通，以行其典礼，系辞焉，以断其吉凶，是故谓之爻……”（《系辞上》）圣人创立象征来尽行表达他的思想，设制六十四卦来尽行反映事物的真情与虚伪，在卦下撰系文辞来尽行表达他的语言，又变化会通（三百八十四爻）来尽行施利于万物，于是就能推动天下来尽行发挥《周易》的神奇哲理。所谓“象”，是圣人发现天下幽深难见的哲理，把它譬喻为具体的形象容貌，用来象征特定事物适宜的意义，所以称作“象”。圣人发现天下万物运动不息，观察其中的会合交通，以利于实行典法礼仪，并（在六十四卦三百八十四爻下）撰系文辞来判断事物变动的吉凶，所以称为“爻”。这种卦爻符号系统，在思维方式上具有弹性特质，通过取模拟象的方式提供开放性的诠释空间，展现出一个象征性语言的专门系统，为意义的涵纳和生发开启了一条极为宽广的路径，四库馆臣甚至评说为“易道广大，

① 廖名春．周易经传与易学史新论［M］．济南：齐鲁书社，2001：162.

无所不包”。所以孔子主张“观象”“玩辞”，借助《易》的卦爻符号系统，“极天下之赜”“鼓天下之动”，表达哲理智慧的象征意义。“孔子从言、象、意的角度发现了《周易》不同于一般语言文字的一种新的表达方式。《易》的这种表达方式正可以消除一般语言文字无法突破的言意之间的矛盾，从而可以使它直陈地表达道的普遍性的内容。”① “观象”是即事象物象而显其具体普遍性，“系辞”是曲折地显示深邃，两者的目的无非都是指导人们趋吉避凶，从目的上与孔子仁智并举、见诸行事是一致的，在方法上则为孔子诉诸天道以及内在哲理撑开了一个新的言说视域。从这个角度看，夫子“老而好《易》”作为其天道沉思、哲理养润的自觉要求，实则“沿着赋予卦的符号体系种种人文解释的路线开始了一场哲学思想的革新运动”②。

总之，孔子早年认定《易》为卜筮之书，未予重视，所以一直没有去研究；五十岁开始沉潜于《易》，经过一个长时期的研究与探索过程（从五十学《易》到暮年自卫归鲁后老而好《易》），孔子逐渐发现《易》之德义、《周易》未失的教化功能、“古之遗言”的文王之教以及依重《易》之卦爻符号话语系统而得以获取的超越天道与内在哲理，老而好之、晚而喜之。伴随着易学态度的转变，孔子重新衡定了《易》的性质，奉之为崇德广业、显幽阐微、彰往察来、求道明理之书。要之，孔子“老而好《易》”：求其德以观其人道教训，开启人文主义解易传统；上达天道以贯通天人，将《易》改铸为哲理之书。

四、余论

太史公有言：“盖孔子晚而喜《易》。《易》之为术，幽明远矣，非通人达才孰能注意焉！”（《史记·田敬仲完世家》）一方面，孔子从五十学《易》到老而好《易》的转变，契合其自身思想具有证显形上和追求超越的一贯精神，与其思想在晚年的演进和转向保持了一致；另一方面，其在学《易》过程中，对《易》的内容有了新的发现，对《易》的性质有了新的判定。后一方面的“新得”与前一方面思想上的变动交相互证，两方面密切吻合，共同推动了夫子

---

① 李景林．教养的本原——哲学突破期的儒家心性论［M］．沈阳：辽宁人民出版社，1998：40. 李先生同时认为，对于形上或超越的原则，现在可以用一种新的方式指陈地加以表述，不必再拘于无言，孔子由此托于《周易》以阐发性与天道的形上学理论，乃是顺理成章之事；这一点当是孔子晚年重视《易》的最重要的原因。

② 方东美．中国哲学之精神及其发展［M］．匡钊，译．郑州：中州古籍出版社，2009：78.

晚年好之、喜之而不能已之的状态。“求其德”与“上达天道”是孔子老而好《易》的主要目的，既是他对《周易》的态度发生转变的根本原因，亦是立足其早年人道思想以寻求形上根据和超越奠基的“一贯”进路。统合思想和文本两方面的原因，方能完备地了解孔子“老而好《易》”的真实根由。

对孔子“老而好《易》”问题的理解，涉及孔子的思想演变即阶段划分问题，此点前文多有提及，此处稍作引申。纵观孔子的思想体系，我们可以大致将之划分为两大层次、三大阶段。两大层次是指由人道而天道，对应其五十学《易》之前和五十学《易》之后；三大阶段指由礼学而仁学而易学，分别对应其早年、中年、晚年。① 当然，这种分法只是一种理想型的分法，切不可把三者截然分立。如说孔子早年之学为礼学，并非谓其早年不知《易》，孔子早年肯定也“学”过《易》，只是彼时孔子未得《易》之真义，视《易》为占筮之书而不予以重视，并没有深入的探讨；同理，孔子晚年的思想重心虽已转向易学，但其易学天道探求涵摄的正是其礼学与仁学的人道内容；所以，这种划分只是就孔子思想在各时期的主导倾向而言的。孔子早年对礼学的重视源于一种浓郁的忧患意识和人文关怀，其所处的时代是一个历史转型时期，有见于现实世界的礼乐崩坏、世道失序，在历史潮流的转变中寻找被历史丢失的价值秩序——礼；但孔子并不是守旧派，而是创新派，他中年时创立的仁学理论，是在礼学基础上接续历史传统和因应文化需求而进行的创造性建构。仁学与礼学有着紧密的内在关联，礼在孔子的体系里，始终是个本原性的东西，“人而不仁如礼何，人而不仁如乐何”（《八佾》）、“克己复礼为仁”（《颜渊》），仁学并不是对礼学的抛弃，而是在更高的层次上对礼的复归和转化。但不可否认的是，礼学、仁学或者说仁礼合一时期的孔子，其理论重心基本上还投射在人道视域；伴随着现实的境遇体察与理论的“下学上达”，五十学《易》之后，孔子“重新发现《周易》”，尤其是《易》之天道思想引起孔子重视。这些机缘，促使孔子晚年改变轻视《周易》的态度，转向“喜《易》”“好《易》”“研《易》”“论《易》”“用《易》”，并借助《易》的天人之学，创发易道，为人道之学（礼学、仁学）提供了天道支撑和形上根据。至晚年易学的创立，孔子的思想体系

① 成中英先生曾有类似观点，他提出“如果我们把《论语》主要看成孔子早期与中期的思想记录，则我们可以把《易传》看成孔子晚期思想的主要记录和发挥。参之于孔子晚而好《易》的说法，孔子思想的发展和深化是很自然的”（见成中英．合外内之道——儒家哲学论［M］．北京：中国社会科学出版社，2001：178.）。相对具体、明确的论述，可参郭沂．郭店竹简与先秦学术思想［M］．上海：上海教育出版社，2001：563-590.

始渐为圆融、臻于化境，达致天人合一的境界，其自谓“知天命”“耳顺”“从心所欲不逾矩”，才能被合理地理解。总之，孔子的思想是由“礼学—仁学—易学”渐次并构的融贯体系。孔子集大成，不能忽视其大《易》之学的地位；孔子“道贯古今”，亦不能脱离其“易道”① 的创发。

① 李景林先生曾翔实、系统地分疏了《易传》中的性、命、天道思想。详参李景林．教养的本原——哲学突破期的儒家心性论［M］．沈阳：辽宁人民出版社，1998：63-78.

论孔子的易学观

提要：《周易》在孔子晚年的重新出场，称得上是中国文化史上的一桩大事件。今天借重出土文献可以重新唤起对孔子易学的系统考察。孔子自觉以“形式化”原则贯穿其易学体系，见仁见智辩证统一，既显示出诠易原则的灵活，又指明思想导向上的仁之德性与智之知性双重向度，由此开启了一个视域宏大的解《易》空间。孔子论《易》内容宏富、体例多样，通过“乐辞达义”说、“爻位”说、“取象”说等方式，立足卦爻辞、灵活“说法”，注重义理解读和引申，形成灌注儒理的解《易》风格，论述了儒家的德义教训和政治智慧。在仁学—易学调适上遂趋向的天人理论建构中，结合对易道的思想内容、思想归趣、历史逻辑的分析，可更为彰显孔子易学的生命力，并真正体会到孔子易学的用心。

《周易》这部千古奇书，可以说是中国文化史上地位最为显赫的一部著作。自《易传》“《易》之为书也，广大悉备”，“夫《易》开物成务，冒天下之道”的赞誉有加开始，《周易》逐渐被推尊为“三玄之冠”“群经之首”，有目可查的易类研究著作高达三千余种，历代思想家无不奉之如圭臬，从中寻求思想的基因。《周易》思想更是渗透到中国文化的各个领域，四库馆臣评定道：“《易》道广大，无所不包，旁及天文、地理、乐律、兵法、韵学、算术以逮方外之炉火，皆可援《易》以为说，而好异者又援以入《易》，故《易》说愈繁。”（《四库全书总目提要》）《周易》俨然中国文化的渊薮。问题是，本为卜筮之书的《周易》何以跃居为中国文化的“大道之源”呢？

对于这个问题，我们不得不把目光聚焦到中国文化的巨人、儒家思想的创立者——孔子。作为儒学之本的孔子，本“斯文在兹”的文化担当而修订包括《周易》在内的六经，使中国文化的传承有了最初的文献载体；承“道贯古今”的道统情怀而“祖述尧舜，宪章文武，删诗述书，定礼理乐，制作春秋，赞明易道”（《孔子家语·本性解》），使中国文化的精神气质得不坠失。单就《周易》来说，孔子晚年学《易》、研《易》、序《易》、传《易》等理论活动，就具有深远的文化意义。从易学史来讲，孔子从根本上扭转了《周易》本有的卜筮文化模式，实现德性化、哲理化的人文转向，开启易学义理诠释的先河，《周易》也由此参与到中国文化的原初性奠基与结构性构建中；从儒学史来讲，《周易》为孔子及儒学打开了一个全新的理论视界，运思于《周易》特有的话语系统与诠释范式，天人之际、形上视域始扎根于孔子及其后儒学的思想体系中。“中国言六艺者，折中于夫子。”（《史记·孔子世家》）这话不是没有根据的。

“大道之源”与“儒学之本”在孔子晚年的思想碰撞，绝对称得上是中国文化史上的一桩大事件。但是，由于孔子易学文献的散佚与缺失，以及其间诸多的质疑与争论，使孔子与《周易》的关系只能用“剪不断，理还乱”来形容。五十年前，现代新儒学之开山熊十力经“辨伪”立孔子易，由“广义”推扩孔子易，独标孔子易学大道之学，为中国文化弘一新论；方东美则以哲学家的睿识与洞见，宣称“孔子的伟大贡献在于系统化地构建了《易》之哲学”①。哲学家的远见卓识往往具有超前性，今天我们借重出土文献才重新唤起对孔子易学的体察。以此为端绪，对孔子易学观进行系统阐发，于儒学、易学或将不无小补。

一、“见仁”与“见智”

易学观是指对《周易》一书性质、内容和意义的根本看法和态度，主要表现在对《周易》的解释、注疏和发挥中。本文从孔子诠《易》的原则、论《易》的体例、研《易》的宗旨三个方面来阐发孔子的易学观。

从诠释学的立场看，对文本诠释所依据的原则是指示一种填补“空位”的方法，因为“通过文字而固定下来的东西已经同它的起源和原作者的关联相脱离，并向新的关系积极地开放。作者的意见或原来读者的理解这样的规范概念实际上只代表一种空位，为这空位需要不断地有具体理解场合填补”②。就《周易》一书来讲，其成书的意义，“最重要的莫过于类型化和形式化”③，类型化和形式化使《周易》诠释的“空位”展现出一种丰富性。孔子易学要收摄这些

① 方东美．中国哲学之精神及其发展［M］．匡钊，译．郑州：中州古籍出版社，2009：241.

② 伽达默尔．真理与方法——哲学诠释学的基本特征［M］．洪汉鼎，译．上海：上海译文出版社，2004：511.

③ 陈来．古代宗教与伦理——儒家思想的根源［M］．北京：生活·读书·新知三联书店，2009：94.

“空位”，需要的是更为“形式化”的诠释原则。考察孔子的易学可以发现，孔子确实自觉地以一种“形式化”的原则贯穿其易学体系。《系辞》将这种新的诠释原则概述为：

> 仁者见之谓之仁，知者见之谓之知，百姓日用而不知；故君子之道鲜矣。

仁知是秉承“一阴一阳之谓道”而来的；阴阳的变易是道，道内涵阴阳；阴阳生生不息为知，安土敦厚为仁，阴阳的表现是仁知。所以诠释主体对道的体认就有仁知的差异，表现出三种倾向：“偏重于仁者将道理解为仁之道，而偏重于知者将道理解为知之道，从事体力而无仁无知的劳动者则在日常生活中用道却无法理解道。”① 孔子易学中的见仁见智原则昭示了一种诠释学的立场：“一切诠释学条件中最重要的条件总是前理解，这种前理解总是来自同一事物相关联的存在。正是这种前理解规定了什么可以作为统一的意义被实现，并从而规定了对完全性的先把握的应用。”② 伴随着这种前理解的是诠释者的偏见，即见仁见智之前已有的前见，但“偏见并非必然是不正确的或错误的，并非不可避免地会歪曲真理。事实上，我们存在的历史性包含着从词义上所说的偏见，为我们整个经验的能力构造了最初的方向性。偏见就是我们对世界开放的倾向性”③。见仁见智原则承诺的前理解及偏见之所以可能，离不开《易》的卦爻系统自身的“弹性”空间④，以及唯变所适的变易法则的支撑：“变动不居，周流六虚，上下无常，刚柔相易，不可为典要，唯变所适。”（《系辞下》）这就决定了诠释者对道的理解总是历史性的、创造性的。孔子易学以见仁见智为原则，充分利用了《易》特有的形式化架构，一开始就以一种宏大的、开放的、多元的、变化的、流动的诠释视野来对待《周易》文本，为转变殷商以来的卜筮易学格调找到了方法论原则。从内容上看，正如孔子反复指陈的，他是要“观其德义”“求其德”“乐其辞”“占以义”等，孔子以自觉而明确的“前见”与

---

① 林忠军．从帛书《易传》看孔子易学解释及其转向［J］．北京大学学报（哲学社会科学版），2007，44（3）：86-91. 林忠军先生在此文中最早提出了孔子易学的见仁见智原则，笔者即受此启发。

② 伽达默尔．真理与方法——哲学诠释学的基本特征［M］．洪汉鼎，译．上海：上海译文出版社，2004：378.

③ 加达默尔．哲学解释学［M］．夏镇平，宋建平，译．上海：上海译文出版社，2004：9.

④ 王博．卦爻辞的弹性——以《易传》的解释为中心［J］．中国哲学史，2008（3）：84-93.

《易》文本进行深度结合，撑开了全新的易学诠释空间，实现了对史巫之易的根本转进。在这种转变中，孔子对西周以来义理易学中的“疑占说”“引证说”① 等易学诠释中出现的德性化的先声是有所继承的。

从这个意义上讲，与《易》文本本身相比，见仁见智原则更关注于诠释者已有的文化理念。见智是前提，见仁是目的，见仁见智辩证统一，既显示出诠易原则的灵活，不拘格套，又指明思想导向上仁之德性与智之知性的双重向度。在见仁见智原则的方法论指导下，既要见仁：“观其德义”明达义理；又要见智：“后其祝卜”玩其占筮。与此见仁见智诠《易》活动构成一体之两面的是，《易》文本本身也被重塑，或者说获得了新的文本生命，从此《易》变为承载儒家教化功能的经书。

孔子见仁见智的诠释活动，可通过丰富多变的解易体例、多种多样的易教方式、阐微显幽的易道逻辑等理论环节来具体理解。

二、“乐辞”与“取象”

遵循着“见仁见智”的诠释原则，孔子研究、论述《周易》也表现出一定的规律，可称为孔子论《易》的体例。

（一）乐辞达义说

《要》记载夫子在易学态度发生转变以后，明确指出他对《周易》不是“安其用”而是“乐其辞”。玩索卦爻辞是为了通达易之义理，也就是将卦爻辞本身作为诠释文本，并在诠释活动展开中将其转化为“德义”的表述。后来《程氏易传》有言：“吉凶消长之理，进退存亡之道，备于辞。推辞考卦，可以知变，象与占在其中矣。……得于辞，不达其意者有矣；未有不得于辞而能达其意者也。”② 此“推辞考卦说”内涵更为丰富和饱满，是对夫子“乐辞达义说”的进一步发展。“见仁见智”的诠释原则使夫子保持开放的易学观，“乐辞达义说”成为他对《周易》的基本论述体例。具体说来，“乐辞达义说”又有多种不同的样态，易学专家杨庆中先生发凡起例、规整化约，提炼出孔子解《易》的八种体例③，为我们提供了基本的理解框架。不过，愚以为杨先生所概括的前七种体例应属于“乐辞达义说”的具体形态，而且主要是以《易传》立

① 廖名春，康学伟，梁韦弦．周易研究史［M］．长沙：湖南出版社，1991：23-25.

② 程颐．易传序［M］//程颢，程颐．二程集［M］．北京：中华书局，2004：689.

③ 参杨庆中．论孔子诠《易》的向度［M］//王中江，李存山．中国儒学：第三辑．北京：中国社会科学出版社，2008：155.

说，为了展现孔子易论的丰富性，兹在杨说基础上，结合帛书《易传》①，增述为八种，如下。

1. 训释文字。如其释《大有》六五“绞如，委如，吉”曰：“绞，白也；委，老也。老、白之行□□□，故曰‘吉’。”（《二三子问》）此处所引《大有》六五爻辞与帛书本、今本《易经》均有出入，帛本作“阙复，交如，委如，终吉”，今本作“厥孚交如，威如，吉”，不管是“绞”还是“交”，是“威”还是“委”，孔子直接训“绞”为“白”，训“委”为“老”，对我们很有启示意义。再如释《大有》上九“自天佑之，吉无不利”曰：“佑者，助也。天之所助者，顺也；人之所助者，信也。履信思乎顺，又以尚贤也。是以自天佑之，吉无不利也。”以“助”释“佑”。《说文》所示“佑，助也”盖本于此。杨先生还特别指出孔子很重视对名物器用及主要概念的解释，如孔子训《解》上六云：“隼者，禽也；弓矢者，器也；射之者，人也。……”（《系辞下》）训《谦》九三之“谦”云：“谦也者，致恭以存其位者也。”（《系辞上》）皆属此类。

2. 先解释易辞（卦辞、爻辞），后引申义理。如其释《中孚》九二“鸣鹤在阴，其子和之，我有好爵，吾与尔靡之”曰：“明［鹤］□□□□□□□□□□□。其子随之，通也；昌而和之，和也。曰和同，至矣。‘好爵’者，言耆酒也。弗有一爵与众□曰□□□□□□□□□□□□□□□之德，唯饮与食，绝甘分少。”（《二三子问》）先解释前半句爻辞，引申出“和同”之理；又解释后一句爻辞，盖欲赞分享之德。又如其释《大过》初六“藉用白茅，无咎”曰：“苟错诸地而可矣。藉之用茅，何咎之有？慎之至也。夫茅之为物薄，而用可重也。慎斯术以往，其无所失矣。”（《系辞下》）“苟错诸地而可矣。藉之用茅，何咎之有？”用问话的形式加强语气，同时解释爻辞之义；“夫茅之为物薄，而用可重也。慎斯术以往，其无所失矣”则是强调此爻辞所包含的“慎之至”的义理。

3. 先解释易辞，后引申义理，再引易辞。如其释艮卦卦辞“艮其背，不获其身，行其庭，不见其人，无咎”。曰：“‘艮其背’者，言［任］事也；‘不获其身’者，精［白敬官］也。敬官任事，身［不获］者鲜矣。其占曰：能精能白，必为上客；能白能精，必为□□。以精白长众，难得也，故曰‘［行］其庭，不见其人，无咎’。”（《二三子问》）“‘艮其背’者，言［任］事也；‘不

① 本文所引《帛书》均据“六、帛书《周易》经传释文”［M］//廖名春．帛书《周易》论集．上海：上海古籍出版社，2008. 方便起见，与传世古籍一致，只标篇名。

获其身’者，精［白敬官］也”是对卦辞的解释，接着引申出“精白”之论①，并印证于卦辞。又如其释《解》九三“负且乘，致寇至”曰：“作《易》者其知盗乎？《易》曰‘负且乘，致寇至’。负也者，小人之事也。小人而乘君子之器，盗思夺矣！上慢下暴，盗思伐之矣！慢藏诲盗，冶容诲淫，《易》曰‘负且乘，致寇至’，盗之招也。”（《系辞上》）“负也者，小人之事也。小人而乘君子之器，盗思夺矣！”是对爻辞的解释，“上慢下暴，盗思伐之矣！慢藏诲盗，冶容诲淫”是归纳出的道理，最后再引爻辞以示强调。

4. 先阐发义理，后引述易辞。如其曰：“君子安其身而后动，易其心而后语，定其交而后求，君子修此三者，故全也。危以动，则民不与也。惧以语，则民不应也。无交而求，则民不与也。莫之与，则伤之者至矣。《易》曰：‘莫益之，或击之，立心勿恒，凶。’”（《系辞下》）先讲出一番道理，再引《益》上六以为佐证。又如“危者安其立者也；亡者保［其存者也；乱者有其治者也。是故］君子安不忘危，存不忘亡，治不［忘乱。是以身安而国］家可保也。《易》曰：‘其亡其亡，系于苞桑。’”（《要》）前面阐发了安危、存亡、治乱关联统一的道理，之后引《否》九五爻辞证明之。

5. 先阐发义理，后引述易辞，再加以评价。此种方式比前一种多发一句评价语，即在最后对所引的易辞加以点评，当然，这种评价是对这句话主旨的重审。如夫子曰：“德薄而位尊，［知小而谋大，力小而任重］，鲜不及。《易》曰：‘鼎折足，覆公悚。’言不胜任也。”（《要》）末句“言不胜任也”评价《鼎》九四爻辞，并进一步审明了“德薄而位尊，知小而谋大，力小而任重”的旨意。又如子曰：“知几其神乎？君子上交不谄，下交不渎，其知几乎。几者，动之微，吉之先见者也。君子见几而作，不俟终日。《易》曰：‘介于石，不终日，贞吉。’介如石焉，宁用终日，断可识矣。君子知微知彰，知柔知刚，万夫之望。”（《系辞下》）“君子知微知彰，知柔知刚，万夫之望”一句即是对所引爻辞及整句话的评价。第4、5两种方式是孔子常用的解《易》风格，这种风格使卦爻辞逐渐成为独立的文本体系，并可以用来引证某种哲理，这是《易经》经典化的一个方向。

6. 先加以评价，后解释易辞，再阐发义理。如其释《坤》上六“龙战于野，其血玄黄”曰：“此言大人之广德而施教于民也。夫文之孝，采物毕存者，

① “精白”一词最早见于《鹖冠子·度万》，但此处孔子引用精白“占”语，可能出于上古押韵的占语；故此语有可能就是孔门弟子录所闻于夫子，整理成篇。参李锐．论帛书《二三子问》中的“精白”［J］．周易研究，2004（4）：57-60.

其唯龙乎？德义广大，鸣物备具者，［其唯］圣人乎？‘龙战于野’者，言大人之广德而下接民也；‘其血玄黄’者，见文也。圣人出鸣教以道民，亦犹龙之文也，可谓‘玄黄’矣，故曰‘龙’。见龙而称莫大焉。”（《二三子问》）“大人之广德而施教于民也”定下了理解这句爻辞的基调，“夫文之孝，采物毕存者，其唯龙乎？德义广大，鸣物备具者，［其唯］圣人乎？”以疑问的语气施以评价，随后引出对两句爻辞的解释，并进一步阐发了相应的义理。属于此种解《易》形式的还有《二三子问》所载孔子论《鼎》九四及《晋》卦辞等。

7. 不解释易辞，直接引申发挥义理。如其释《同人》九五“同人，先号咷而后笑”曰：“君子之道，或出或处，或默或语。二人同心，其利断金；同人之言，其臭如兰。”（《系辞上》）这里孔子没有直白地解释爻辞，而是在引申发挥义理的过程中彰显爻辞的思想内涵。属于这种体例的还有《系辞传》所载孔子论《中孚》九二、《节》初九等。值得一提的是，《衷》篇所载孔子论“乾坤之详说”，基本上也采用这种注重彰显乾坤爻辞之寓意的形式，不解释爻辞而直接引申义理。

8. 解释易辞的同时彰显义理。如其释《乾》九二“寝龙勿用”曰：“龙寝矣而不阳，时至矣而不出，可谓寝矣。大人安失败矣而不朝，苟延在廷，亦犹龙之寝也。其行灭而不可用也，故曰‘寝龙勿用’。”（《二三子问》）其释《困》六三“困于石，据于蒺藜，入于其宫，不见其妻，凶”曰：“非所困而困焉，名必辱。非所据而据焉，身必危。既辱且危，死期将至，妻其可得见耶？”这些解释，都是将爻辞的字面含义与其义理内涵糅合在一起阐发。如果没有深刻的易学造诣，此等诠释功力是很难想象的。

总之，孔子“乐辞”不疲，不拘一格；但万变不离其宗，最后达致一种义理上的说明。“乐辞达义说”主要包括两个诠释方向，一个是“由辞发义”，另一个是“引辞证义”；前者是“我注六经”的路数，以易辞的本意为限度，后者偏重“六经注我”，以易辞所能承载的可能意义为极限；孔子游刃于其间，极大地扩张了易辞文本的内涵，彰显出孔子对易辞的娴熟，以及其在利用文本上解释主动性倾向。

（二）爻位说

《周易》中的六十四卦每卦都有六爻，分处高低不等的六个等次，就叫作“爻位”，可以象征事物发展过程中所处的或上或下、或贵或贱的地位、身份、条件等。孔子很重视“位”的观念，他说“不在其位，不谋其政”，曾子的理解为“君子思不出其位”（《论语·宪问》）。其“正名”思想，很大程度上就是针对现实社会中“位”的不正当性而提出的。在易学中，孔子为“位”找到了终极性的证成："天地设位"，所以他自然会重视将易学中的"爻位"理论与儒家教化的结合。"爻位说"成为其易学诠释中另一有特色的体例。如：

《乾》上九曰："亢龙有悔。"何谓也？子曰："贵而无位，高而无民。贤人在下位而无辅，是以动而有悔也。"（《文言》）

《易》曰："亢龙有悔。"孔子曰："此言为上而骄下，骄下而不佁者，未之有也。圣人之立政也，若循木，愈高愈畏下，故曰'亢龙有悔'。"（《二三子问》）

同样是对"亢龙有悔"的诠释，却得出两种全然不同的面貌，但细一推敲，这种不同又是必然的：孔子对"亢龙有悔"的诠释虽都是以爻位立说，但出发点不同。《文言》之义，是对无"位"的贤人来讲；《二三子问》所载，是对有"位"的圣人而言。又如：

《易》曰："飞龙在天，利见大人。"孔子曰："此言□□□□□□□□□□，君子在上，则民被其利，贤者不蔽，故曰'飞龙在天，利见大人'。"（《二三子问》）

子曰："……夫龙，下居而上达者□□□□□□□□□□而成章。在下为潜，在上为亢。人之阴德不行者，其阳必夫类。"（《衷》）

子曰："事君，军旅不辟难，朝廷不辞贱。处其位而不履其事，则乱也。"（《礼记·表记》）

"上""下居""上达""在上""在下"都是依托其所诠释爻辞的爻位而言，但在具体的语境中，其指涉的意义又不仅仅局限于卦爻之间，而是借爻位来指示现实人生，为人们提供一种应然的指导，如第三条所说的在"事君军旅""朝廷"中应"处其位履其事"，类似的提法还有"安其位""存其位""定位"等。在"爻位说"基础上，孔子又提出了"中正说"，如：

九二曰："见龙在田，利见大人。"何谓也？子曰："龙德而正中者也。庸言之信，庸行之谨。闲邪存其诚，善世而不伐，德博而化。"（《文言》）

九二爻，居下卦之中，故曰"中"，阳爻居阳位，故得"正"；处中正之位，就可以"闲邪存诚""德博而化"。孔子主张"中庸"的生存方式，主张

"就有道而正""顺正而义行"，"中正"是其期望的理想存在状态。孔子"爻位说"的这一诠释路向，隐含的是其儒学思想背景下应然的价值判断，"中正说"是"爻位说"的题中应有之义。《易传》（主要是《彖》《象》）发挥孔子的"爻位说"，发展出一套更为精密的"爻位"理论①，除包括"当位说""应位说""承乘说""往来说""趋时说"等多个方面外，"中位说"是很重要的一个方面，汉代虞翻进一步提出"之正说"，以变为正爻作为解卦通例，都是对孔子"中正"爻位说的延伸。当然，这是后话了。

孔子讲"爻位说"常常还关联着"趋时说"，如：

> 九三曰："君子终日乾乾，夕惕若，厉无咎。"何谓也？子曰："君子进德修业。忠信所以进德也。修辞立其诚，所以居业也。知至至之，可与几也。知终终之，可与存义也。是故居上位而不骄，在下位而不忧，故乾乾因其时而惕，虽危无咎矣。"（《文言》）

不论是"居上位"还是"在下位"，都应遵循"时"义，所以说孔子所讲的"位"又可称为"时位"。"时"还与"中"有联系，要时时守其中，故又有"时中"之说。从"爻位说"到"趋时说"，显示出孔子对"时"的重视，方东美先生把儒家的特质定为"时者"精神，显是有见于此。

（三）取象说

《系辞》说"《易》者，象也""八卦成列，象在其中矣"，圣人仰观俯察，君子居则观象，善《易》之人必善用"象"。《周易》之"象"可分为阴阳二画之象、八卦之象、六十四卦之象、三百八十四爻之象、卦辞之象和爻辞之象六个层次②；严格地说，爻位说也是取象而来，即利用爻象在全卦象中的位次来说明一卦的吉凶；因此，"易象"即通过卦爻符号系统表达客观事物及其外在之形象。据《左传·昭公二年》记载，鲁国秘藏有《易象》一书，孔子很有可能见得到《易象》并受其启发，而且孔子的易学诠释很看重《周易》的卦爻符号系统及其所具有的象征意义，主张"立象以尽意"，也非常善于通过"象"来阐发哲理。如其释《丰》之九四爻辞中"日中见斗"一句曰："日中见斗。夫日者，君也。斗者，臣也。日中而斗见，君将失其光矣。日中斗见，几失君之德矣。"（《缪和》）以"日"象君，以"斗"象臣，"日中见斗"用来象征君臣

---

① 朱伯崑．易学哲学史：第一卷［M］．北京：华夏出版社，1995：54-57.

② 张善文．象数与义理［M］．沈阳：辽宁教育出版社，1993：19-29.

关系，比喻君德的失范。又如乾坤爻辞以“龙”喻义，孔子遂亦以“龙”之象论乾坤，信手拈来，不滞不留，都可归入“取象说”，阐发非常精彩，保持了其对乾坤二卦重视的一贯风格。①“象”只是手段，通过取象总要达成义理上的说明，这一点和“乐辞达义说”并无不同，孔子易学本质上是义理易学。

除此之外，还有一个值得注意的现象是，孔子诠《易》还运用了刚柔、阴阳、五行等诸多观念参与其中，如：

> 子曰：“易之义唯阴与阳，六画而成章。曲句焉柔，正直焉刚。六刚无柔，是谓大阳，此天［之义也］。□□□□□□见台而□□方。六柔无刚，此地之义也。天地相卫，气味相取，阴阳流刑，刚柔成刑。”（《衷》）
>
> 子曰：“乾坤其《易》之门邪？乾，阳物也：坤，阴物也。阴阳合德，而刚柔有体，以体天地之撰，以通神明之德。”（《系辞下》）

刚乃乾之德、天之义，柔乃坤之德、地之义，阴阳是大《易》之精义；阴阳交替流行，就铺陈了刚柔的条理；阴阳的德性配合，就成就了刚柔的形体；以此可以体知天地的撰述营为，贯通神奇光明的德性。帛书《二三子问》还有“理顺五行”“必顺五行”等提法。以上“阴阳”“五行”“刚柔”等观念期许的变易、顺适、相济的和谐状态，代表了孔子看待宇宙事物的特殊视角，作为解释的“前见”深刻影响了孔子的易学解释，使《周易》获得了新的意义。阴阳五行在先秦时期属于天道观的范畴，向来的研究认为孔子不言“性与天道”，故视这些内容是受到阴阳五行家及黄老道家的影响才形成的，实则阴阳五行天道观是孔子很重视的一个课题，是其晚年易学的一大着力点。近来的研究发现也支持了这种看法，如黄天树教授考察甲骨文，论证了“殷人已能定方位、辨阴阳，有了阴阳的观念”②，《清华简》中也有记载文王曾提到“阴阳”，所以孔子以“阴阳”等观念论《易》是完全可能的。我们对孔子的认识的很多偏失之处还有待更正。

以上对孔子论《易》体例的概括只是择其要者而言。孔子论《易》内容宏富，体例多样，思路开阔，表达形式丰富，立足卦爻辞，灵活“说法”，解释文字、串讲大意，注重引申、义理解读，体现生命之道，印证人生体验。杨庆中

---

① 关于帛书《易传》中的“乾坤”大义，可参“张克宾．帛书《易传》乾坤之义疏论［J］．孔子研究，2010（1）：26-33.”一文。

② 黄天树．说甲骨文中的“阴”和“阳”［M］．黄天树．黄天树古文字论集．北京：学苑出版社，2006.

先生将孔子诠《易》的特点概括为四点，“语言灵活而又不离原则的诠经方式”，“训释文字，注意思想表述的准确性”，“引申辞意，彰显德义内涵”，“吸收巫史解易传统，并对其进行人文主义的改造”①，是很到位的。孔子解《易》体例的背后，其指导原则是“见仁见智”的易学诠释原则，由此开启了一个视域宏大的自由解《易》空间；其指导思想是孔子持守的儒学理论，因此孔子易论之中会涵润哲理思想，充满德义教训和政治智慧，就连其礼学思想也被运用到易学诠释中②。这种见仁见智原则指引下灌注儒理的解《易》风格，正是孔子易学的生命力所在。

三、“观德”与“达道”

如果说史巫的宗旨在数与赞，那孔子明确表示自己易学的宗旨首先是求德：“吾求其德而已，吾与史巫同涂而殊归者也。”这个“归”生动地刻画出了孔子心目中对易学的目的与宗旨的把握。今本《易传·系辞》也有一处提到“归”。子曰：“天下何思何虑？天下同归而殊涂，一致而百虑。天下何思何虑！日往则月来，月往则日来，日月相推，而明生焉。寒往则暑来，暑往则寒来，寒暑相推，而岁成焉。往者，屈也。来者，信也。屈信相感，而利生焉。尺蠖之屈，以求信也。龙蛇之蛰，以存身也。精义入神，以致用也。利用安身，以崇德也。过此以往，未之或知也。穷神知化，德之盛也。”（《系辞下》）。《帛易·要》“同涂而殊归”与《易传·系辞》“同归而殊途”两个命题看似矛盾，实则不然；因为二者的所指不同，一个相对史巫而言，一个就天下而论。从这两个命题的能指来说，可以为我们指明孔子论易宗旨的多重维度。以易学的维度来看，是同涂而殊归，虽然都是易学的路数，但孔子求的是易之德义，而史巫则求其赞、数；从天下大道的维度来看，是同归而殊途，虽然有礼学、仁学、易学路数的不同，但最终的指向无非“精义入神”。所谓“精义入神，以致用也；利用安身，以崇德也”：“致用”可以说是“一致而百虑”的天下大道的现实要求，而“利用安身”则应是孔子论易宗旨的题中之义；此“用”即是“精义入神”之“用”，此“德”即是“观其德义”之“德”。可见，孔子易学就是要为现实世界寻求一种应然的价值标准，为现实社会构建一个合理的秩序结构，为现实

① 参杨庆中．论孔子诠《易》的向度［M］//王中江，李存山．中国儒学：第三辑．北京：中国社会科学出版社，2008：155.

② 如子云：“礼之先币帛也，欲民之先事而后禄也。先财而后礼，则民利。无辞而行情，则民争。故君子于有馈者，弗能见，则不视其馈。《易》曰：‘不耕获，不菑畬，凶。’以此坊民，民犹贵禄而贱行。”（《礼记·坊记》）

人生求得一处安身立命之地。这是一种“不需思虑”的境界，是一种“德之盛”的“穷神知化”的境界，只有在这种终极关怀的意味中，才能真正体会到孔子易学的用心所在。孔子易学明义理后祝卜、重德义玩占筮，诠《易》过程中凸显出的德性优先立场，已经孕育出浓郁人文关怀的应然境界。

孔子易学就是在高度哲学性的天人之学的视野下，寄寓其独特的总体宇宙关怀和终极人文关怀。这种特有的关怀也只有在儒学的道德形而上学论域才能实现，孔子的道德形而上学修人证天而又摄天归人，实现了天人的互动，开启了内在超越的理论进路；其独特的“性与天道”之学，以“性”与“天道”合称，应该是和夫子所言“天生德于予”（《述而》）相类，揭示出天道与性、天与德之间的内在关联，《中庸》“天命之谓性”（由天到性）与《孟子》“尽心知性知天”（由性到天）正是这种关联开出的两个路向，“性”与“天道”具有不可分割的内在联系①，内在之性与超越之道实现交融，其中的枢纽就是德，以德配天，天人同构；表现在易学中就是，“一阴一阳之谓道，继之者善也，成之者性也”，变易生生（阴阳变易）之形而上的超越之道，通过德（善是德的最高原则）的联通，“继”“成”于人而为人的内在之性，在这种联通中，孔子就把儒家之德（道德教化与人文关怀），上寄于天，下托于人，使儒家之德既成为超越之道的实然存在（生即是天地之大德），亦成为内在之性的应然存在，既为内在之性寻到了深层根据，亦为超越之道安置了价值坐标，超越与内在贯通为一。可见，孔子已走出了道德形而上学构建的第一步，这是孔子研《易》的深层动机。如果用一句话概括孔子研易的宗旨，那就是“观其德义以迁善改过，上达天道以贯通天人”。

（一）易道的具体内容

1. 天道与人道

孔子五十学《易》，从中体悟到的一个重要问题，是《易》为蕴含天道之书。天道是孔子所求之道的一个重要方面，如：

> 此言天时谮戒葆常也……德与天道始，必顺五行，其孙贵而宗不偂。（《二三子问》）
>
> 非道益之谓也。道弥益而身弥损。夫学者损其自多，以虚受人，故能成其满博哉。天道成而必变，凡持满而能久者，未尝有也。（《孔子家语·

① “性与天道，一也。天道降而在人，故谓之性。性者，生生之所固有也。”见程颢，程颐．二程集［M］．北京：中华书局，2004：1152.

六本》）

除此而外，“孔子追寻《易》的德义，不是只提出一般性的‘德’‘义’和‘道’等总原则，他还将其具体化，提出了对人有不同作用的《易》德和《易》道。”① 孔子也非常重视借《易》阐发人道。

> 君子之道，或出或处，或默或语，二人同心，其利断金。同心之言，其臭如兰。（《系辞上》）
>
> 君子于仁义之道也。虽弗身能，岂能已才？日夜不休，终身不倦，日日载载，必成而后止。（《缪和》）
>
> 知变化之道者，其知神之所为乎？《易》有圣人之道四焉：以言者尚其辞，以动者尚其变，以制器者尚其象，以卜筮者尚其占。（《系辞上》）

孔子诠解易理，常就人道而论，这里所提到的“君子之道”“仁义之道”“圣人之道”都属于人道范畴。

2. 君道

就具体的人道规范来说，孔子对政治教化层面的君道、治道特别关注，这可以说是孔子求道向度中的一大特色，这在帛书《易传》中表现得尤为明显。

> 又君道焉，五官六府不足尽称之，五正之事不足以至之，而诗书礼乐不□百篇，难以致之。不问于古法，不可顺以辞令，不可求以志善。能者繇一求之，所谓得一而群毕者，此之谓也。损益之道，足以观得失矣。（《要》）
>
> 圣君之道尊严睿知而弗以骄人，谦然比德而好后，故［天下归心焉］。《周易》曰：谦，亨，君子又终。（《缪和》）

前者以损益论君道②，后者以谦德论圣君之道。君道即为君之道，更普遍地说，即在位者应如何执政的治道。整个《缪和》《昭力》两篇基本上全是从君

---

① 王中江．孔子好《易》和追寻“德义”考论——以帛书《易传》中的“子曰”之言为中心［J］．河北学刊，2019（4）：43-53.

② 可参邢文．“损益”与“君道”［M］//陈鼓应．道家文化研究：第十八辑．北京：生活·读书·新知三联书店，2000.

道、治道的角度来阐发大《易》之蕴的①，如《缪和》明言“夫《易》，上圣之治也”，“夫《易》，明君之守也”，“夫《易》，圣君之所尊也”，“未失君人之道也”，《昭力》则问《易》之“国君之道”“卿大夫之义”云云。不唯如此，孔子易学的求德向度，也表现出明显的君道、治道式的政治话语，如其言“大人之广德而施教于民也”（《二三子问》）、“圣人之所以崇德而广业”（《系辞》）、“上正卫国以德”（《昭力》），都应是对在位者提出的政治性建议。孔子求德与求道都蕴含了强烈的政治理性。

3. 三才之道

孔子既识天道，又论人道，但并不是孤立地各说各话。天道与人道更多是结合在一起而言，至少这是孔子致力的一个方向。如孔子言天道时，并不遗其人道：“凡天之道一阴一阳，一短一长，一晦一明。夫人道仇之。”（《缪和》）又如孔子论谦卦，认为天道、人道、鬼神、地道都赞同谦之德，从持盈之道的角度将天道、地道、人道统一了起来：

> 《易》先《同人》后《大有》，承之以《谦》，不亦可乎！故天道亏盈而益谦，地道变盈而流谦，鬼神害盈而福谦，人道恶盈而好谦。谦者，抑事而损者也。持盈之道，抑而损之，此谦德之于行也。顺之者吉，逆之者凶。②（《韩诗外传》）

但具体而言，天地人之道的统一，离不开易学话语系统。

> 故《易》有天道焉，而不可以日、月、星、辰尽称也，故为之以阴阳；有地道焉，不可以水、火、金、土、木尽称也，故律之以柔刚；有人道焉，不可以父子、君臣、夫妇、先后尽称也，故为之以上下；有四时之变焉，不可以万物尽称也，故为之以八卦。故《易》之为书也，一类不足以亟之，变以备其情者也，故谓之《易》。（《要》）

---

① 可参陈来．马王堆帛书《易传》的政治思想——以《缪和》《昭力》为中心［M］//陈来．竹帛《五行》与简帛研究．北京：生活·读书·新知三联书店，2009：254-276.

② 《彖传》亦有相近记载：“谦，亨。天道下济而光明，地道卑而上行。天道亏盈而益谦。地道变盈而流谦，鬼神害盈而福谦，人道恶盈而好谦。谦尊而光，卑而不可逾，君子之终也。”《缪和》称：“子曰：“天道毁盈而益谦，地道销盈而流谦，鬼神害盈而福谦，人道恶盈而好谦。谦者，一物而四益者也；盈者，一物而四损者也……”说明这段话虽出自《韩诗外传》，但也并非虚构。

《易》囊括天道、地道与人道，但是经验视域中的自然天象不足以称述天道、五行之属不足以体现地道、人伦纲常不足以表征人道，天地人之道应该诉诸更为抽象性的“阴阳”“柔刚”与“上下”易学观念，在应时处变的八卦系统中完备展现其深层意蕴。进一步讲，孔子将此天、地、人之道纳入三才、六爻的卦爻符号体系内。

> 是故位天之道曰阴与阳，位地之道曰柔与刚，位人之道曰仁与义。兼三才两之，六画而成卦。分阴分阳，［迭用柔刚。故］易六画而为章也。①（《衷》）

“位人之道，曰仁与义”，即是“为之以上下”的德性话语表达，所谓“仁成而上，义成而下”（《易纬·乾凿度》）。《系辞》则明确以三才之道概括此天地人之道。

> 《易》之为书也，广大悉备，有天道焉，有人道焉，有地道焉。兼三才而两之，故六；六者非它也，三才之道也。

“天兼地，人则天”（《汉书·卷二十一》），三才之道在实质上就是天人之道，天人之道只有在其易学体系的卦爻符号系统中才得以开显。《系辞》此处“天—人—地”的排列顺序与孔子所论“天—地—人”的顺序有所不同，似乎经过了某些调整，意在突出“人”在其中的特殊意义。委实而论，孔子易学钩沉的天人之道亦离不开作为主体的人的参与，就像《要》所云“故明君不时不宿，不日不月，不卜不筮，而知吉与凶，顺于天地之心，此谓易道”，“明君”属人道，天地即天道，人道顺于天道，才是真正的易之道；人道能不能顺于天道，关键还在人自身的修为：“思不达问，学不上与，恐言而贸《易》，失人之道”（《缪和》）。这和《论语》所云“下学而上达”异曲同工，只有“人”做到“思达问”“学上与”，才能合于易道、不失人道、上达天道。

（二）易道的思想归趣

由上可知，孔子易道主要是天人之道的圆融建构。孔子早年的人道之学主

---

① 此段亦见于今本《文言传》：“是以立天之道，曰阴与阳；立地之道，曰柔与刚；立人之道，曰仁与义。兼三才而两之，故《易》六画而成卦。分阴分阳，迭用柔刚，故易六位而成章。”

要表现为礼学和仁学，但现实社会的惨淡遭遇，使其理论学说不能为世人所了解，气氛、愠怒是没用的，应该“人不知而不愠，不亦君子乎”；仁、礼之难行，并不是因为仁、礼本身有问题，可以诉诸性与天道的贯通来保证仁、礼相成；孔子敏锐而深邃，把理论学说的合法性问题诉诸超越的天道层面，由此追求形而上深层根据就成为理论发展之必然。从这个意义上讲，孔子“仁学—易学”趋向形上根据的追思，是其思想体系的内在要求——“知我者，其天乎？”（《宪问》）

孔子早中年礼学、仁学思想，与晚年易学思想分际即在于，前者指陈人道，后者指陈天道。廖名春先生断言“孔子晚年重《易》而轻《诗》《书》《礼》《乐》，实质是为其人道哲学寻找天道的依据，将其人学发展为天人合一之学”①，可谓一语中的。孔子五十岁就已知晓天命，“天命犹天道也，以其用而言之则谓之命，命者，造化之谓也”②，“天命，即天道之流行而赋予物者，乃事物所以当然之故也”③，由程朱之意，“天命”“天道”含义并不尽相同，前者更多地体现出依附经验界的承上意味，后者则更多体现出超越视域中的下贯意味；但是现实世界往往与精神世界并不合拍，当“理想照进现实”，精神世界中的“天道”并没有合适的现实土壤，天道下贯而与人道相融通只能通过思想进路予以安置。孔子五十学《易》求天道，《易》在某种意义上成为孔子人道之学的必然归宿。

孔子五十岁开始学《易》，经过十余年践仁知天、下学上达的探索，才逐渐有得于《易》之天道内涵，可以与其早年人道思想结合，为其提供了一个终极性的形上根据。况且，《周易》文本本身就包含天道人道之间的一致性，其将天道与人道结合起来的思考模式，对孔子天道人道的圆融建构不无启发意义。“孔子‘晚而好易’这一事实背后，体现出对天地的思考、对人的主体性的关注”，“天、地、人三才的本质是用天地意识来思考人之为人的根本特性”④。人道跨入天道是借助易学话语完成的，通过阴阳、刚柔、奇偶、爻位等卦画抽象符号，建立了一种与自然社会对应的哲学理论模式。孔子在对天道的追寻中，走向了

---

① 廖名春．周易经传与易学史新论［M］．济南：齐鲁书社，2001：162.

② 程颢，程颐．二程集［M］．北京：中华书局，2004：274.

③ 朱熹．四书章句集注［M］．北京：中华书局，1983：54. 孔子并未明确地阐明“天”“天命”“天道”之间的区别与差异，我们只能从具体语境中去品味其中三昧；但无论如何，三者从本质上讲，都是孔子“经虚涉旷”、致思形上的主要理论话语。

④ 丁四新，李攀．论马王堆帛书《要》篇“观其德义”的易学内涵［J］．武汉大学学报（人文科学版），2015，68（1）：39-45.

易学，借助《易》之话语来言说“不可得而闻”的天道问题，撑开了天与人的理论空间，初步建立起了天人之学。可以说经过五十学《易》到老而好《易》过程，孔子的易道探求早已呼之欲出了——“《易》所以会天道人道也”（《郭店楚简·语丛一》）。

（三）易道的历史逻辑

从思想史脉络考察，孔子以“人道—天道”为架构的易道探求有其独特的意义。《尚书·尧典》所载“允恭克让，光被四表，格于上下”，《大禹谟》所载“满招损，谦受益，时乃天道”，《仲虺之诰》所载“钦崇天道，永保天命”，乃至《文侯之命》所载“昭升于上，敷闻在下，惟时上帝，集厥命于文王”，等等，都说明三代时已在道德意义上将人事政治系于上天，形成天命德政观的天人相与思想。而降及子思“天命之谓性，率性之谓道”、孟子“尽心知性知天，存心养性事天”的理论展开，“天”作为形上道德存在及其道德意义逐渐凸显，“天”的主宰性基本上被道德性所替换，人相对于“天”的受制性也不断转化为道德主体性，儒家天道性命观的基本原则和主要范畴业已形成。可是，从三代天命德政观到思孟天道性命观，其天道—人道内涵已发生了较大的转变，其间的中介环节也没有合理的说明。如今揆之以孔子易学人道—天道的建构，我们不能不承认孔子易学之“天人道德思想补足了三代天命德政观与思孟天道性命思想之间的逻辑缺环”，“在涵括三代以至春秋新旧天人观念的基础上对于天人内涵的初步的哲学改造，反映了孔子将传统的主宰之天转化为道德之天，并将传统的主体对于形上存在的外在超越关系转化为内在超越关系的致思取向，从而凸显了孔子作为当时敏锐而深邃的思想家的形象”①。

春秋时期已有天道和人道并列的提法，如子产所云：“天道远，人道迩。”（《左传·昭公十八年》）不过，其天道是主要指日月星辰运行的自然规律，人道指为人类生活依循的社会法则。从直接的经验观察，到糅合进德性的文化传统，天道人道结合并逐渐发展出哲学的意义，是孔子易道建构的任务。孔子上承三代天道德政观，在易学视域下重铸天人之道，下开思孟天道性命思想先河。这个脉络的传承明确体现出原始儒家原创的形而上学思想，按方东美先生的说法，这种形而上学体系有两个最重要的特点，“首先肯定天道的创生力量；其次是强调人性的原有价值，这两点共同构成了从古至今的儒家思想结构”，他还指出“包含在这种思想模式中的要点见于《周易》之中，并由《孟子》和《荀

---

① 胡治洪．帛书《易传》四篇天人道德观析论［J］．周易研究，2001（2）：20-29.

子》所支持"①。这个判断是深刻的。笔者想补充的是，这个思想模式的明确建立当始自孔子易学之发明，是孔子立足于《周易》的理论资源，开创了天道—人道圆融建构的理论模式。

> 本天道以立人道：如"乾道变化，各正性命"。从天到人说，由外而内。
>
> 修人道以证天道：如"穷理尽性，以至于命"。从人到天说，由内而外。

孔子易道建构将易学之超越性的天道与仁礼之内在性的人道结合起来，结合的途径是修人证天与本天立人。修人证天是由进德修业、人文化成而将人道提升至超越的天道，本天立人指形而上的天道内在地贯注于人而为人之德性，也就是"天生德于予"，这样就通过一种内在而超越、超越而内在的理路实现了天人之道的冥合。

孔子易道对天人关系进行哲学改造，将外在的主宰之天转变为内在的道德之天。孔子之后，经子思"天命之谓性，率性之谓道"，到"性自命出，命自天降"，再到孟子"尽心知性知天，存心养性事天"的理论转向，这种天人互动的形而上学逻辑被逐步内在化地建立在心性之学基础上，跳出了易学的体系藩篱，但其遥契于孔子易道建构中修人证天与本天立人的理论逻辑是没有问题的。孔子弟子吕昌（见《缪和》）曾认为，要做到"上顺天道，下中地理，中适人心"，其"思虑举措"应该"内得于心，外度于义"，达到"古之君子"的"外内和同"境界；天人之道的关系问题体现出内与外的层次，在"思—心"的维度内达成，这大概是思孟的先声吧。

孔子仁学—易学调适上遂的趋向，在天人关系构建的理论旨趣中具体展开。孔子学《易》并不是要解决一般的吉凶祸福问题，而是寻求人生的真谛，解决人生的终极意义问题，为人的德性建立超越性的形而上基础，但这又要依靠人自身的德性修养去完成、实现，孔子借《易》建立的天人之学是儒家式的天人之学，这表现在孔子将德性灌注于此天人之学的体系中，这也是为什么孔子易学特重"求德"的向度。金景芳先生曾一针见血地指出："孔子之

① 方东美．中国哲学之精神及其发展［M］．匡钊，译．郑州：中州古籍出版社，2009：61.

哲学基础在《周易》”，“孔子出而易学严正，体系亦立”①。更明确地说，孔子易学开创的天道人道互动的思维模式，是儒家思想结构的圆融表达，旨在建立天人合一的形上学体系，纳天人上下于道德之中，充满了中国人文主义精神的精华。

① 金景芳．易通［M］//金景芳．金景芳全集：第一册．上海：上海古籍出版社，2015：69.

论孔子易学中的德与占

提要：孔子易学的核心原则是什么？“观其德义”“求其德”。帛书《易传》使学界对这一问题的看法渐趋一致。接下来的问题是，易学解释向“德义”转型之后，孔子对待占筮的态度是怎样的？一般认为，孔子对占筮是否定的，因为孔子自己也说过：“不占而已矣。”但这就足以让我们断定孔子完全抛弃了占筮传统吗？我们对“不占而已矣”的理解符合孔子的原意吗？“德义”与占筮是完全对立的吗？通过细致考稽“德义”与“占筮”的具体内涵入手，重新厘定孔子“不占而已”“以德代占”的真实意蕴，澄清其占与德之间的曲折和复杂关系，最终呈现出其在“德占转进”中所做出的努力，即孔子以义理解易，标榜德性，彰显人文；不再安于《周易》的占筮之用，也并非否弃占筮，而只是把玩占筮，创造性地运用占筮；占筮目的不再是“卜以决疑”，而转化为“占以观德”“占以明理”，使占筮在“求其德”的易学宗旨下发挥积极的作用。本文试图：一，梳理“德义”与“占筮”的内涵，澄清相关理解的隐晦之处；二，理清孔子在占德之间的曲折关系，关于孔子对“占筮”态度的表面化理解（认为否定占筮）和简单化理解（认为重视德义，但未完全否定占筮），分别予以纠正和完善；三，进一步揭示孔子在德占关系上的独特进路，以及“占筮”可能具有的积极意义；四，阐述孔子与《周易》的关系，以及后世儒家易学的“占筮”观，从这个视角看可能会有新的认识。“占筮”在当今社会仍是一个比较受社会民众关注的话题。当我们津津乐道饶有兴趣地讨论“占筮”，或者“一本正经”地排斥“占筮”时，不妨回头看看至圣先师孔子，是如何看待“占筮”、如何运用“占筮”的。孔子由占进乎德，化解占德之间的内在紧张，实现了对占筮运用的创造性转进，这不仅是应用“占筮”的具体问题，对应对人生困境、彰显德性智慧，亦不无启示价值。

孔子易学的核心原则是什么？“观其德义”“求其德”。帛书《易传》使学界对这一问题的看法渐趋一致。孔子对《周易》进行了创造性转化，“由卜筮解释转向超越卜筮的德性解释，再转向以顺天道、以德代占的解释，从而使《周易》文本性质、内容和作用发生根本性的转变，由本为卜筮之书转变为以德义为主的哲学著作"①。现在的问题是：易学解释向"德义"转型之后，孔子对待占筮的态度是怎样的？一般认为，孔子对占筮是否定的，因为孔子自己也说过："不占而已矣"（《论语·子路》）。但这就足以让我们断定孔子完全抛弃了占筮传统吗？我们对"不占而已矣"的理解符合孔子的原意吗？"德义"与占筮是完全对立的吗？关于这几个问题，许多前辈偶有提及，但均未详论，此处即详其所略，系统阐述这几个问题。不过，回答这几个问题之前，有必要先对"德义"与"占筮"的具体内涵做一澄清。

一、"德义"与"占筮"的内涵

1. 德与义

孔子易学中包含着浓重的重德倾向，仅计《易传》、帛书《易传》，孔子提及"德"就近百次。其实孔子重德、求德是渊源有自的，继殷之后，周人吸取殷人"惟不敬厥德，乃早坠厥命"（《尚书·召诰》）的教训，提出"崇德象贤"（《尚书·微子之命》）、"惟德是辅"（《尚书·蔡仲之命》），以及"务德""敬德"的思想，孔子深表认同，"吾从周"也。春秋以降，易学系统中的理性化、德性化因素也明显地积累、成长起来，德性因素被纳入占筮体系中，成为解《易》的一个重要因素，如《左传·襄公九年》载穆姜作乱，筮得"随，元亨利贞"，但她不认为自己能得吉，她认为："有四德者，随而无咎。我皆无之，岂随也哉？我则取恶，能无咎乎？"② 这就明显把德性作为易学解释的先决条件。应该说，周人的道德理性与春秋易学的德性优先都对孔子产生过积极的影响，孔子所要考虑的就是如何承继这种道德理性并全面地运用于其易学诠释中。所以，孔子自述其学《易》的目的，提出自己阐《易》的原则是"观其德义""求其德""达乎德"，这一点比较明确。但是"德义""德"的具体内涵应怎么理解，还未甚明了。

概括来讲，孔子易学所讲的"德""德义"有四重基本内涵。

（1）卦爻辞本身就包含的道德教训和治世智慧；

---

① 林忠军．从帛书《易传》看孔子易学解释及其转向［J］．北京大学学报（哲学社会科学版），2007，44（3）：86-91.

② 类似的例子还有韩简主张"败德不及数"（《僖公十五年》）、子服惠伯认为"易不可以占险"（《昭公十二年》）等。

（2）卦爻符号系统本身具有的德性象征，乃天理之德；

（3）卦爻符号系统呈现出的蓍德、卦德、卦义、爻义，以易学话语系统探寻宇宙万物变易之理；

（4）借助卦爻符号系统，发挥儒家的道德、德性，以易学话语系统寄寓儒家的仁义道德理念。

邢文先生曾提出“达乎德之德乃天理之德，非仁义之德”①，这有见于第二点；李学勤先生认为“观其德义”之“德义”不能作道德、仁义解，当即《系辞上》所说的蓍、卦之德，六爻之义，也就是神智和变易②，有见于第三点；但两者都不认同第四点，即认为《易》之德与儒家之德完全隔阂，这就完全违背了孔子学《易》的初衷。陈来先生提出“德义”有双重意义，即在李学勤先生观点之外，“德义”还指“‘和顺于道德而理于义’，以发展和完善人的德性人格”③，这就将第三、四点融合在一起了。其实，以上四点并存于孔子的易学解释中，并不矛盾；第一点是孔子老而好《易》的原因之一，是孔子发现的《易》中的“古之遗言”，第二点、第三点不是孔子易学的重心，作为方法论意义存在，第四点揭橥了孔子易学的真正用意，即在前三点的基础上融进第四点，使四者贯通无碍。这才是孔子所谓“德义”“德”的全部意蕴，但已有的论述还鲜见于此。

再深入讨论，“德”与“义”又似乎有所不同，帛书《易传·衷》篇载孔子论“九德”时提到“赞以德而占以义”，将“德义”分开来，金春峰先生认为此处的“‘德’是卦本身具有的，‘义’则是从德中引申出的占辞，即修养和行为的指示”④。其实，在更多的时候，孔子的“德义”是没必要区分的，从宽泛的意义上，我们可以认为“义”从属于“德”。如果说“德”更多地指向内在（“顺正”“仁守”），“义”则更多地指向外在（“义行”“义行之”），以德统义的理解也没什么问题，因为中国古代的“德”往往兼内外而言，“德”字古亦写作上“直”下“心”，《广韵·德韵》释“德”为“德行”，《说文》释

---

① 邢文．论帛书《要》篇的巫史之辨［M］//中国社会科学院简帛研究中心．简帛研究：第三辑．南宁：广西教育出版社，1998：218-234.

② 李学勤．周易经传溯源［M］．长春：长春出版社，1992：229.

③ 陈来．竹帛《五行》与简帛研究［M］．北京：生活·读书·新知三联书店，2009：224.

④ 金春峰．《周易》经传梳理与郭店楚简思想新释［M］．北京：中国言实出版社，2004：135.

为“外得于人，内得于己”，可见，“早期的‘德’的概念包含了德性与德行两义”①，孔子之“德”可以涵括“义”、统摄“义”。这样就不难理解孔子讲“观其德义”，同时又只说“求其德”“达乎德”，而不提及“义”；这也是为什么他讲“观德义”“求德”的时候又讲到“德行焉求福”“德行亡者”如何如何。因此，从外延上讲，“德义”既指涉德性又指涉德行。

2. 德与筮

帛书《易传·要》篇有一段文字，讲了孔子对“史巫之筮”的看法及其与德的关联②：

> 子曰：“《易》，我后其祝卜矣，我观其德义耳也。幽赞而达乎数，明数而达乎德，又仁［守］者而义行之耳。赞而不达于数，则其为之巫；数而不达于德，则其为之史。史巫之筮，乡之而未也，好之而非也。……祝巫卜筮其后乎?”（《要》）

关于这段文字的大义，廖名春先生有精辟的阐述：“《要》篇此说认为要打通天道和人道，君子要通过学《易》，由‘赞’而‘明数’，由‘明数’而‘达乎德’。在其作者看来，好《易》者下等为巫，只知用《周易》卜筮；中等为史，不但知卜筮，而且‘明数’，懂得利用易数去推步天象历法；上等为君子，不但懂得易数去推测天文时历，而且能‘达乎德’，从天道中推出人道，并且以仁守之，以义行之。这一论述，其重要性不在于对史巫之筮的批判和贬低，而在于它提出一种新的价值标准，即君子不但要‘守道’，而且要沟通天人；不但要修德，而且还得‘明数’。这不但异于思孟的心性之学，与荀子的‘天人之分’说也有明显的不同。”③ 但是，其中几个关键范畴还需略作释义，否则还不能完全理顺文义，如既然说“幽赞而达乎数”，又说“赞而不达于数”，这是不是矛盾呢?“明数”句亦然。其实并不矛盾，关键还是要正确理解“幽”“明”的含义。“幽赞”二字，亦见于《说卦》：“幽赞于神明而生蓍”，《说文解字》说：“赞，见也。”荀爽释为：“幽，隐也。赞，见也。”干宝注曰：“幽，昧，

① 陈来. 古代思想文化的世界——春秋时代的宗教、伦理与社会思想.［M］. 北京：生活·读书·新知三联书店，2009：361.

② 帛书《易传》均据“廖名春. 帛书《周易》论集［M］. 上海：上海古籍出版社，2008.”引，方便起见，错别字、古体字、异体字、假借字径以相应简体写出，试补文字以“［］”标出。以下凡引帛书《易传》仅称各篇篇名，不再一一注明。

③ 廖名春. 帛书《周易》论集［M］. 上海：上海古籍出版社，2008：104.

人所未见也。赞，求也。”王弼注为：“幽，深也。赞，明也。”孔颖达总结前人注释，疏解王注指出：“幽者，隐而难见，故训为深也。赞者，佐而助成，而令微者得著，故训为明也。”这就是说“幽”是隐蔽的状态，因而难以看见，所以释作“深”；“赞”是辅佐、帮助而使成功，使幽微难见的事物变得显著，故释为“明”。简言之，“幽”是“深”，“赞”是“明白”的意思，“幽”“赞”相连，作动词用可以解作“深明”“洞悉”。“数”指《易》及其运用中所体现出的一种关系，包括六爻之数、阴阳之数、大衍之数即具体的筮法之数等，占筮本质就是一种“数”的活动。“明数”之“明”也不应仅仅是懂得、明白之字面含义，而是蕴含着自觉、自明的主体意识。从“幽”“明”二字也可以看出孔子用字十分考究，具有高超的语言艺术。只有“深明”于“神明之蓍”，“自觉”于占筮之数，真正跳出易筮看易筮，既不舍易筮之用，又不陷于易筮而不自明，才能真正达乎“德”，否则虽能“赞”能“数”，也只是“巫史”之筮的层次。关于“巫”，据《说文》“巫，祝也”，他在远古是沟通天地、神灵、祖先与人之间的联系的专职人员，掌管祭祀、卜筮、星历、驱邪、治病等事。“史”据《说文》“史，记事者也”，即记事之官，职在掌管天文、历法、卜筮、历史等的政府工作人员。史是从巫中分化出来的，是在国家、政府产生之后职能分化的结果。先有巫，后有史，史仅居于政府而巫广布于社会；“史”“巫”在职能上有相同的地方。所以陈梦家先生说：“祝，即是巫，故‘祝史’‘巫史’，皆是巫也，而史亦巫也。”孔子认为巫史明晓《易》之用及筮之数，但也仅此而已，他们看不到易之筮数背后的德性、德行精神，认识不到德才是真正有价值的追求；后来《礼记·郊特牲》批评“祝史”：“礼之所尊，尊其义也。失其义，陈其数，祝史之事，故其数可陈也，其义难知也。”认为祝史仅能明白礼仪中的数理要求，而不能省察礼仪蕴含的德义价值与人文精神。这和孔子批评史巫“数而不达乎德”是一致的，孔子正是以其儒家特有的德性精神去超越并改铸史巫之筮的。

3. 占与筮

笼统地讲，占是推断未来吉凶的一种行为方式①，而卜与筮则是此行为方式的具体操作内容，故可称为占卜、占筮（此外，还有占梦、占星等说法）。卜与

① 《说文》云：占，视兆问也，从卜从口。《系辞传》概括为：占事知来；极数知来之谓占。

筮本不相同,《左传·僖公十五年》载:“龟象也，筮数也”①,《礼记·曲礼》曰:“龟为卜，策为筮”，故“卜”又可称为龟卜，通过灼烧龟壳，以其裂纹（兆）象征吉凶,“筮”是通过操作蓍草（策），从其变动的数量关系中预断吉凶。“卜筮”，也可称作“龟筮”，如“上好龟筮”（《管子·权修》），二者连称，其原意也是指占的两种不同方式。至少在殷商时代卜与筮两种方式还是并用的,《尚书·洪范》载有殷箕子答武王问提到“乃命卜筮”的说法②；两周文献中卜与筮并用的例子更多，而且从文献记载来看，凡涉及国家大事时，龟卜往往比策筮更为重要，如《左传·僖公四年》载：“筮短龟长，不如从长”，又如《周礼·筮人》载：“凡国之大事，先筮而后卜”，按《正义》引贾疏认为“筮轻龟重，贱者先即事”③。但是在后来的发展过程中，“筮”超越“卜”而越来越占据“占”体系的主导地位。究其原因，主要有两点：其一，占卜用的龟甲来源不易，主要靠沿海边国的朝贡得来，在一般的社会文化层面，筮法必然占重要地位，并逐渐兴起；其二，相对于卜而言，筮更强调人的努力与智谋，而不是一切听从外在的偶然性，这符合先民理性思维的发展，所以人们会逐渐倾向于具有更多既有“鬼谋”又重“人谋”的占筮，而不是只有“鬼谋”并无“人谋”的龟卜。④ 所以在“占”体系中，《易》作为筮法之书，其地位也随之逐渐提升。到孔子时代，还有卜筮并用的情况，如孔子说过“南人有言曰：‘人而无恒，不可以为卜筮。’古之遗言与？龟筮犹不能知也……”（《礼记·缁衣》），“不卜不筮”（《要》），都是指卜与筮两种行为；但孔子主要是以筮为占，主要依据的筮法之书就是《周易》。他说自己“百占而七十当”，也是就易筮而言；他告诫子贡“良［筮而善占］，此百姓之道［也，非］《易》也”，也是以占筮言《易》；其他文献中有关孔子“占”的记载，也应是指依据《周易》而来的筮占。严格地讲，《周易》作为筮法之书，只能讲“占筮”，而不能用“占卜”，更不能用“卜筮”。⑤

---

① 杜预注曰：“言龟以象示，筮以数告，象数相因而生，然后有占。”孔颖达《左传正义》云：“卜之用龟，灼以出兆，是龟以金木水火土之象而告人也；筮之用蓍，揲以为卦，是筮以阴阳蓍策之数而告人也。”

② 关于殷商的考古中，也证实了这点。参张亚初，刘雨．从商周八卦数字符号谈筮法的几个问题［J］．考古，1981（2）：155-163.

③ 孙诒让．周礼正义：七［M］．北京：中华书局，1987：1966.

④ 详参朱伯崑．朱伯崑论著［M］．沈阳：沈阳出版社，1998：589.

⑤ 但在后世的沿用过程中，本义为“龟卜”与“占筮”并称的“卜筮”一词，越来越偏义化为“筮”，仅保留了占筮一义，“卜”由此也渐渐具有了“占”的意义；今人习用的“卜筮”一词，已非其本意，主要是指“占筮”之义，这里面的差异应当知晓。

但在更多情况下，孔子是把本为二事的卜与筮泛化为广义上的“占”，如孔子说“《易》，我后其祝卜”，就是在“占”的广泛意义上使用“祝卜”，并不是特指“祝卜”，《易》为筮法之书，何谈“祝卜”？类似的情况还有：“智谋远者，卜筮之繁”“祝巫卜筮其后乎”，这里的“卜筮”既不指占卜，也非指占筮，而是泛指“占”这种操作活动。孔子主张“以卜筮者尚其占”，欲用“占”涵摄“卜”与“筮”二义，而不强调卜与筮的差异。孔子之所以这样使用，并不是要解决“占”内部的卜与筮之关系问题，而是在更为一般的“占”意义上，审视占与德的关系，这是孔子易学的“求德”向度中另一个重要的问题。大体说来，“后其祝卜”“观其德义”表明了孔子易学由“占筮”到“德义”的诠释视野的创造性转换，“德义”视域成为整个诠《易》活动的原则总纲：“以仁为核心的德义重于卜筮，取代卜筮是孔子易学解释的目的”，“用儒家的观念和理论理解和解释其德义，凸显德性在易学中的位置”，“德义成为孔子理解和解释《周易》所达到的终极目标和追求的易学最高境界”①。但是就像夏商周将龟蓍用以行政决策，其目的不过是“决嫌疑，定犹与”（《礼记·曲礼上》），以求心安而已。于此孔子虽不信之，但亦不加完全排斥。故有论者提出孔子在“新的易学意义系统下，已经有了在占筮之术和德义之学之间搭建起一个互为诠显的学理架构的设想”②，尤有进者，从下节的讨论中可以看出，孔子在占筮与德义之间的互动互诠已不仅仅是一种“设想”，而是已付诸“占德转进”的努力。

二、“德义”与“占筮”的关系

1. 不占而已

大概是由于历来对“不占而已”的解读本就聚讼不已，再加上出土文献帛书《易传》中孔子易学明确求德宗旨的推波助澜，今人对“不占而已”大多都望文生义地理解为孔子对占筮的否定；实则，“不占而已”须深玩味，这种片面理解是不足取的。在文本中，“不占而已”是在这样的语境中出现的：

子曰：“南人有言曰：‘人而无恒，不可以作巫医。’善夫！”“不恒其

---

① 林忠军．从帛书《易传》看孔子易学解释及其转向［J］．北京大学学报（哲学社会科学版），2007，44（3）：86-91．

② 张克宾．由占筮到德义的创造性诠释——帛书《要》篇“夫子老而好《易》”章发微［J］．社会科学战线，2008（3）：47-52．

德，或承之羞”。子曰：“不占而已矣。”（《论语·子路》）

“不占而已”的出现是孔子在引述恒德并引恒卦九三爻辞以为证而后说的，这就让人有些迷惑，不知为什么在论述恒德之后要以此语作结？朱熹的解释就体现出这一点：“子曰：‘不占而已矣。’复加‘子曰’，以别易文也，其义未详。杨氏曰：‘君子于易苟玩其占，则知无常之取羞矣。其为无常也，盖亦不占而已矣。’意亦略通。”① 朱熹认为此语在此处“其义未详”，故只引注了一个在他看来还算讲得通的解释。但朱熹此处引征“杨氏”作注至少有四点不令人满意：一是既已断定“其义未详”，亦自不容别议也；二是此处注解一章之论中的一句，是则为是，非则为非，怎么能“略通”而已？② 三是认为“不占”的原因是玩占“则知无常之取羞”，明显属于外在目的论进路的理解，并非义理上的分疏；四是此解与前面所论恒德也无内在的承续联系。通过省察朱熹的注释，我们发现“不占而已”的解释应和前论恒德之语联系起来，否则很难得出圆融的解释。程树德“考证”云：“以经解经，颇为明畅，惜朱子不用郑注，是以‘不占而已’句解不去，转引杨氏说，愈不明白也。”③ 此处郑玄之注的高明之处何在？正是把“不占”与恒德挂钩，使我们对“不占”之义有更切实的把握：“《易》所以占吉凶，无恒之人，易所不占”④，皇侃“义疏”云：“言无恒之人非惟不可以作巫医而已，亦不可以为卜筮，卜筮亦不能占无恒之人，故云不占而已矣”⑤。这一注一疏把文义说得很明白：孔子所言“不占”是接着《易》文“不恒其德，或承之羞”讲的，“不占而已”并不是不要占筮，而是说没有恒德的人不能占筮，或曰卜筮不能占无恒之人，所谓“无恒之人，易所不占”。无怪乎程树德赞言：“此章之义，当从郑注，而皇疏尤明晰可从。”⑥ 其后刘宝楠《正义》道：“无恒之人，有凶无吉，故云：‘或承之羞，贞吝。’吝者，羞也。惟无恒，虽贞而终吝，故易亦不占之也。”⑦ 亦是郑注之义的衍伸。

可见，“孔子这里讲的‘不占’并没有否定《周易》卜筮发生的含意”⑧，

---

① 朱熹．四书章句集注［M］．北京：中华书局，1983：147.

② 前两点有取于《四书辨疑》相关评论，并曰：“不占而已矣，古今解者皆不能通。”（详参程树德．论语集释［M］．北京：中华书局，1990：935.）

③ 程树德．论语集释［M］．北京：中华书局，1990：934.

④ 转引自何晏．论语注疏［M］．邢昺，疏．北京：北京大学出版社，1999：179.

⑤ 何晏．论语集解义疏［M］．皇侃，义疏．北京：商务印书馆，1937：186.

⑥ 程树德．论语集释［M］．北京：中华书局，1990：934.

⑦ 刘宝楠．论语正义［M］．北京：中华书局，1990：545.

⑧ 李学勤．周易溯源［M］．成都：巴蜀书社，2006：85.

其目的是强调要有恒德，而不是强调不要占筮。这里隐含的是对德的肯定，有德之占才有意义，占的有效性必须以德为前提，这才是孔子“不占而已”的深层意蕴；“不占而已”不能孤立地看，而应立足前文对恒德的肯定前提下进行解读——孔子并未由此否定占筮。他处所载“南人有言曰：‘人而无恒，不可以为卜筮’”①（《礼记·缁衣》）、“无德而占，则《易》亦不当”、“疑（通‘拟’——引者注）德占之，则《易》可用也”、“赞以德而占以义者”（《衷》）等论断，都是在此意义上的进一步阐发。如果往前追溯，孔子这种在占筮文化中表现的重德思想应该是和《左传》所载韩简评“史苏之占”、穆姜论“元亨利贞”、南蒯筮“黄裳元吉”等文化理念一脉相承的。②

当然，在孔子那里，人文德性相对于占筮祝卜无疑具有一个优先的或者说更根本的地位，这种德性优先的思路已然奠定了孔子晚年“德行焉求福”“仁义焉求吉”以及“观其德义”等易学指导性思想的基调。但不可否认的是，孔子这时还没有完全摆脱占筮传统的羁绊，“占”在孔子易学体系中还是有一席之地的。

2. 以德代占

帛书《易传·要》使我们对孔子德与占之间的关系有深一层的认识：孔子早年之教认为无德之人才趋向神灵、繁于卜筮，有德之人应把德作为努力的方向和目标，德相对于神灵、卜筮应占据更主要的位置；晚年研易认为“幽赞”应上达于“数”，“数”应上达于“德”，否则就会局限于“史巫之筮”，这表达出一种由占而德的自觉意识，这种意识已经为取代占筮做好了准备；“德行焉求福”与“仁义焉求吉”的提出，是孔子对占筮明确地表达超越，当孔子把“福”和“吉”的获得置于德行和仁义之上时，以德代占也就成为必然：“故明君不时不宿，不日不月，不卜不筮，而知吉与凶，顺于天地之心，此谓易道。”（《要》）

德行亡者神灵之趋，智谋远者卜筮之繁→幽赞而达乎数，明数而达乎德→德行焉求福，仁义焉求吉

德主占次 → 由占而德 → 以德代占

---

① 《郭店楚简·缁衣》所载为：“宋人有言曰：‘人而亡恒，不可为卜筮也。’”（参李零. 郭店楚简校读记［M］. 北京：中国人民大学出版社，2007：80.）

② 春秋以前的卜筮文化和筮问活动，都没有对于德行的要求。而现在，筮问者本身的德行和筮问者将要从事的行为的性质，都成为筮问是否能正确预知未来的前提条件。筮占的正确性，要求筮问者具备基本的德性，要求所问之事必须合乎常情常理。德的因素因此成为卜筮活动自身所要求的一个重要原则。（详参陈来. 古代思想文化的世界——春秋时代的宗教、伦理与社会思想［M］. 北京：生活·读书·新知三联书店，2009：41-46.）

从德占关系的角度来解读这段孔子易学纲领式的文字，可以看出，孔子易学中的德与占经历了一个“德主占次→由占而德→以德代占”的演进过程，实现了对占筮的超越，将《易》的核心价值由“史巫之筮”转移到“观其德义”，伴随这一超越与转移的是道德理性的朗显与占卜神性的消解，整个春秋时代以人文理性发展为大趋势①，而孔子无疑走在了这个时代的最前列。“以仁为核心的德义重于卜筮、取代卜筮是孔子易学解释的目的”②，孔子易学的目的不在“良［筮而善占］”，而在求德、成就君子儒，君子儒是寄托了孔子人文关怀的理想人格；君子儒明晰吉凶祸患，顺应天地之性，洞察天地人三才之道，不是借助祝巫卜筮的测算、日月星辰的占验，而是因为君子儒掌握了易道，高扬了《易》所蕴含的人文理性。

但是，这里要进一步申明的是，“德行亡者，神灵之趋，智谋远者，卜筮之繁”虽体现为“德主占次”的势态，但这也不是要抛弃神灵与卜筮，仔细品味“趋”和“繁”就可体会出，孔子追求的是人文德性，神灵与卜筮只是居于相对次要的地位，还有存在的必要，只是不应像缺乏德行和智谋之人那样过于趋近与频繁；“幽赞而达乎数，明数而达乎德”虽表达出“由占而德”的进路，但“赞、数、德之间并不是依次摒弃和排斥的关系，而是渐次提升、辩证性超越的关系”③，“［幽］赞于神明而生占也，参天两地而倚数也，观变于阴阳而立卦也，发挥于刚柔而［生爻也，和顺于道德］而理于义，穷理尽性以至于命［也］”④（《衷》），其中也预设了“幽占”才能“达乎数”，“明数”才能

① 陈来先生的研究明确指出：春秋时代思想文化的特色是神本观念的明显衰落和人文思潮的广泛兴起，孕育着道德人文主义的精神气质，而宗教的信仰、各种神力及传统的神圣叙事等被逐渐忽略，继之而起的是德性精神的强调；从西周到春秋发展起来的理性化思潮，表现为一种政治的理性、道德的思考、实践的智慧，突出的是政治理性主义和人的道德感、德行。这些为诸子时代的浮出准备了充分的文化基础，成为孔子儒家等思想文化发展的根源。（详参陈来．古代思想文化的世界——春秋时代的宗教、伦理与社会思想［M］．北京：生活·读书·新知三联书店，2009.）

② 林忠军．从帛书《易传》看孔子易学解释及其转向［J］．北京大学学报（哲学社会科学版），2007，44（3）：86-91.

③ 张克宾．由占筮到德义的创造性诠释——帛书《要》篇“夫子老而好《易》”章发微［J］．社会科学战线，2008（3）：47-52.

④ 此段亦见于《说卦》：“幽赞于神明而生蓍，参天两地而倚数，观变于阴阳而立卦，发挥于刚柔而生爻，和顺于道德而理于义，穷理尽性以至于命。”《说卦》与《衷》所载的“蓍—数—卦—爻—义—命”的圆通架构，显然是源于孔子易学的德占关系，对其“赞—数—德”理路的系统性引申。

“达乎德”的逻辑可能；“德行焉求福，故祭祀而寡也；仁义焉求吉，故卜筮而希也”虽呈现出“以德代占”的样貌，但“君子不能因为重德行而废祭祀，也不能因重仁义而绝卜筮，只不过是寡、稀而已”①，还是为祭祀、祝卜、占筮保留了一定的地盘。由此可见，《要》篇所展现的“德主占次→由占而德→以德代占”的演进进路并不能展现孔子易学德占关系的全部特质。

3. 德占之间

孔子老而好《易》，“发现《周易》的‘德义’以后，当然把‘德义’放在首要的位置：‘我观其德义耳’。尽管如此，他并不因此而否定占筮，只是把占筮放在次要的地位，即‘我后其祝卜矣’”②。所以，“以德代占”不是“有德无占”，“不卜不筮”也并非“绝卜绝筮”，“观其德义”的同时只是“后其祝卜”③，“不安其用”的同时还要“乐其辞”。准此，再把以上“不占而已”“以德代占”两节的分析结合起来做进一步的深入思考，我们就可以体察到：孔子试图在德与占之间保持一种张力，占、德在孔子那里并不表现为完全对立、非此即彼、肝胆楚越的关系，而是蕴含着可统一、甚至可相互发明的关联（详后）。“需要指出的是，孔子之重新认定《周易》古经的性质，也并没有否认其本有的占筮的功能”④，“孔子虽曰‘后其祝卜’而‘观其德义’，但亦相信占筮并且在研究占筮上很下功夫”⑤；我们并不否认孔子易学经过一个“占—德”的演进过程，走向了以德代占，但其目的是在易学解释中凸显对德的重视和推崇。或许，“重德轻占”的提法可以补救“以德代占”可能带来的理解上的偏失，更为完善地呈现占德演进的意义；我们也不能仅拘泥于孔门后学荀子“善为《易》者不占”（《荀子·大略》）的说法，正如廖名春先生指出的，“先秦儒家重德轻筮，但并不完全否定卜筮”⑥，毕竟荀子还说过：“卜筮然后决大事，非以为得求也，以文之也。”（《荀子·大略》）

---

① 廖名春.《周易》经传与易学史新论［M］. 济南：齐鲁书社，2001：154.

② 郭沂. 孔子学易考论［J］. 孔子研究，1997（2）：3-13.

③ 这里的“后”应该和“祝巫卜筮其后乎”之“后”同义，池田知久先生认为参照《论语·八佾》“礼后乎”，这“后”的意思，就像孙奇逢《四书近指》所言，是“夫后之为言，末也”。见池田知久，牛建科. 马王堆帛书《周易》之《要》篇释文（下）［J］. 周易研究，1997（3）：8-21.

④ 杨庆中. 论孔子诠《易》的向度［M］//王中江，李存山. 中国儒学：第三辑. 北京：中国社会科学出版社，2008：155.

⑤ 刘大钧. 孔子与《周易》及《易》占［J］. 社会科学战线，2010（12）：210-218. 刘先生还提出孔子多年精研《易》占及梦兆、占候、候星占术后才发出“吾求其德而已”的心得之语，孔子所研《周易》占卜是其当年所传易学的一个重要内容。聊备一说。

⑥ 廖名春. 帛书《周易》论集［M］. 上海：上海古籍出版社，2008：102.

众所周知，“在易学史上一直有两个传统，一个是‘筮占’的传统，即迷信、神秘的传统；一个是‘演德’的传统，即理性、人文的传统。筮占的神秘传统本是殷人的传统，而演德的人文传统则是由周人开创的”①。孔子以德解易正是继承并发扬了周以来的“演德”人文传统，在易学系统内实现了德的跃升；但显然德的这种超越活动还包裹着一层神秘的外衣，受到占筮传统的内在限制。这至少可以在三方面体现出来：一，孔子易学中保留有占筮的痕迹，帛书《易传·要》“吾百占而七十当”、《孔子家语·好生》“孔子常自筮”、《吕氏春秋·慎行》“孔子卜”、《说苑·反质》“孔子卦”、《论衡·卜筮》“孔子占之”等文献记载都说明了这一点；二，孔子把德作为占的前提加以强调：“人而无恒，不可以为卜筮”（《礼记·缁衣》）、“不占而已”（《论语·子路》）；三，孔子还强调德行、仁义保持了与筮占共同的价值性指向：求福、求吉——“德行焉求福”“仁义焉求吉”。明乎此，德与占之间的内在关联可以进一步加以揭示：德不仅是占的前提，从《易》之用的角度，德还可以发挥占的效用，可称之为“德占”；只是“德占”的效用体现已由传统占筮体系内的“占祥观”初步转向为孔子德行系统内的“德福论”：孔子提倡以德求福——开显《周易》卦、爻之德义，倡导“德行”“仁义”以获“人谋”福报，而不是以占获吉——通过卜、筮之操作，寄托“神灵”赐予“鬼谋”谶祥。《文言》所云“积善之家，必有余庆；积不善之家，必有余殃”讲的正是这种以德求福。“德占—德福”是孔子易学“占—德”演进进路上的一个不容忽视的过渡环节，“德福”可以视为孔子易学由占而德、以德代占而超越占筮传统的价值指向之前提。

当子贡询问孔子是否“信其筮”时，孔子并未直接作答，原因就是“孔子虽然认为自己的易学比史巫易学高明，但他同样要运用史巫易学的筮占预测形式（即数的形式），他的易学并不是要彻底抛弃史巫的筮占术。因此，他不能说自己不信筮占。但他又不主张去信史巫的筮占术。”② 可以想见，孔子学《易》之后，虽然以求德为宗旨，但也未否定占筮；“虽然不否定占筮，但也不主张占筮，强调以德行仁义求福求吉，而占筮是最后的选择”③。实际上，孔子对占筮的态度总让人感到有些暧昧，如同孔子看待鬼神的态度一样：“敬鬼神而远之”，既有“远之”的理性与冷静，但还保存了一份“敬”的温情。这一点，在《易传》中仍有明显的表现，所谓：“《易》有圣人之道四焉，以言者尚其辞，以动

① 姜广辉．中国经学思想史·第一卷［M］．北京：中国社会科学出版社，2003：367.

② 汪显超．孔子“幽赞而达乎数，明数而达乎德”含义考释——兼论孔子的易学方法论［J］．阳明学刊：第二辑，2008：94-103，3-4.

③ 郭沂．孔子学易考论［J］．孔子研究，1997（2）：3-13.

者尚其变，以制器者尚其象，以卜筮者尚其占。”（《易传·系辞上》）“占”并未被夫子摒除于“圣人之道”之外，是故君子“动则观其变而玩其占”。

因此，在明确了孔子易学目的在于“求德”、孔子易学解释实现了“以德解易”的转向、孔子易学经历了“以德代占”的演进过程之后，并不能据此把孔子易学中“占”的环节完全遮蔽掉。也许正是由于对占的保留，孔子才会有“后世之士疑丘者，或以《易》乎?”的疑虑。其实，孔子之占并非像缺乏德行、智谋之人那样，趋近于神灵以获福佑、繁于卜筮以求吉祥，孔子用占实是出于现实困境的无奈，孔子的人生际遇不需多费笔墨，周游列国、奔走呼号、屡遭困厄、饱受磨难、累累若丧家之犬，在此种境况下，人生的困顿、生命的期许应追寻形而上的天道以给予心灵的慰藉与支撑，抑或是还有其他的排解途径?

> 是以君子将有为也，将有行也，问焉而以言，其受命也如响，无有远近幽深，遂知来物。（《易传·系辞上》）

确实，不论遥远、切近还是幽隐、深邃，皆能推知未来，求之于《易》，占而问之，聆听《易》承受蓍命的应声之响，而后有为、有行，是个不错的选择；况且“夫《易》，圣人所以极深而研几也”。“《易》无思也，无为也，寂然不动，感而遂通天下之故。”（同上）孔子判定“以卜筮者尚其占”为“圣人之道”之一并不足奇。

4. 占德转进

我们需要继续追问的是：“占”在孔子重德思想中、在孔子易学运用下必然是一种落后的、神秘性的、限制性的体现吗?其实未必。不可否认，殷商以来的“筮占”传统在春秋时代还是很流行的，这从《左传》《国语》的记载可以明显地看出来；但孔子对待占筮及作为占筮之书的《周易》已有了新的态度取向，即不再像大烦卜筮、“不违卜筮”（《礼记·表记》）那样盲目，也不同于以德役卜、“修德而改卜”（《左传·襄公十三年》）那样功利，而是更多地吸收人文德性化、理性化新气息：“德的问题在春秋占筮文化中不断凸显”，“人们对《周易》的利用，在春秋时代，已经渐渐超出了筮问活动的范围，而是把《周易》的卦爻辞与其占问分开，使卦爻辞成为独立的文本体系，而加以称引，以说明、证明某种哲理或法则”①。夫子以斯文自任，对浸润其中的文化新气

① 陈来．古代思想文化的世界——春秋时代的宗教、伦理与社会思想［M］．北京：生活·读书·新知三联书店，2009：41，33-34.

息，理应是非常敏感的；从现有的文献记载来看（尤其是《易传》、帛书《易传》中的“子曰”），对春秋时代逐渐成长起来的这些新动向，继承、发挥最成功的就是孔子。尽管一方面孔子易学中也出现脱离占筮行为而把《周易》卦爻辞文本化、经典化的倾向，但另一方面“孔子未采取那种过于简单的方法，完全舍弃《周易》的卜筮性，直接进入《周易》德性的解释，而是从卜筮入手，对《周易》的卜筮作用、客观依据等问题做出解释；然后由卜筮明吉凶，进而察天道（易道）观得失、以德行获吉庆，真正实现了易学解释的转变”①。这两方面的消长和孔子在占德转进中做出的努力一样，都彰显了春秋占筮文化中不断发展着的理论张力。②

正是在这种人文思潮背景下，孔子以义理解易，标榜德性，彰显人文；不再安于《周易》的占筮之用，也并非否弃占筮，而只是把玩占筮，创造性地运用占筮；占筮的目的不再是“卜以决疑”（《左传·桓公十一年》），而转化为“占以观德”“占以明理”，使占筮在“求其德”的易学宗旨下发挥积极的作用。职是之故，我们要关注的就不仅是孔子易学中占的地位，还应探讨孔子进行占筮的作用。试举一例：

> 孔子常自筮其卦，得贲焉，愀然有不平之状。子张进曰：“师闻卜者得贲卦，吉也，而夫子之色有不平，何也?”孔子对曰：“以其离耶！在《周易》，山下有火谓之贲，非正色之卦也。夫质也黑白宜正焉，今得贲，非吾兆也。吾闻丹漆不文，白玉不雕，何也？质有余不受饰故也。”（《孔子家语·好生》）③

孔子占得贲卦，按贲卦卦辞“亨，小利有攸往”，应是吉卦，可夫子有不平之

---

① 林忠军．从帛书《易传》看孔子易学解释及其转向［J］．北京大学学报（哲学社会科学版），2007，44（3）：86-91.

② 中国台湾高明先生认为“圣人的‘尚占’并不是迷信鬼神，而只是推行教化的一种方便法门”，“‘尚占’是教化下愚用的，‘不占’是启发上知用的，孔子的这两种说法，看似矛盾，而实际不矛盾，并且相辅相成，这是我们必须了解的。”（孔子的易教［M］．高明．高明文辑：上．台北：台湾黎明文化事业公司，1978：621-633.）可备一说。但孔子“尚占”含有占德转进的理论旨趣，“不占”蕴含先德而后占的内在可能，这也是我们必须了解的。

③《孔子家语》并不尽是伪书，越来越多的出土文献证明《家语》并非晚出，而且其中许多记载也屡见于其他文献，如此处孔子“自筮得贲”就还见于《吕氏春秋·慎行论》和《说苑·反质》。

状，因为夫子认为贲卦卦象为上山下火，有杂色成文之象，不是正色之卦，以此象征文饰之过；以夫子的主张，应内修其德，以为情实，使“质有余不受饰”，文明于内而不显于外，即《彖传》解贲所云“文明以止”方可“化成天下”。

“自筮得贲”之例透显出，承继春秋时代以来的义理解《易》之余蕴，孔子并不执着于占筮操作的结果，也不拘泥于占筮结果之卦辞和卦象指示出的吉凶祸福，而是对占筮结果重新进行诠释，发挥自己的理解，引申出义理上的解读，“转出”人生意义上的指点；“离”“正”等字眼也说明，这种发挥和指点主要以德的原则为依归。解释视域的转换带来的是新的意义生成，占筮就在这种新的解释进程中生成出德性因素。是以问题不再是孔子是否占筮，而应是孔子如何对占筮结果做出解释。孔子占筮不仅不与易学研究宗旨相违背，恰恰相反，孔子之占贯彻着其一贯之旨——“求其德”。这样，“孔子通过对筮占的解释，将《周易》文本由卜筮话语系统转换为儒家的哲学话语系统，筮占不再是周易研究的唯一选择，取而代之的是以德行智慧求福”①。由此而观，朱伯崑先生所说的孔子“建立了儒家人文主义占筮观的传统”：“以《周易》为提高人的修养境界的典籍，不以其为占卜个人吉凶祸福的方术，虽然保留了占筮的形式，但予以人文主义的解释，即提倡人道教训之义，而不是祈求鬼神消灾赐福”②，才能得到合理的理解。有学者总结认为孔子对“具有神性和虚幻特点的古代筮占文化”进行转化和提升“而展现为面貌一新的具有德行化和理性化特征的新质的易学文化”③，是很有见地的。可以说，孔子早年虽未正视占筮，晚年则可驾驭占筮、把玩占筮，并通过占筮后的德性解释、义理解释、人文主义解释，由占进乎德，化解占德之间的内在紧张，实现了对占筮运用的创造性转进。

如果说孔子看待《周易》的态度发生了一个由占筮之书而不予重视到哲理、德义之书而加以研究的转变，那么，孔子对占筮的运用以及占德关系的转进都是此“转变”中不应忽视的重要问题；如果说易学在春秋时期经历了由《左传》《国语》到孔子再到孔门后学的人文化、哲理化、德性化进程，那么孔子对占筮的运用及占德关系的转进都是此“进程”中不应忽视的重要一环。孔子易

① 林忠军．孔子儒学视域中的筮占观［J］．学术月刊，2010，42（12）：46-53．在此文中，林先生还对孔子的易学进路、吉凶观，以及以“德占”为主的求吉避凶之方法，做了细致入微的分析，可谓入木三分。

② 朱伯崑．儒家人文主义占筮观［M］//朱伯崑．国际易学研究：第三辑．北京：华夏出版社，1997：4-6.

③ 刘彬．从帛书《要》篇看孔子“好”《易》的实质与意义［J］．孔子研究，2011（2）：80-85.

学在占德之间的这种转进，可能不易被理解，就连其高徒子贡都曾发出“夫子何以老而好之者”的质疑：曾被夫子视为有违德行的占筮之书《周易》，何以得到夫子老而好之、“居则在席、行则在橐”的青睐，并成为其“观其德义”的主要资源？实际上，孔子并非“安其用”而是好“《易》之道”，只有站在夫子这种求《易》之道的圣人高度，“非必待遇事而占方有所戒，只平居玩味，看他所说道理于自家所处地位合是如何”，“不待卜而后见，只是体察，便自见吉凶之理”①，才能真正在占德之间运用自如、圆融无碍，“想见胸中洞然，于《易》之理无纤毫蔽处”②。张载所言“《易》为君子谋，不为小人谋”（《正蒙·大易》）亦是此意，玩占实可进乎德，只是其中的微妙之处非常人所能把捉，正所谓“苟非其人，道不虚行”（《易传·系辞下》）。论至此，我们不禁要问：在易学的视域内，如果完全脱离“幽赞”“明数”的操作，真正的“达德”就那么容易实现吗？③

综而观之，“通过《周易》的占筮形式去把握《周易》的德义，这就是孔

① 黎靖德．朱子语类［M］．北京：中华书局，1986．卷六十五、卷七十五。

② 黎靖德．朱子语类［M］．北京：中华书局，1986．卷六十五。

③ 如朱熹就批评说：“今学者讳言《易》本为占筮作，须要说做为义理作。若果为义理作时，何不直述一件文字……且圣人要说理，何不就理上直剖判说？何故恁地回互假托，教人不可晓？又何不别作一书？何故要假卜筮来说？又何故说许多吉凶悔吝？”（《朱子语类·卷六十六》），如程传虽“义理精，字数足，无一毫欠阙”，但“只是于本义不相合”（《朱子语类·卷六十七》），且“近世言《易》者，直弃卜筮而虚谈义理，致文义牵强而无归宿”（《晦庵集·别集》卷三《答孙季和》），实则“一部《易》只是作卜筮之书”（《朱子语类·卷六十六》），故“朱子以象占本其义”（《周易本义》吴革序）。夫子尚占、玩占、占德转进之旨趣，亦应由是观之，其深意，盖如朱子所云“添得一重卜筮意，自然通透”（《朱子语类·卷六十七》）、“《易》以卜筮用，道理便在里面”（《朱子语类·卷七十五》）。李学勤先生曾对比孔子和朱子的易学研究，并从中全面品评二者的易学观，指出：“孔子和朱子所处时代不同，孔子时人人以《易》为卜筮之书，故孔子强调它与史巫之异；朱子时学者多忘记《易》为卜筮书，故朱子强调其本为卜筮而作。实际上，孔子、朱子都承认《易》为卜筮书，也都主张要从义理即哲学的角度研究《易》，其态度不仅不相反，而且非常近似。”（李学勤．周易溯源［M］．成都：巴蜀书社，2006：93.）这不可谓不深刻。廖名春先生进一步申论认为，孔子“当时存在着两种极端的意见，一是‘巫史’，专以《周易》占验吉凶祝福；一如子赣那样的儒者，视《周易》为奇邪，对它全盘否定的态度。孔子开解《易》新风，弃‘史巫之筮’而重视其中的‘古之遗言’，‘求其德义’。这种辩证的方法很难被社会所承认，即使像子赣这样亲近的弟子也不理解……统一数德，沟通天人，将易占转变为哲学，这种创造性的转化既是帛书《要》所载孔子的思想，也是《系辞》等作品的主旨”（廖名春．帛书《周易》论集［M］．上海：上海古籍出版社，2008：105.），殊为有见。大抵在本然的、应然的易学视域内，占与德本应保持一种互补的平衡；从这个意义上讲，后世易学追求象数与义理的统一，实已滥觞于孔子德占关系的设定。

子虽力主‘不占’但又未能摒弃占筮的原因”①。孔子虽曰“向之而未，好之而非”，但仍保留了“史巫之筮”；孔子虽最终“与史巫同涂而殊归”以“达德”，但也未无视“幽赞”与“明数”。刘大钧先生指出：“正是由其‘归’虽殊，其‘涂’却同，故在今本‘十翼’与帛书《易传》诸篇文字中都保存了对‘筮’的肯定”，“《系辞》《说卦》及《象》文中多有议论‘筮’进而肯定‘筮’的文字，其源盖本于此也。”② 据此，我们也可以推论，朱先生提出的“《易传》有两套语言：一是关于占筮的语言，一是哲学语言”③，盖都可以在孔子易学中找到源头，这也从一个侧面再次证明了孔子与《易传》之间的密切关系；从这个意义上看，以《易传》含有占筮语言（大衍之数、极数知来、遂知来物、神以知来等）而否定其与孔子的关系的看法需要重新加以审视。

① 廖名春.《周易》经传与易学史新论［M］. 济南：齐鲁书社，2001：154.

② 刘大钧.20 世纪的易学研究及其特色——《百年易学菁华集成》［J］. 周易研究，2010（1）：前言.

③ 朱伯崑. 易学哲学史：第一卷［M］. 北京：华夏出版社，1995：55.

第三部分 03

儒家教化的经典诠释（下）

朱子为何看重《大学》

如果说《大学》是朱子一生最重视的经典文献，应该不会有人质疑。朱子将《大学》的地位提得甚高，认为《大学》乃“古之大学所以教人之法也”(《大学章句·序》)。朱子对自己的《大学》诠释亦所期甚重：“平生精力尽在此书”①，直至易箦前仍在修改《大学》“诚意”章，自信一生只有《大学章句》和《易学启蒙》两件文字看得透，见得前贤所未到处。那么，朱子为何如此重视《大学》？朱子苦心孤诣，毕生心血之所寄的《大学》诠释，其关怀为何、其所期何在呢？这是我们了解朱子《大学》诠释乃至其整个学术思想应首先弄清楚的问题。

一、经典与教化

《大学》《中庸》原为《礼记》中的两篇文献，经过隋唐宋以来的渐有关注②，直到朱子才将此两篇抽出与《论语》《孟子》合编为四书，将先秦以来的五经体系转变为四书体系，四书由此成为其后儒学经典体系的权威范式。《大学》从礼记之学到四书之学的升格运动是在朱子系统的解说和明确的定位下实现的。虽然朱子《大学章句》颇受移经、改字、补传之非议，但对此不宜一概贬斥，朱子的改定有其文献之根据，处之审慎，并非凿空妄改，如朱子承程子

---

① 朱熹. 朱子全书：第十四册［M］. 上海：上海古籍出版社、合肥：安徽教育出版社，2010：430.

② 《中庸》，汉志有《中庸说》、隋志有戴颙之《中庸传》、梁武帝之《中庸讲疏》、胡瑗有《中庸说》、司马光有《中庸广义》，张载、二程均对《中庸》十分推崇，二程后学也多有对《中庸》的解说；《大学》最早由韩愈引用，宋初有《大学》单行本，司马光有《大学广义》，二程有《大学》改本。此外，朱子之父朱松受学于二程后学，对《大学》《中庸》推崇备至，所以朱子重视二书应该有其家学渊源，而且朱子自言十七八岁开始，每早起来诵读二书十遍，可见不无家学影响。

“亲当作新”之意而改“亲民”为“新民”，有言曰“新民云者，于传文考之则有据”①，其后引《诗》《书》分释“明”“新”“止”三字即是明证②；其他如音读、训诂亦无不有据；移经、补传亦皆有其本。从这个角度看，朱子首先是本着经学的态度，以学术的观点来建立经典的。在经典阅读次序上，朱子主张读书需先读四书，而在四书经典体系内，则需先读《大学》，而且“《论》《孟》《中庸》，待《大学》通贯浃洽，无可得看后方看，乃佳”③。如果说《中庸》作为儒门之心法，承担道统之学的绪业，《大学》则是作为“初学入德之门”，成为儒家成德之学的经典之基。经过《大学》的“立其规模”、提纲挈领，才能逐步去立其根本并领略儒学之发越及微妙处。

在四书体系建立十余年后，朱子在其六十岁时作有《大学章句·序》④一文，作为其思想定型后的成熟看法，应格外予以重视。此序特别强调《大学》作为教化之学的意义：面对“教化陵夷、风俗颓败”的局面，朱子认为“一有聪明睿智能尽其性者出于其间，则天必命之以为亿兆之君师，使之治而教之”。分而言之，《大学》教化之对象为“自天子之元子、众子，以至公、卿、大夫、元士之适子，与凡民之俊秀，皆入大学”；教化之必要在于“天降生民，则既莫不与之以仁义礼智之性矣。然其气质之禀或不能齐”，是以需通过教化使之“知其性”“复其性”“全其性”；教化之内容为“穷理、正心、修己、治人之道”，

---

① 朱熹．朱子全书：第六册［M］．上海：上海古籍出版社、合肥：安徽教育出版社，2010：510.

② 新民之论，后世多有指摘，最受关注的莫过于阳明对朱子的质疑，但正如徐复观先生所指出的，阳明恢复大学古本，以亲民兼教养意而否认新民，虽有其现代性的政治意义，却并不能推翻朱子新民之论：王阳明引“君子贤其贤而亲其亲”以及此之谓民之父母来反驳朱子，是不能成立的。其一，阳明所引的话，不能认为是承接在亲民来说的；其二，亲其亲之老吾老幼吾幼之一，是亲自己的家族，并非亲民之意；其三，如做新民解释，就大学来说，并不排斥亲民的观念，大学重在言教，以教民为内容乃当然之事，所主张的新民，依然是以养民为基础，实在亲民的精神下作新民的努力。阳明以此难朱子并不能成立，不过阳明言亲民兼教养意，一方面是对儒家政治传统的继承，同时也是对专制政治的一种抗议，是其引而不发的政治思想之所寄，对现代有伟大的启示性。只有以民为内容的亲民，才是统治人民的真正试金石，而无法行其伪；以亲民为出发点去教民，和以仇民为出发点去教民，有着本质的不同，内容和结果会完全两样；所以阳明反对该亲民为新民，乃有其伟大的政治意义。（详参徐复观．中国人性论史［M］．上海：华东师范大学出版社，2005：179-180.）

③ 朱熹．朱子全书：第十四册［M］．上海：上海古籍出版社、合肥：安徽教育出版社，2010：240.

④ 朱熹．朱子全书：第六册［M］．上海：上海古籍出版社、合肥：安徽教育出版社，2010：13-14.

这些内容是自身本性之所本有之物，并非外在的强加而来的，所以学习者应明了“其学焉者，无不有以知其性分之所固有，职分之所当为”；其着力点在于“本之人君躬行心得之余，不待求之民生日用彝伦之外”；教化之方法则“因小学之成功，以著大学之明法，外有以极其规模之大，而内有以尽其节目之详”，即依细密的八节目工夫次第之指引而层层展开为“三纲领”的大规模之境。循此以进，君子可得闻大道之要，小人可得蒙至治之泽，最终达至“治隆于上，俗美于下”的教化效果。可以说，此序集中表达了朱子《大学》观的基本态度。

二、思想与工夫

朱子对《大学》的诠释集中体现于《大学章句》中，并在《大学或问》及《大学语类》中有后续的讨论。朱子通过文献的考据和义理的体认而做出的诠释，自认为是合于《大学》本义的，但古人往往在经典注释中寄寓自己的思想，或者说古人常运用经典注释的方式来表达思想，往往表现为“六经注我”与“我注六经”糅合一起的情形。我们则应在古人注疏的“经典诠释与哲学建构”（黄俊杰语）、“文本型、客观性定向与表现型、主观性定向”（刘笑敢语）之间有清醒的意识。毫无疑问，除作为经学视野的注释来看，还应重视朱子在《大学》诠释中灌注和渗透的理学思想。如朱子注解“明明德”曰：“明德者，人之所得乎天，而虚灵不昧，以具众理而应万事者也。但为气禀所拘，人欲所蔽，则有时而昏；然其本体之明，则有未尝息者。故学者当因其所发而遂明之，以复其初也。”这是通过“明德—气禀—昏蔽—复其初”的结构，以及“学者当因其所发而遂明之”的修养工夫，来恢复“明德”的“虚灵不昧”和“本体之明”；然“天”“理”“气”非《大学》所有，乃是理学话语，朱子对“明明德”的注释只有在其理学体系内才能得到合理理解，经过这一话语的转化，朱子将其理学思想巧妙地融入《大学》之中。另一个比较明显的例子是朱子通过分经别传，发现《大学》原文缺少“致知在格物”章的传文，故“窃取程子之意”而作补传。①《大学》此处是否存在阙文多有争议，即使此处确存在阙文，我们也不必将朱子所补“致知在格物”传作为《大学》之原意。在补传中，朱子集中表述了其即物穷理的思想，应视之为朱子本人的思想。他认为格物致知乃实用力之地，经真积力久的穷理之功，使“身心性情之德、人伦日用之常，以至天地鬼神之变，鸟兽草木之宜，自其一物之中，莫不有以见其所当然而不

---

① 所“窃”之意在《大学或问》有所总结，见朱熹．朱子全书：第六册［M］．上海：上海古籍出版社、合肥：安徽教育出版社，2010：525-526.

容已，与其所以然而不可易者"①，则能达"众物表里精粗无不到"与"吾心全体大用无不明"的豁然贯通之效。当然，朱子所灌注的新义并不能简单视之为对《大学》思想的歪曲，相反，朱子之诠释实乃《大学》思想所蕴含的一个可能向度，可视之为对《大学》本文思想的发展。②

朱子《大学》诠释凝结了理学思想之精华，这是朱子重视《大学》的重要原因之一。《大学》之所以能做到这一点，在于其自身的文本性质，即体系性特别强③，便于注家来阐释自己的思想理论。朱子认识到《大学》文本的特点进行理论诠释外，还特别强调工夫践履，重视将其思想落到实处。他认为："《大学》只是一个腔子，而今却要去填教实。如他说格物，自家须是去格物后，填教实着。"④ 这一点也是《大学》的长处所在，即条目详备、工夫分明、次第有节。从条目上讲，有物、知、意、心、身、家、国、天下，内外涵括，包罗全面；从工夫上讲，包括格、致、诚、正、修、齐、治、平，一一对应，功效明著；从次第上讲，"大学工夫，次第相承，首尾为一，而不假他术以杂乎其间"⑤，有先有后、有始有终，次序谨严，"如一部行程历，皆有节次"，他还指出："道学不明，元来不是上面欠阙工夫，乃是下面元无根脚。若信得及，脚踏

---

① 朱熹．朱子全书：第六册［M］．上海：上海古籍出版社、合肥：安徽教育出版社，2010：527-528.

② 就《大学》而言，亦有相关的反思触及这个问题，如唐君毅先生提出《大学》之明文与《大学》之隐义不同：先儒（如朱、王）所论《大学》，恒自谓不过发明古人之遗义，实则是先儒之谦德使然，其在儒学史上树立一新义，亦未尝不与《大学》之思想有相衔接之处；然若视之为《大学》一文文义之直接注释，则不免于枘凿，而其思想相衔接处，亦皆不在《大学》之明文，而惟在其隐义；此隐义之提出，亦实一思想之发展，而非必即《大学》本文或《大学》著者之心中之所有，实不当徒视为其注释。（唐君毅．中国哲学原论·导论篇［M］．北京：中国社会科学出版社，2005：183.）《大学》之明文即相当于文本的定向，《大学》之隐义即相当于主观创造的定向。这告诉我们在《大学》学史研究中应自觉这两个层次的区分，并分别予以梳理，不能将思想创新之处也作为经典诠释的部分，而埋没思想发展之处。（从一方面也说明《大学》在融贯性新诠释上所具有的巨大张力，这也是其作为儒学代数学的重要特征之一。）

③ 在这一点上，《大学》与《周易》比较像，《周易》亦是体系性以及形式化比较强的一部书，所以后世多有"援易以为说"者，成为阐发注家思想的经典凭借。也正是在这个意义上，冯友兰先生曾将《周易》称为"宇宙代数学"，与之类似，笔者将《大学》称为"儒学代数学"。

④ 朱熹．朱子全书：第十四册［M］．上海：上海古籍出版社、合肥：安徽教育出版社，2010：421.

⑤ 朱熹．朱子全书：第六册［M］．上海：上海古籍出版社、合肥：安徽教育出版社，2010：534.

实地，如此做去，良心自然不放，践履自然纯熟。”① 朱子认为应按这些节目次第层层予以落实，才是最紧要的学问，由此可从思想转到工夫、从理论转到践履，并有效应对俗儒词章之学、释氏寂灭之教、世俗权谋之术等“惑世诬民、充塞仁义”的不良后果，使此皆不得杂于其间。《大学》为朱子力辟异端、昌明道学、淑世安民提供了鲜活的理论道路。

三、经世与行道

上面提到朱子改“亲民”为“新民”，除了文献依据外，亦有思想方面的原因，即程朱一脉相传的经世意识，“新民”“言既自明其明德，又当推以及人，使之亦有以去其旧染之污也”，就是这一意识的表述，在八条目中，朱子认为齐家、治国、平天下是属于新民之事。以往我们对明德之事（格、致、诚、正、修）关注较多，而对新民之事（齐、治、平）重视不够。其实，“新民”表达出《大学》不仅是独善其身之事，而且是“修身治人的规模”，不仅是个人的明德修身之事，而且从格物致知到治国平天下的完全展开，按照其等级次第节节恢廓展开，将这些工夫节目逐一落到实处，才能实现“明明德于天下”。

《大学》从“明德”到“新民”的实践性指向，是朱子特别看重的。朱子延续宋代士大夫“得君行道”的路数，认为“本之人君躬行心得之余”，方能达至“家齐国治天下平”。孝宗即位，诏求直言，朱子上封事首言即曰：“帝王之学，必先格物致知，以极夫事物之变，使义理所存，纤悉毕照，则自然意诚心正，而可以应天下之务。”隆兴元年，复召对，其一言曰：“大学之道，在乎格物以致其知。陛下虽有生知之性，高世之行，而未尝随事以观理，即理以应事，是以举措之间动涉疑贰，听纳之际未免蔽欺，平治之效，所以未著。”（《宋史·道学传》）朱子对以《大学》之教端正帝王之学抱有极大的期望，所言虽不出“格物致知”“正心诚意”之属，然“治国、平天下，与诚意、正心、修身齐家，只是一理。所谓格物致知，亦曰如此而已矣。此《大学》一书之本指也”②。这不仅表现出朱子对得君行道事业的重视，也表现出《大学》在外王实践中的重要性。

其实，从政治文化背景看，朱子以及宋代士大夫均对得君行道、推明治道

---

① 朱熹．朱子全书：第十四册［M］．上海：上海古籍出版社、合肥：安徽教育出版社，2010：420.

② 朱熹．朱子全书：第六册［M］．上海：上海古籍出版社、合肥：安徽教育出版社，2010：2040.

有着极大的热情，这说明他们经世的关怀所在。而《大学》作为明确在内圣和外王之间提供了一往一来双轨通道的经典文献，就显得格外重要了，《大学》为宋代士大夫重返经世、应对内圣外王新课题提供了最为直截了当的经典依傍和理论支撑。① 因此可以说，内圣外王的贯通是朱子以及宋代士大夫重视《大学》的根本理由。朱子的独特贡献就在于把《大学》正式纳入理学系统，使之成为内圣通往外王的桥梁；并且在朱子诠释下，我们可真正有得于《大学》的“整体规划”，并对“国家化民成俗之意、学者修己治人之方”② 不无小补也。

总的来说，朱子《大学》诠释有本于经典体系视域内的教化关怀、理学思想视野下的工夫践履关怀以及外王经世取向上的行道关怀，三重关怀互相关联、贯通一体，使我们对朱子所谓“志有定向、心不妄动、所处而安、处事精详、得其所止”的作为“事理当然之极”的至善之地有更切实的体认。当然，朱子之《大学》诠释是否符合《大学》之原意、本义并不是此处关注的重心，重要的是朱子的诠释作为后世理解《大学》的轴心，成为宋元明清思想史的主流话语，深刻影响了其后的思想开展，其后的思想史围绕《大学》展开了丰富的讨论和思辨，这个过程同时亦展现出《大学》可以承纳的巨大理论张力。故而，与其说《大学》影响了朱子，笔者更愿意指出是朱子成就了《大学》，赋予了《大学》新的生命品格。对于朱子之学术事业，知者、罪者皆不能忽视其《大学》诠释，然我们只有明了朱子之三重关怀，方能对此有公道的评判。

---

① 宋代士大夫不仅只重内圣，他们对得君行道、外王事业也非常重视。详参余英时．朱熹的历史世界：宋代士大夫政治文化的研究［M］．北京：生活·读书·新知三联书店，2011. 关于《大学》在宋代政治文化中受到重视的原因，余书第407-421页亦有分析。

② 朱熹．朱子全书：第六册［M］．上海：上海古籍出版社、合肥：安徽教育出版社，2010：14.

梁漱溟为何看重《大学》

不论是从思想义理的层面看，还是从学术史的脉络看，《大学》在儒学发展史上都是至关重要的一篇文献。就前者而言，《大学》系统地凝练出儒家内圣外王、修己安人的思想架构及其工夫进路；就后者而言，《大学》成为先秦儒学之后，尤其是宋明儒学以至现代新儒学发论立说的主要经典依傍。前一个方面，笔者认为"'国学的主流在儒学，儒学的精华在经学'，经学的核心在四书，四书的纲领在《大学》"；后一个方面，笔者称《大学》为"儒学代数学"。基于以上观察可知，对儒学史上的《大学》学文献进行研究，具有重要的思想和学术意义。

在卷帙浩繁的《大学》学文献中，梁漱溟先生关于《大学》的见解和定位别具一格，值得注意。

一、"道"与"近道"

确切地说，梁漱溟先生的《大学》观并不是出于对《大学》的直接解读，而是集中反映在对伍庸伯、严立三两家《大学》阐释的评述中，其中又以伍说为主①，因为梁先生坦言更欣赏伍的观点："两相比较，吾之所信宁在伍先

① 以《礼记大学篇伍严两家解说合印叙》《礼记大学篇伍氏学说综述》二文为主，见中国文化书院学术委员会．梁漱溟全集：第 4 卷［M］．济南：山东人民出版社，1990：3-22，87-147. 伍庸伯（1886—1952），名观淇，广东番禺县人（今属广州白云区），曾在南京临时政府参谋部任职，后担任军校教官，抗战期间任广东战区挺进第四纵队司令，后辞官专力学习，研习传统文化，讲习儒家经典，博学多识并躬行实践，晚年愈加纯熟，深得时人钦服。伍先生自己不著书，1950 年在北京对梁漱溟等人分六次讲授《大学》，由参加听讲的艮庸、渊庭二人笔录，梁漱溟等整理为《礼记大学篇解说》，得以延传。现收于《礼记大学篇伍严两家解说》，见《梁漱溟全集》第 4 卷。今有单行本可参：伍庸伯，严立三，梁漱溟．儒家修身之门径：《礼记·大学篇》伍严两家解说［M］．北京：商务印书馆，2016：3-30，121-204.

生。"① 伍庸伯先生将《大学》定位为教人如何做人的学问。要先识人之所以为人者何在，明德即说明人之本然之所在，做人就要明明德。做人离不开社会，还要在社会中明明德。"格物致知"一章即讲如何在社会中明明德。"格物致知"历来争讼不已，伍先生是如何具体解释的呢？这里需先明确一下伍先生的分章主张。他赞同《大学》古本，无须改动，重新分为六章：格致、诚意、正修、修齐、齐治、治平。也就是说，"诚意"之前的内容，都属于"格致"章。他以"物有本末，事有终始，知所先后，则近道矣"为线索，作为理解"格致"章以至整篇《大学》的关键。他认为"凡有形可见的都可说作物"，"天下、国家、身这人类的一整体就是一物"②。具体来说：认识到一事一物皆有其本末所在，人类整体作为一物，身为其本，家国天下皆可云末；身虽为本，而居中活动者还有心，心的活动，主要见之于意；意由很多知识凑泊形成，凡言意必有所指向，也就是离不开好恶与迎拒；形成意的知识多源于后天，不过是物之于心的相关反映，物不外指天下、国家、身这一整体之物，知不外指从物中得其间本末先后的关系条理；而修、齐、治、平的工夫推进，正是"事有先后"之事，修身为事之始，治平为事之终；所谓"物格知至"并不在别处，就是把这其间物的本末、事的终始搞清楚。说物不外说物之本末，说本末又重在本上；故知本即等于知物，知本即等于物格；知本之外，别无所谓知至，知本即知至。伍先生强调，格物之物即"物有本末"之物，致知之"知"亦即"知所先后"之知，上下文明明白白，扣合相关，"格物致知"实不需另寻解释。③

伍先生还特别拈出"近道"一说："近道"之"道"即《大学》之道，从本末、终始、先后来说"近道"，由"近道"乃得入道。"近道"的提法极其重要，前人于此未曾着意，并把"道"和"近道"混淆，而且认为此节是结束上文，使"近道"的提法失却意义。其实"近道"意在引起下文，八条目即指示工夫的条理、知先后何处下手，教人知所先务。"近道"比"道"的含义狭，但"近道"乃能趋达于道。伍先生称能得其本末先后即"近道"，身、家、国、天下，修、齐、治、平，其本末先后之序，是人世间一大法则和规律，是人类历史经验得来的关系人生的最重要的知识，"人非明其明德无以为人生，而人生

① 中国文化书院学术委员会．梁漱溟全集：第4卷［M］．济南：山东人民出版社，1990：18.

② 中国文化书院学术委员会．梁漱溟全集：第4卷［M］．济南：山东人民出版社，1990：27-28.

③ 中国文化书院学术委员会．梁漱溟全集：第4卷［M］．济南：山东人民出版社，1990：27-28.

非循由乎此规律无以明其明德。明明德是道，认识此规律而循由之以行，即是近道"①。"近道"即对道之认识及其实践，围绕"近道"之宗旨，伍先生认为明明德、新民、止至善只是《大学》之道的三个阶段，"明德""知止""本末"才是纲领所在。

梁漱溟先生对伍氏之说甚为推崇，曾做两篇评述文字，以阐发伍氏之说："道"指本体，"近道"指工夫，即可以入道或合于道者，近道不即是道，但于道为近；抓住"近道"的精神，才可得格致的正解；"格致"不外通达工夫条目之间的本末先后关系，而归结到修身为本的法则或信念上，既不同于阳明体认正心说，亦不同于朱子穷理说，二者认为是工夫的"格致"，在伍先生看来只是工夫的前提，引发实行的工夫乃"诚意慎独"，"近道"之提出由此得以可在本末、内外的推扩关联中落实下去。②《大学》讲"近道"过于讲"道"，唯其讲"近道"，乃正所以讲如何得以"明明德"，"明明德"是第一根本要点，全篇无非明明德事，只是引而不发，有待学者自行觉悟、领会。前人疏忽"近道"之说，不能解对经义，其失不只是解书错误，更重要在于指点如何做工夫也难得正解；提举"近道"，就是强调要"反之"，返回到人身上来做工夫，而且是为普通人、一般人立说。所以揭明"近道"之旨，实乃慧眼独具，梁先生指出，伍先生教人用功之路，不同于前人者，"从《大学》书文来讲，全得力于书中'近道'二字，由近道而不难即于道也。其工夫始于此衷微明之体认；由微之著，而明德遂以昭明。路只简单一条，依之而行，更无转换。起乎平易，人人可以循由；不论天资，只在有志无志；果然力行不怠，迟早有成"③。梁先生最后认为伍说"救正朱子阳明过去解释《大学》之失，实为近八百年来未有之创获"④，这一定位可谓推崇备至。

二、揣量与印证

梁漱溟先生的《大学》观体现出的诠释原则具有如下四个特点：一是形式

---

① 中国文化书院学术委员会．梁漱溟全集：第4卷［M］．济南：山东人民出版社，1990：29.

② 中国文化书院学术委员会．梁漱溟全集：第4卷［M］．济南：山东人民出版社，1990：96.

③ 中国文化书院学术委员会．梁漱溟全集：第4卷［M］．济南：山东人民出版社，1990：173-174.

④ 中国文化书院学术委员会．梁漱溟全集：第4卷［M］．济南：山东人民出版社，1990：14.

上属于“述而不作”的诠释方法，伍庸伯先生的解读因为梁漱溟等人的记录、整理、印行才得以延传下来，但这些保存行为本身也表明着整理者的某种态度，梁先生还通过叙说、按语、评述等形式加以阐扬、申说，自己的观点从中朗现无余，从而转出“寓作于述”的诠释效果。二是与仅仅围绕文字注疏做文章的经典阐释相较，梁先生更注重对经典的证解，即对《大学》的解释是否有助于工夫修炼和身心受用，能否从中找到“最切近平妥的工夫进路”，才是应该关心的问题，梁先生以其亲炙所得，特别指出伍氏并非单纯之解经，“莫以为他只是从书本上前后文义检寻发见出来的。这实为他在工夫实践上反复揣量得此窍门，而后印证书文，自信不差的”，其目的主要是“为解决自己的人生问题而谈学，不是为讲书而讲书”，乃“实践此学而体认以得”，故而其“不喜为高深之谈，而其为学却能由浅近而造于高深，其长处正在于有顺序”①，在工夫进路上可以给出亲切之实证。三是梁先生对伍说的推崇并不是出于盲目信服或私意专断，而是以圆融的诠释技艺和学术视野为支撑，即其所谓“允合书文而理致通顺，亦复有胜古人”，甚至关于版本问题、文句问题以及诠释的原则问题，梁先生均有关注及考校。四是保持开放的诠释立场，梁先生明言自己更信从伍的解说，却仍录存严说，就是因为他认为二说都在指点工夫入路上深切著明，如二说一主近道、一主止善，一由格致而慎独、一以格致即忠恕，一诉诸自觉、一诉诸感通，等等，都是人人可能知能行的工夫证解入路，解说不同，然殊途同归，梁先生认为均有助初学、有补斯学，故并举以进，以备择取。梁漱溟先生的《大学》观及其诠释原则，今日观之仍富含启示意义，值得进一步深入挖掘。

三、主宰与自力

置于其思想体系内部而观，梁漱溟先生对伍氏《大学》解说的整理和评述，似乎显得无足轻重。不过，梁先生自己对此是所期甚重的，单从其对伍氏《大学》解说所做评述的文字篇幅甚至超过伍的原文，即可见一斑；更重要的是，这与其思想的整体关怀是内在一致的。梁先生认为“盖数千年间中国之拓大绵久，依于中国文化；中国文化发展自始不以宗教作中心，而依于周孔教化”②。然“周孔教化”是何种意义上的教化，为何如此必要，皆非自明之说。梁先生

---

① 中国文化书院学术委员会．梁漱溟全集：第4卷［M］．济南：山东人民出版社，1990：91.

② 中国文化书院学术委员会．梁漱溟全集：第4卷［M］．济南：山东人民出版社，1990：21-22.

主张“教化之所以必要，则在启发理性、培植礼俗而引生自力”①。与之一贯，使本有自觉而可以自动和自治的人，重新焕发自主能力，在梁先生看来，“《大学》一书之所为作，凡为此而已”②（如“明德”即人之主宰，“明明德”即“主宰还其主宰”）。所以梁先生对《大学》解说的关注、整理乃至评述，并不是简单出于文献乃至义理上的“理得”，而应有着更为深层的意义考量，正如其对伍氏学问的推重所言：“伍先生之所以在我心目中有着无比的重量，是因为我确认中国古人在世界学术上最大的贡献无疑地就是儒家孔门那种学问，而伍先生在此学的贡献则有足以补宋儒明儒之所未及者”③，可见这与其贞定中国文化之要义、透析人心与人生、着力乡村建设之实践等生命活动一脉相承，共同指向通过“重拯教化”来实现文化绵延，并最终建设一个文明有力的新中国这一伟大目标。梁先生认为“教化”是儒学兴衰转化的因由所在④，今日恰需重启教化来复兴以儒学为主体的中国文化，《大学》实为其中的重要一环，由此观之方能对其《大学》观及在其整体思想体系中的定位有更深入的把握。

① 梁漱溟．中国文化要义［M］．上海：学林出版社，1987：213.

② 中国文化书院学术委员会．梁漱溟全集：第4卷［M］．济南：山东人民出版社，1990：91.

③ 中国文化书院学术委员会．梁漱溟全集：第4卷［M］．济南：山东人民出版社，1990：175.

④ 中国文化书院学术委员会．梁漱溟全集：第4卷［M］．济南：山东人民出版社，1990：21-22.

中国《大学》图史源流及其理论价值

提要：以朱熹《大学图》、黎立武《古大学本旨图》、程复心《大学句问章图纂释》、刘宗周《三纲八目图》、毛奇龄《大学知本图说》等图解剖析为例，对历经宋元明清以迄近现代的图解《大学》历史源流进行初步梳理。《大学》图式类型多样，与相应思想体系之间关联密切，涵括着不同的价值意图和理论旨趣。以《大学》图为代表的图式文本，不是对文字文本的简单重复，而是以直观、具象、深入浅出的方式表达思想和义理，有助于辅助讲说、接引初学，同时便于日常观养省察，蕴含着指点修养的工夫论价值。中国儒学史的渊源流变，不能忽视图式文本的学问传承体系，尤其“以图解经”在思想阐发、传教授学、工夫指引等方面的积极价值，值得重视。“图—书”有机结合，交互为用，可更好地表达思想、增进理解、启示教化。

儒学史的渊源流变，除了文字文本的学问传承体系，还有一个图式文本的传承系统。这点在以经典注疏为主体的儒学传统中表现得很明显，如易学体系内的《易》图（《河图洛书》《太极图》《卦气图》等），诗学中有《诗》图（《毛诗图》等），礼学中有礼图（《三礼图》《仪礼图》等），四书学有四书图（《四书章图》《乡党图考》），等等。图式文本作为与文字文本并存的学问体系，对儒学传统演进产生过重要学术影响，如宋儒对太极图的辩争即涉及深刻的学理问题；在某些重要的学术话题的探讨和传教上，儒学史中也常有借助图式以阐明思想的传统，如宋明儒学中阐发道统问题的有《道统图》（吴澄），心性问题方面的有《心性图说》（湛甘泉），以及《诚意图》《慎独图》（刘宗周）和《性图》（颜元），不一而足。不唯儒学，在道教、佛教传统中，也有丰富的图式文本。图式文本实是中国儒学乃至中国文化中一个极有特色、极可关注之现象。①

笔者近来从事《大学》学方面的探究，发现在《大学》学史上亦有一个图解《大学》的文本传统，自朱子诠解《大学》首创《大学》图，历经元、明、清，以迄近现代，源远流长，均可见《大学》图的轨迹，数量十分丰富，内容饶有意味。但学界对此问题似乎注意不够，仅见有陈荣捷（美）、李纪祥（台湾地区）等少数中外学者在个案研究方面稍有论及。有见于此，笔者不揣谫陋，以《大学》图为专题，对儒学史上这一图解《大学》的源流传统，尝试性地进行初步梳理和探究。这既对儒学史上图式文本的传承系统又添一重要支脉，又或对四书学、《大学》学的研究开启一个新面向。

一、《大学》图的开山之作——朱子《大学》图

与之前的思想家如二程、张载等专重义理不同，朱子诠释经典时则兼顾义理、象数，故对图、表多有使用，这点在其易学诠释中表现尤为明显；其言礼制名物，有深衣冠巾等图、周制宗庙图、古今庙制图、明堂图等。不特诠释经典，其论仁、性、学等重要义理话题，亦配有相应的图式。可见，后世儒者以图释经、以图解义的理论模式，实已滥觞于朱子。在《大学》诠释及其图释史上，朱子同样开风气之先。

朱子《大学》图见于宋人黎靖德所编《朱子语类》第十五卷卷末。主要有以下三个版本。

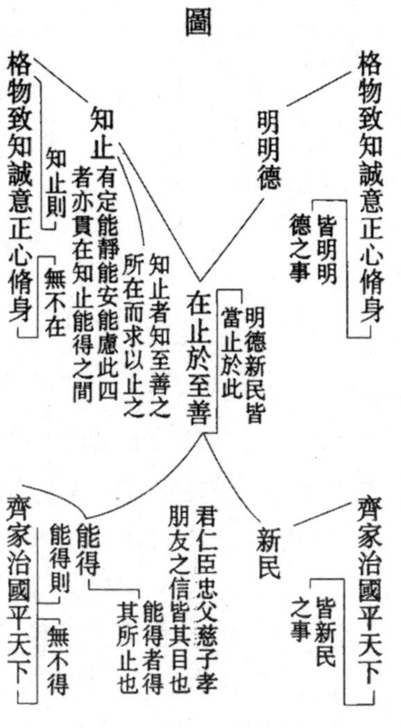

图1　朱子《大学》图

① 这方面已有一些专题取得了可观的研究成果，如《易》图方面，明清以来已有《易学象数论》《图学辨惑》《太极图遗义》《易图明辨》《易学图说会通》《易图略》等专门研究，现代学者也有《易图源流》《易经图书大观》《易图考》《周易图释大典》《易图探秘》《易图象与易诠释》等成果，内容涉及批驳辩难、历史考察、义理探究等各方面的研究，蔚为大观。

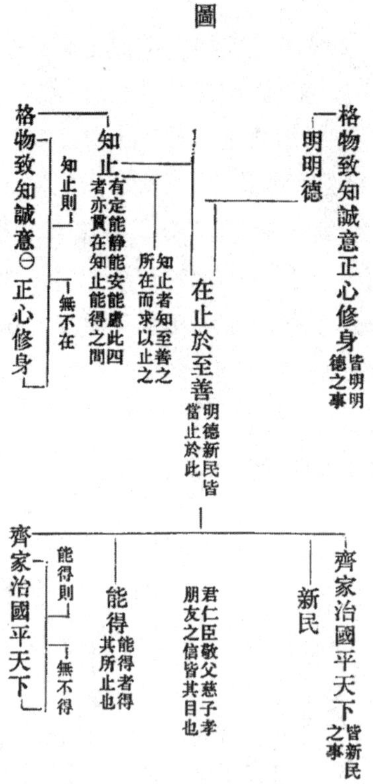

图 2　朱子《大学》图

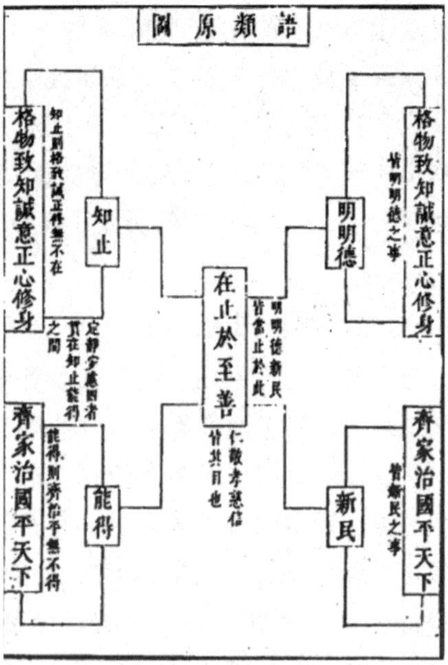

图 3　朱子《大学》图

图 1 取自《全书》本《朱子语类》①，以明成化九年（1473）陈炜刻本《朱子语类大全》所录之图为底本②；图 2 取自中华书局版《朱子语类》③，以清光绪庚辰贺瑞麟校刻本为底本；图 3 见于清人王澍所著《大学困学录》所载④。从内容上看，三图基本一致，但也有些微差异，如图 1 所据的明代成化本，“君仁臣忠父慈子孝朋友之信皆其目也”一句，与图 2、图 3 两个清代版本不同，“臣忠”一词，图 2 改为“臣敬”，图 3 简写为“敬”，后两者明显更合于文本原意。从图式排列上看，明代成化本是我们能见到的最早版本，可能也最贴近

① 黎靖德．朱子语类［M］//朱熹．朱子全书：第十四册．上海：上海古籍出版社、合肥：安徽教育出版社，2010：499.

② “孔子文化大全”所收《朱子语类》即刻印此本。黎靖德．朱子语类（一）［M］．济南：山东友谊书社，1993：576.

③ 黎靖德．朱子语类：第一册［M］．北京：中华书局，1994：314.

④ 王澍的《大学困学录》，参见于续修四库全书的经部四书类，第 148 页。

朱子所绘图式原貌，图2、图3显然经过了优化处理，看起来更为规整。图2下半部分将“能得”“新民”放在同一直线上，稍显不类。从整个图的左半部分“知止则……无不在”“能得则……无不得”看，图1所示线条将八目收在其中，图3的模块化导致其只能将句义补齐，然后附于其侧，倒也未失其旨。图3“知止”“能得”之间内容和“止善”之目的安置，优于他图，但丢掉了“知止”“能得”关联于“止于至善”的内容。所以，应以图1的明代成化本为本，适当参照以图3的部分优化处理。

观此图，应先分为左半图和右半图来观。先看右半图，首先推出“明明德”“新民”二纲，由此再推出八目，并指明前五目“皆明明德之事”，后三目“皆新民之事”；左半图标以“知止”“能得”二义，做到这两者则“格致诚正无不在”“齐治平无不得”。右半图言“工夫”，左半图言“效验”。从右到左，展现为由工夫实现出效验。上下看此图，则上半部分构成下半部分的基础和前提。“明明德”是“新民”的基础，“知止”是“能得”的前提。上下之间又是逐节逐序地推开，既有次第层次，又紧密关联一体，从“明明德”到“新民”是格致诚正修齐治平的依次落实，“知止”“能得”之间，则“有定能静能安能虑”四者“贯在”。图式有云“明德、新民皆当止于此”，“知止者知至善之所在而求以止之”，“能得者得其所止也”，因此，工夫、效验又无不统于“在止于至善”。推之，则物、知、意、心、身、家、国、天下诸事无不到；统之，则“止于至善”为其宗。图中“在止于至善”下面有“君仁臣敬父慈子孝朋友之信皆其目也”，章句中注解说：“五者乃其目之大者也。学者于此究其精微之蕴，而又推类以尽其余，则于天下之事，皆有以知其所止而无疑矣。”①“止于至善”，其义极高极深，然入手处又极切近，不过于君臣父子朋友之间求之而已；仁敬慈孝信作为善之大目，于此究精微、推其余，必尽得天下之事而止，必使其皆知“事理当然之极”而止。

全图对《大学》的节目、规模、工夫效验之施设及其相互关系，均有所涵括，恢廓展布出一个通贯浃洽的规模样态，结构明晰，基本呈现出朱子《大学》诠释的主旨结构。更为重要的是，此图对“在止于至善”这一中心主轴的定位，彰明地表现出“止于至善”在朱子《大学》诠释中居于重要和核心的地位。明确这点极有价值。朱子认为，止者，“居也，言物各有所当止之处也”，“必至于

① 朱熹．大学章句［M］//朱熹．朱子全书：第六册［M］．上海：上海古籍出版社、合肥：安徽教育出版社，2010：19.

是而不迁之意”。① 从“居”“不迁”看，“止”有常在性，非义袭掩取，乃固有之本然，故“止”含“能止”之义，“能止”须由工夫修养而得，由此为明德、新民及八目的工夫节目奠立了内在根据；从“当止”“必至”看，“止”有方向性，是应然的目标，故“止”又含“当止”之义，“知止”即明晓、坚定此当然的目标，逐渐有效验呈现而有所得，由此为效验的达致提供了可能之证。此能止、当止之地，即“至善”。在朱子看来，“至善”一词，“善字轻，至字重”，“至”乃无以复加之词，可训为“极”，“至善，只是以其极言。不特是理会到极处，亦要做到极处”，“至者，天理人心之极致”。“至善”是普遍性、分殊性的统一，“至善，指言理之极致随事而在处”②，同时，“一事自有一事之至善，如仁、敬、孝、慈之类”③。这样看来，极致义的至善和一般所谓的“善”有同且有异，它不外于一般之善，但又不满足于此：“凡曰善者，固是好。然方是好事，未是极好处。必到极处，便是道理十分尽头，无一毫不尽，故曰至善。”④ 所以说，“善，须是至善始得”⑤。区别这点有何意义呢？这关系到对朱子之学的重估。朱子认为：“至善虽不外乎明德，然明德亦有略略明者。须是止于那极至处”⑥，若“略知明德新民，而不求止于至善者”，“只是规模浅狭，不曾就本原上着功，便做不彻”⑦，只能是“安于小成，狃于近利”。“至善”不仅要明德新民，还要主于中、发于外，本此以应外事，对天下之物、天下之事、方寸之间、众物表里，无不照管得，成就大成之学。工夫做得透彻，必会对内在和外在两面皆有观照，这是“至善”的应有之义。朱子以八条目分属明德、新民两事，与明、新一致，八条目亦必以至善为旨归，他说：“格物致知所以求

---

① 朱熹．大学章句［M］//朱熹．朱子全书：第六册［M］．上海：上海古籍出版社、合肥：安徽教育出版社，2010：16、18.

② 朱子文集：卷四十（答何叔京第十九书）［M］//朱熹．朱子全书：第二十二册［M］．上海：上海古籍出版社、合肥：安徽教育出版社，2010：1831.

③ 朱子文集：卷五十（答周舜弼第十书）［M］//朱熹．朱子全书：第二十二册［M］．上海：上海古籍出版社、合肥：安徽教育出版社，2010：2337.

④ 黎靖德．朱子语类：卷十四［M］//朱熹．朱子全书：第十四册．上海：上海古籍出版社、合肥：安徽教育出版社，2010：441.

⑤ 黎靖德．朱子语类：卷十四［M］//朱熹．朱子全书：第十四册．上海：上海古籍出版社、合肥：安徽教育出版社，2010：441.

⑥ 黎靖德．朱子语类：卷十四［M］//朱熹．朱子全书：第十四册．上海：上海古籍出版社、合肥：安徽教育出版社，2010：442.

⑦ 黎靖德．朱子语类：卷十四［M］//朱熹．朱子全书：第十四册．上海：上海古籍出版社、合肥：安徽教育出版社，2010：580.

知至善之所在；自诚意以至于平天下，所以求得夫至善而止之也。”① 如朱子解“致知在格物”必至于“即凡天下之物，莫不因其已知之理而益穷之，以求至乎其极”。这里的“已知之理”是以“小学工夫”养成的涵养有素和持守有敬为根基②，以此发出的“格物”就不能以“杂乱纷纠”之心随意去识物处事，而是推致其所养之中和本明之德，来应接事物、落实明德③；在“已知之理”的基础上“求至其极”，既贯通所以然之故，以至“众物之表里精粗无不到”，又推明所当然之则，实现“吾心之全体大用无不明”，绾认知意义与道德意义于一体。关键还在于，止于至善之域，工夫修为上的条目施设最终关联一体，应然与当然、物理与人理的分立亦必然归向会通。以“无所不用其极”的至善为旨趣，朱子《大学》思想才能得到合理解读。

在“止于至善”的意义上，关于朱子的某些批评，如认为朱子“支离务外”，就需重新予以分辨。朱子并不反对德性、良知之尊，同时扩开一步，相容问学穷理的一面，表里、大小皆有理会，并安排得工夫亭亭当当，不仅致广大，而且尽精微。虽然在如何确立德性、良知之尊的问题上，陆王心学确实主张不同的工夫进路，但从为学规模上讲，不能不说朱学更为廓大。如果说陆王强调了明德、亲民，朱子则更进于“止于至善”了。朱子云：“明德，新民，便是节目；止于至善，便是规模之大。”④于此亦有深意矣。所以，若不从“至善”的角度来理解格物，不以“止于至善”为中心来把握朱子对《大学》的期许，则于朱子的《大学》观就难免产生偏歧。朱子《大学》图以“在止于至善”作为理路核心，使朱子《大学》诠释之宗趣昭然若揭。这点虽在文字文本中也有指示，但却没有如图所示的突出、显明之效果。四库馆臣评朱子《四书章句集注》曰：“读其书者要当于大义微言求其根本。”其斯之谓与？

与《大学》相关，朱子还作有“絜矩之道”图，以“己”为中心，前后、

---

① 大学或问［M］//朱熹．朱子全书：第六册．上海：上海古籍出版社、合肥：安徽教育出版社，2010：511.

② “是以大学之序，特因小学已成之功，而以格物致知为始。”（朱子文集：卷四十二（答胡广仲）［M］//朱熹．朱子全书：第二十二册［M］．上海：上海古籍出版社、合肥：安徽教育出版社，2010：1894.

③ “是以圣人施教，即已养之于小学之中，而复开之以大学之道。其必先之以格物致知之说者，所以使之即其所养之中，而因其所发，以启其明之之端也。继之以诚意正心修身之目者，则又所以使之因其已明之端，而反之于身，以致其明之之实也。”（大学或问［M］//朱熹．朱子全书：第六册．上海：上海古籍出版社、合肥：安徽教育出版社，2010：508.）

④ 黎靖德．朱子语类：卷十四［M］//朱熹．朱子全书：第十四册．上海：上海古籍出版社、合肥：安徽教育出版社，2010：432.

左右、上下围绕“己”而展开一空间化模式，描绘出本己以推度上下四旁，使之均齐方定的平正效果。如图 4 所示。①

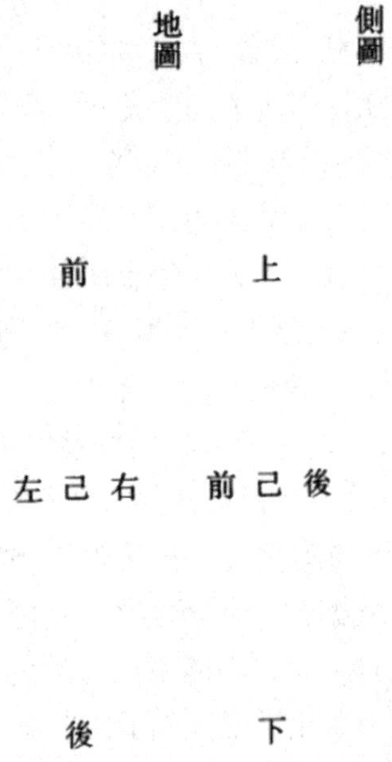

图 4 “絜矩之道”图

清人王澍《大学困学录》不仅载有朱子《大学》图（图 3），而且他认为朱子此图并不完善，故另作一新图，以校正之，如图 5 所示。他认为朱子《大学》图中，“知止则格致诚正修无不在”与“能得则齐治平无不得”两处，与章句格知至则知所止、意诚以下当为得所止之序的说法不合；而且，按朱子图所示，似以知止为明德事、能得为新民事，然而，物无不格、知无不至则身心之理固明而家国天下之理亦得，知止、能得乃所以贯乎明德新民也。在校正图中，王澍以“知止安虑定静得止”和“止于至善”贯于纲目之间，即突出此意，他指出“止至善”乃明德新民之标的，必八目无所不尽方可至。整体上看，王氏校正图右明德左新民，右为上，乃先明德后新民之意，特重工夫次序及其间的关系，图式核心部分八目的安置体现得更明显。八目安置乃上二下六，实仍相联

① 朱子文集：卷四十四（答江德功）［M］//朱熹．朱子全书：第二十二册［M］．上海：上海古籍出版社、合肥：安徽教育出版社，2010：2042.

属、脉理一致，并非割裂，上下分置只是“知行之分界”，与章句亦不违。修身与齐家之间置两画以别，是明德新民之分界；格物致知虽分界而相联属，意为二者并非两事，才明此即明彼，经文于二者不言先后而言在者意同。格物致知之功虽属明德，而用力直贯新民，与其他稍示分别，故置二者于上。王澍还特别强调了“虑”的意义，认为定、静、安是事未至之前，虑是事方至之际，节候不同；虑尤紧要有力，是知止发用为能得机关；这有得于朱子所谓“虑字一节较难进”，意在凸显“提撕省察”的工夫。①

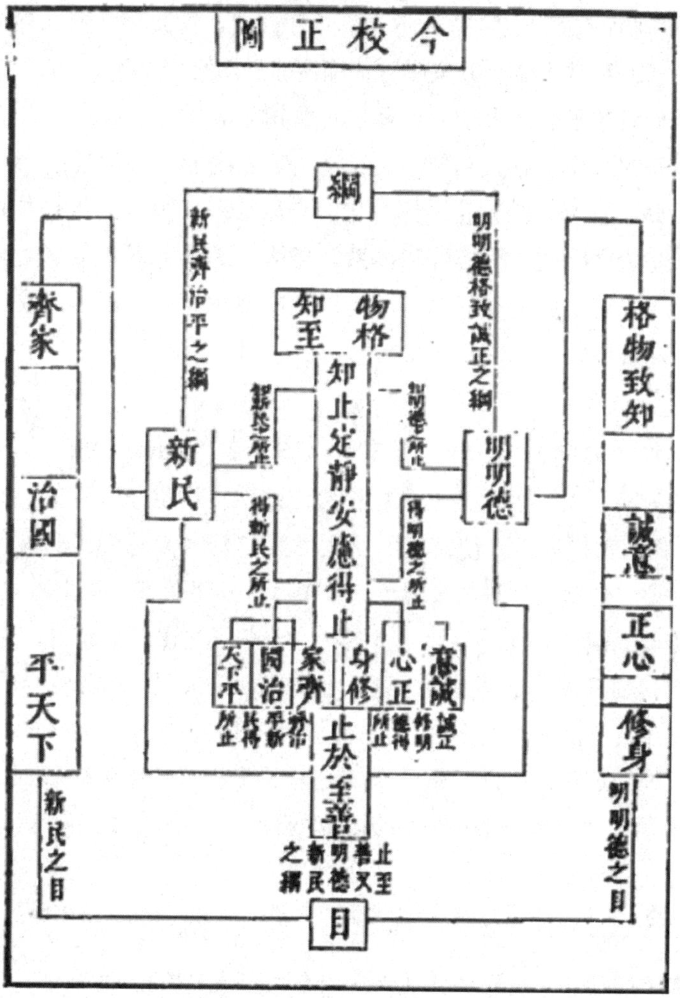

图 5　王澍《大学》校正图

① 王澍的《大学困学录》，参见于续修四库全书的经部四书类，第 148-149 页。

王澍主要从工夫论的层面来做图式，重在表达工夫先后之序，突出了格物致知作为工夫前提的意义，其对八目之间关系的理解，以止于至善作为一贯之标的，以及对“虑”意义的关注，均表明他对朱子之学的接受和继承，用他自己的话说，校正图“虽异原图之说，而实一本于朱子之旨”。王澍对朱子图的校正，有其特色。但我们并不认为他对朱子图的评析完全合适，朱子图乃从工夫和效验两个角度来呈现《大学》意蕴，王澍单从工夫论层面来审视，难免有偏颇。对朱子《大学》图的评价，陈荣捷先生的看法颇值得参考，以之为“解释《大学》最详晰而有系统之图”①，“全图秩序井然，为大学思想一有统系之机体结构。盖朱子诠释《大学》意义最纯简而明显之图式也”②。

以前我们对朱子的《大学》诠释多注重其文字解说，对其《大学》图关注不够，似值得《大学》研读者重视之。《大学》图的出现和延续，一定程度上是朱子《大学》诠释之结构化、体系化的必然结果，作为文字文本的形象化表达，有助于呈现文字文本的结构和体系。当然，图也离不开文字文本，须全盘了解文字文本方能全面呈现其意蕴。是以如能熟玩章句、语类、或问、文集中的内容，再印证以此图，庶几不无益处。

二、宋代《大学》图——以黎立武《古大学本旨图》为例

朱子的影响不仅在于开《大学》图之先，引得后世儒者摹效；而且朱子对《大学》诠释的精微详备，使其后的《大学》诠释“聚讼莫不以朱子为招”③。为了更为简要、便捷地呈现朱子思想，朱子后学发明图解“朱学”的方便法门，如朱子再传弟子饶鲁作有《大学中庸图》，“与朱子之谨严绝异”（《四库全书总目提要》评《研几图》）的宋儒王柏，也作有《研几图》，辐辏于图画以解朱。不过，并非没有不同的声音出现，宋儒黎立武的《古大学本旨图》即表现出迥异于朱学系统的理路，提供了朱学系统之外一个富有特色的诠释面向。此节即以其《古大学本旨图》（图6）④ 为例，以见图解《大学》的多元面向。

---

① 陈荣捷．朱子之图解［M］//陈荣捷．朱子新探索．上海：华东师范大学出版社，2007：241.

② 陈荣捷．退溪不用朱子大学图［M］//陈荣捷．朱子新探索．上海：华东师范大学出版社，2007：243.

③ 刘斯源．大学古今本通考［M］//《四库全书存目丛书补编》编纂委员会．四库全书存目丛书补编：第92册．济南：齐鲁书社，2011：后序．

④ 黎立武．大学本旨［M］//曹溶．学海类编：第一册．扬州：江苏广陵古籍刻印社，2007：490.

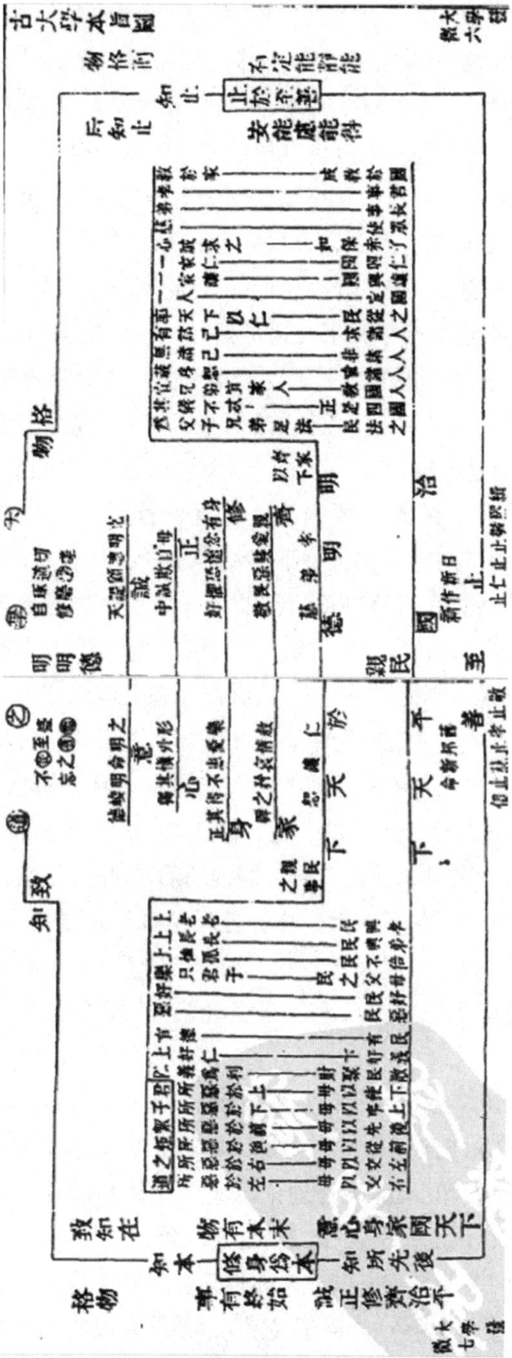

图 6 古大学本旨图

黎立武此图基本依其《大学本旨》一书的内容而作，结合此书，可以更充实地考究此图。黎立武不取朱子改本及其相关诠释，而是“因本文次序，讲寻厥旨，将以备考订也”，即以《大学》古本为底本，以呈现古《大学》之“本旨”。虽然未沾染朱学痕迹，不过仍有相似处。如朱子分三纲八目，黎氏则称之为“三要八条”，从图6可见，从格物到平天下，从明德到止至善，逐项均有显示，每个节目的要点亦有所提点，以图式化的形式比较全面地呈现出《大学》要义。从中间部分看起，纵向的自上而下，是明明德、亲民、止至善立于其中，格物、致知、诚意直至治国平天下，逐层推开；横向的自右而左，“齐家之下”作为“亲民之事”的“明明德于天下”全面铺开。“明明德”包括“齐家”之前诸条，包括“齐家”，“亲民”指“治国平天下”，此点与朱子不同，朱子以“修身以上，明明德之事也；齐家以下，新民之事也”。“亲民”展示较为详备，并列出了治国和平天下两条主要内容，重视孝悌慈、仁让恕，亲作新，强调“教”的作用，故条目内容以“上—下”结构论列，具有“以道觉民”“化民易俗”的深意，其结果造就“旧邦新命”的治平之道。“止至善”为整个“大学之道”的总归，将全部内容承载于内，此又以“格致”为发端，黎立武于此别具一格，认为“格物”则能“知本”，“格物即物有本末之物，致知即知所先后之知，盖通彻物之本末、事之终始，而知用力之先后耳。夫物，孰有出于身心家国天下之外哉”，图之左侧所示即他所言“物有本末，指心、身、家、国、天下而言。事有终始，指格、致、诚、正、修、齐、治、平而言”；对于“致知”，他特别突出“知止”之义，图之右侧，即他所言“首揭知止二字以及定静安虑得之序乃一篇之枢要”，在《本旨》中，他还结合艮止之易道阐发“止”，并在《大学发微》中对此做了详尽发挥；由“格物致知”可通彻其余诸条，由“物格知止”可得一篇枢要，二者归于“止至善”，故能将整部《大学》本旨涵括于内。

黎氏之学属兼山学派，乃程门后学支流，其解《大学》的最大特色在于重视“止”的意义，并结合“艮止”为说，即本于兼山学派的易学传承。黎氏虽回避朱子思想的影响，但承继同一理论源头，使某些观点还是表现出相近的趋向，如主张亲作新、认定曾子之作、分三要八条、重以道觉民等。《四库提要》评黎著曰：“要其归宿，与程、朱亦未相抵牾，异乎王守仁等借古本以伸己说者也。惟其谓《中庸》《大学》皆通于《易》，列图立说（引者按：黎氏有《中庸指归》图及分章图式，有数十幅），丝连绳贯而排之，则未免务为高论耳。”无论如何，黎立武出于对《大学》本身义理的阐释，以彰显经典“本旨”为首要目的，于此图即可见一斑。从诠释路向上看，以《易》释《大学》，在《大学》

诠释史上亦足以开一新面向。遗憾的是，后世《大学》诠释，于朱学新本系统之外，重回古本（如王门后学及清代《大学》诠释，多取古本）的取向多有人在，至有蹈其辙而不知，而鲜有对黎氏之说认真反思并滋取者。

三、元代《大学》图——以程复心《四书章图纂释》之《大学》图释为例

有元一代，朱子的经典诠释具有笼罩性的影响。一方面，正如不少学者指出的，元代经学、四书学并非全属因袭，而有其创新和发明；另一方面，不可否认，阐朱与述朱仍是元代经学、四书学的主流倾向。随着朱学定于一尊，元代承接宋代朱门后学以来图解朱学之余绪，“或有难晓，则为图以明之，务使无所凝滞而后已”（《四库全书总目提要》，评许谦《读四书丛说》评语）。“以图解朱”的运动在阐朱、述朱的潮流中逐渐推向高峰，《大学》图（当然，图解朱学不仅限于《大学》）的衍化在此潮流中得以越来越繁盛。本节元儒程复心的《四书章图纂释》即其中的集大成之作。① 此书共 23 卷，共有 700 余幅图（《论语》部分最多，其中《大学句问章图纂释》卷含 23 幅图）。从文本结构上看，此书由两部分构成，一为《四书章图》，一为《四书纂释》，两部分有机地组合为一体。《章图》涵括章句、集注、或问，分章析义，必约而为图，本末终始，精粗必备，可谓“图无巨细”，粲然可观；《纂释》以集注为准的，并取语录、文集、纂疏等书及诸门人、先辈之论，参订异同，增损详略。

《四书章图》以阐明朱子集注立意为宗旨，他认同周敦颐立图作说的做法，认为“立象著书，阐发幽秘辞义，虽约而天人性命之微，修己治人之要，莫不毕举”（《隐括总要卷之上·叙立图本始》）。圣人之学的幽微、精要处，通过图式化再现，可以比较容易为人所掌握。就《大学》而言，其总体梗概，由图 7（《隐括总要卷之中》，下简称《隐括》）和图 8（《大学句问章图纂释》，下简称《章图》）两图可作为钩玄之导引。图 7 结合朱子小大学关系的定位和工夫之要旨来展现“大学入德之门”之蕴，于此可概知圣学之先后层级和终始之

---

① 元后至元三年建安吴氏德新书堂刻本，藏于日本国立公文书馆。国内所存单行善本仅见元刻残本六卷，其中《中庸》一卷，藏山东省博物馆；《孟子》五卷，藏国家图书馆。详参顾永新. 元程复心《四书章图纂释》初探［M］. 陈来，朱杰人. 人文与价值——朱子学国际学术研讨会暨朱子诞辰 880 周年纪念会论文集. 上海：华东师范大学出版社，2011：201-210.《日本宫内厅书陵部藏宋元版汉籍选刊》（《日本宫内厅书陵部藏宋元版汉籍选刊》编委会. 日本宫内厅书陵部藏宋元版汉籍选刊：第 25 册［M］. 上海：上海古籍出版社，2013.）选印有《四书章图纂释》五卷，乃日本宫内厅书陵部藏两部元刊本之一，两册五卷本，包括《隐括总要》三卷，《学》《庸》章图纂释各一卷，未附《学》《庸》或问，版式、行款与公文书馆基本相同，但不含《论》《孟》之部。

序，图 8 列于《大学章图》开篇，简明标示出三纲八目之属及为学次第，要而不烦。在具体的条目上，《章图》则非常重视将朱子诠解的义理脉络勾画出来。如“格物补传”之后，《章图》作图（图 9）将朱子补传的基本内容按条理分释出来（与其他几处对应，缺损处当作“益穷其理”），以“理”“知”为主线来把握住补传的精髓，以之贯穿致知格物的注解；进一步分疏指出补传之立论是分别从“以固有言”“以异禀言”“以用力言”“以贯通言”四个角度展开的，四者又分别对应“心理之全”“心理之蔽”“致格之要”“致格之效”的实然层面；图的上端录朱子之语说明“致知”在《大学》系统处于“梦觉关”的特殊地位，“格物是零细说，致知是就全体说”，图下端之言则强调了“存心”的重要性。图式实际包含了三层释义，将朱子所论“致知格物之义”比较饱满地呈现出来。

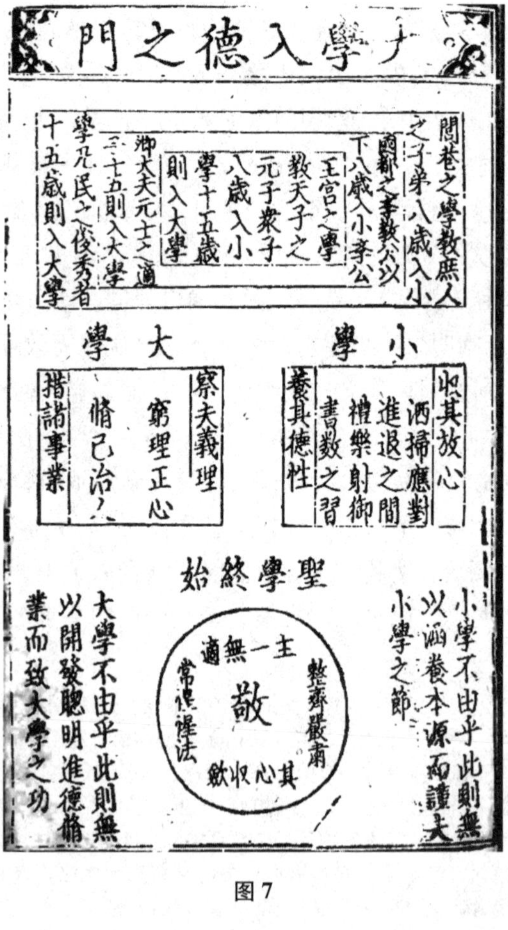

图 7

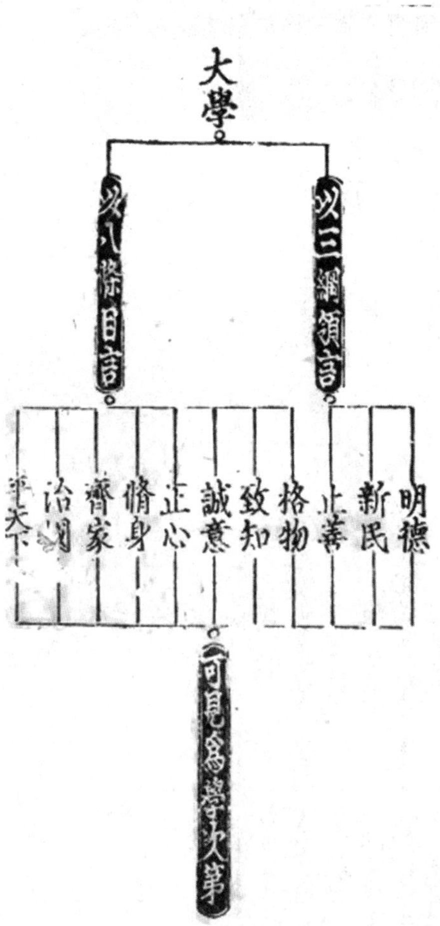

图 8

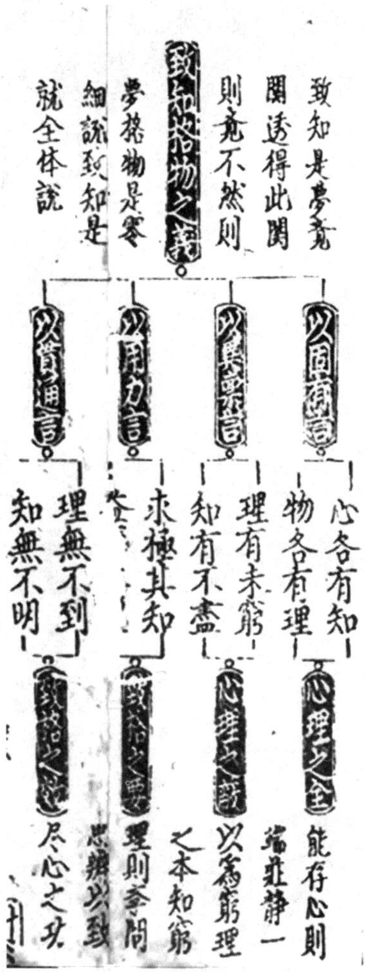

图 9

不仅如此，《隐括》中还有“致知格物之故”图（图 10），并一段纂释对朱子致格之义再作申解。与图 9 依附传文为中心相比，图 10 更直白地提出从“心—理”结构出发解释格物，“人之为学，惟心与理”（《隐括》），心乃“主于一身，包乎众理”，理则“原于一心，散在万物”，可见心与理是一体可通的，故可本乎心以明理，由乎理以知物。具体而言，需用力于“身心性情之德、人伦日用之常，以至天地鬼神之迹，鸟兽草木之宜，自一物之中莫不有以见其所当然而不容已，与其所以然不可易者，必其表里精粗无所不尽，而又益推其类以通之……”结合传文“即凡天下之物”“因其已知之理”及如何“豁然贯通”，《章图》有针对性地做了疏解，阐明“致知格物”之“故”。

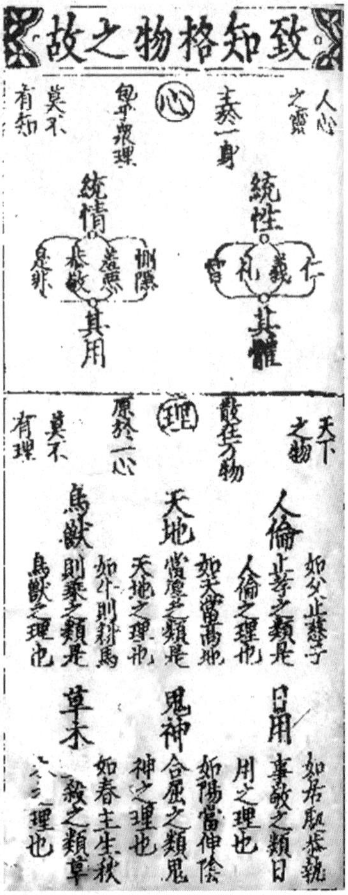

图 10

这提示出要将《章图》各分卷和《隐括总要》结合而观，方能尽其旨意。《章图》中，依各章节文义为图，解释集注义理脉络；《隐括总要》则总体概括、撮要、引申①，统合语类、或问及朱子思想体系，融会性地作图。前者重在解“义”，后者常以明“故”，即解释“义”之所以然。从整体上着眼，《隐括总要》还善于将诸经结合起来思考。图 11 所示“诚意之学”，即将“大学诚意”与“中庸诚身”对比而观。其实，《学》《庸》结合，是《四书章图》的一个富有特色的理论主张，为此专门作“大学中庸工夫合一之图”，如图 12 所示。

① “隐括”原义指矫揉弯曲竹木，使之平直或成形的工具。后引申为：矫正邪曲的器具，修正，审度，查核，概括；或引申为标准、规范的含义。

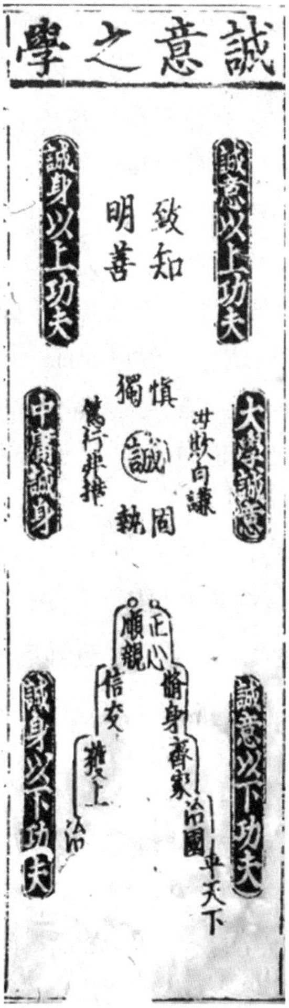

图 11

图 12

图 12 从三方面明《学》《庸》合一，明明德与致中和合、新命与教政合、止于至善与依乎中庸合，图两侧外围文字是解释相合之因由，结合本图后的附文，《大学》所止以敬而入，《中庸》所依以智仁勇入，“贯之皆诚也”，故相合。《四书章图》认为，学庸工夫合一，其根本原因在于二著在本质上是相通不二的，当然，这点源于朱子的揭示；在“大学言学中庸言教”一节，《章图》专门阐发了这一独特的学庸关系论：《大学》专言学，朱子序之却首释为教人之法；《中庸》专言教，朱子序之却首揭古之道学之传；《大学》言心不言性，然平治之极皆发于性之端，自明而新也，《中庸》言性不言心，然位育之极皆发于心之实，自诚而明也。此可见程复心对“濂洛诸儒未尽之旨”的发明。

《四书章图》之图式，具有对待、相反、成列的特点，体现出其对朱学体系的独特整顿模式。时人对此著评之甚高，认为此著“辅翼朱子之教，使人知为学之叙”；“道德性命之理，一览而尽得之，有补于理学者甚大”；“见者易晓，卓然有补于世教”。[①] 一方面，朱子博大的学问系统和精深的义理诠释，为图解朱学提供了必要性和可能性；另一方面，章为之图，图为之释，使朱学系统进一步条理化，尤其是对于接引初学进入朱学殿堂具有得力的功效。这是“以图解朱”的积极价值体现。明初，《四书章图》与倪士毅《四书辑释》、王元善《四书通考》合编本开始通行，以《辑释》为主。续修四库全书所收《四书辑释》即此合编本。惜其取图不全、纂释不见，全无程著本有的“图文并茂”“图释一体”的有机特色，不免“糅杂蒙混，纷如乱丝”（《四库全书总目提要》评《四书辑释》）之弊。

四、明代《大学》图——以刘蕺山《三纲八目图》为例

明代心学的兴起及对《大学》古本的提倡，让我们看到思想演进的经典需求。只有直面经典，创造性的诠释才能逐渐生成。首当其冲，是对朱学系统的质疑和反动，这从王阳明及心学系统的《大学》诠释中，可以明显地看出来。他们提倡重回古本，与此相应，明代《大学》图式，整体上表现出不同于元代图释朱学的面貌，而是直接表达对《大学》本经的理解。[②] 王阳明之后《大学》诠释发展的一个重要趋向，表现为诠释宗旨的不断变迁，不同宗旨反映出对《大学》思想的不同理解和定位，这种情况实自程朱以来一直存在：《大学》一书，程、朱说“诚正”，阳明说“致知”，心斋说“格物”，盱江说“明明德”，钊江说“修身”，见罗说“止修”，等等。宗旨的变动，与当时的讲学风气有关，讲学需要立个头脑、确定做工夫的下手处；更重要的是，变动的背后往往是思想主张的论争，《大学》文本本身具有开放性特征，在诠释《大学》时提揭出不同的宗旨，往往是掺杂“借宗旨以申己说”，具有“六经注我”的意味。到了理学殿军刘蕺山那里，他对《大学》有新的阐发，标举“诚意慎独”为宗旨，这其实也是他自身思想的主脑所在。在《大学》改本选择上，蕺山曾有过游移，但在宗旨上，始终坚守“诚意”之学。

蕺山立宗“诚意”来统摄《大学》，做出融贯性的诠解。他说：“必言诚意

① 相关评论见于《四书章图》卷首“题赠序文”部分。

② 明代理学学者亦然，如蔡悉《大学注》中《致知格物》及《诚意关》二图，四库馆评曰：大旨以慎独为要义，致知格物为先务。

先致知，正亦人以知止之法，欲其止于至善也。意外无善，独外无善。故诚意者，《大学》之专义也，前此不必在致知，后此不必在于正心也；亦《大学》之完义也，后此无正心之功，并无修齐治平之功。”①所谓“专义”是指专门解释“诚意”的那一章，但不能认为“诚意”即是“致知”和“正心”之间的一个过渡环节，因为“《大学》只是一贯底血脉，不是循序的工夫”②。血脉之一贯即在于“诚意”，这正是“诚意”作为“完义”的意思，“诚意”并不是独立的一个条目，而是贯通整个《大学》为一体而全然呈现在各条目之中。“诚意”作为中心、枢要、定盘针，居于“本”的主宰性地位：“《大学》之教，只要人知本。天下国家之本在身，身之本在意。意者，至善之所止也，而工夫则从格致始。正致其知止之知，而格其物有本末之物，归于止至善云耳。格致者，诚意之功，工夫结在主意中方为真工夫。如离却意根一步，亦更无格致可言，故格致与诚意二而一，一而二者也。”③只有“意根”立，才能成就真工夫，这明确强调了“诚意”乃《大学》诸工夫成为可能的先在性之底蕴和根据。

了解蕺山基本的思想进路，再来看他的《大学》图，就比较容易切入。在《大学古记》一文之后，蕺山作有《大学三纲之图》《大学八目之图》两图。两个图式相对简洁，但并不容易看懂。如三纲图（图 13）④，简单的三个圆环，似无甚深意；八目图（图 14）⑤ 方方正正，标注了不少词条，却没有提及“八目”之任何一“目”，让人费解。实则，这两幅图是“归显于密”的蕺山思想最为直观的显示。

---

① 刘宗周．读大学［M］//吴光．刘宗周全集：第四册．杭州：浙江古籍出版社，2007：417-418. 本文所引蕺山文，均出自此版全集。

② 刘宗周．学言：下［M］//吴光．刘宗周全集：第二册．杭州：浙江古籍出版社，2007：452.

③ 刘宗周．学言：下［M］//吴光．刘宗周全集：第二册．杭州：浙江古籍出版社，2007：390.

④ 刘宗周．大学古记［M］//吴光．刘宗周全集：第一册．杭州：浙江古籍出版社，2007：638.

⑤ 刘宗周．大学古记［M］//吴光．刘宗周全集：第一册．杭州：浙江古籍出版社，2007：639.

大學三綱之圖

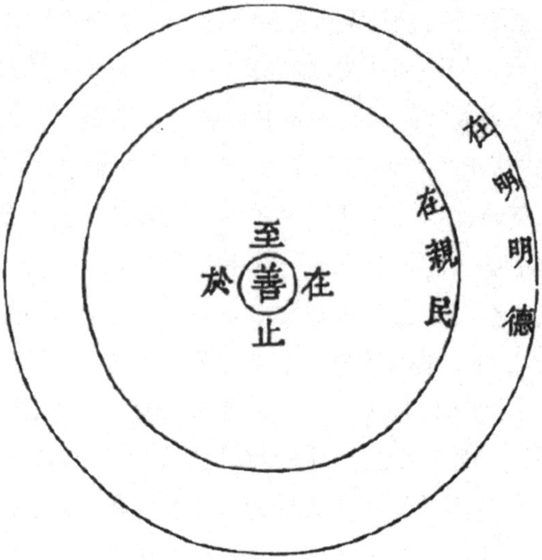

图 13

大學八目之圖

图 14

先看“三纲之图”。“在止于至善”是始，在明明德以亲民是终，这是就“事有终始”言。就“物有本末”言，至善是性体，是物之本（《大学古记》）。图中“善”在最内圈，往外依次为“在亲民”“在明明德”，既有“事物终始”的意思，更突出了“善”作为“本”的意蕴，立本则末自会从出，“知乎此者，以一本握大学之枢，而始之，而终之，渐进于止焉，明亲一贯在是矣”①。蕺山对中心之本的重视达到了无以复加的地步：“三物一物，三事一事，大学之要，止至善而已。……似有渐次，实无渐次，故一知止而学问之能事毕矣。”②此思路源于蕺山“诚意”之学对独体、意根的重视，认为即本体即工夫，纲举就能目张。“八目之图”依然顺此思路，虽没提到八条目之名，但本末有致，从“诚意”到“平天下”一一对应，又是十分明显的。中心圆圈内的内容表示“诚意”，圈内还有一黑一白的小圆圈，代表“慎独”，“诚意”必由乎“慎独”，“独”乃诸事之根底，故居最内，一黑一白者，言其隐微与显现并存，慎独则即有即无、即动即静、即知即行，暗然而日章也；“欲诚其意者，必先致其知，而其功归于慎独。独者，藏身之地，物之本也，于此慎之，则物格而知至矣”③，可见，“诚意”圈内含着格致之要；圆圈之外都是方形，圈外第一方形代表“所谓修身在正其心”，四“所”字立于四角，即此章所言四“有所”之病，《大学古记》解此章云：“意不诚，则发而为喜、怒、哀、乐，无往而不陷于有所”，与此图相合；第二方形表示“所谓齐家在修其身”，其间的文字来自此章“好而知其恶，恶而知其好”，否则，就会有所“僻”；第三方形表示“所谓治国在齐其家”，帅仁兴仁，帅暴兴暴，始于一念，应以修身为本；最外面的方形表示“所谓平天下在治其国”，平天下之要在孝悌慈，“三者皆治国之道，举而推之，即平天下之道，若握矩于此，随处比度，无不得其方者然”；不过，“盖矩之成器虽在国，而矩之运手则在心。此平天下之要道也”。④蕺山在《大学古记》篇末加按语点明：“平天下之道，只在治国之孝悌慈而絜矩以广之，与天下同好恶而已。然非明本末之辨，无以端好恶之矩；不预端好恶之矩，无以建絜矩之

① 刘宗周．大学古记约义［M］//吴光．刘宗周全集：第一册．杭州：浙江古籍出版社，2007：644.

② 刘宗周．大学古记约义［M］//吴光．刘宗周全集：第一册．杭州：浙江古籍出版社，2007：644.

③ 刘宗周．大学古记［M］//吴光．刘宗周全集：第一册．杭州：浙江古籍出版社，2007：629.

④ 刘宗周．大学古记［M］//吴光．刘宗周全集：第一册．杭州：浙江古籍出版社，2007：633.

极。……平天下章虽曰先治其国，而八目一齐俱到。”①《学言》中说道：“心中有意，意中有知，知中有物，物有身与家国天下，是心之无尽藏处。”这样，外方内圆实则为本末一体的理论体系。“《大学》认定始终本末，是入道之诀”②，看不透“始终本末”，不能解对《大学》，蕺山认为历来诠解《大学》出现差谬，问题就出在这里。

为什么八目图中“正心”之前用圆形，“正心”之后用方形，而不统一用同一图形呢？蕺山在发挥“絜矩”之义的一段文字颇能解此意：“天圆而地方，规矩之至也。人心，一天地也。其体动而圆，故资始不穷，有天道焉；其用静而方，故赋形有定，有地道焉。君子之学，圆效天，方法地也。其独知之地，不可得而睹闻者，效天者也；由不睹而之于无所不睹，由不闻而之于无所不闻，地道之善承天也。易曰：君子敬以直内，义以方外。规矩之至也。立一身于此，而环之以家，又环之以国，又环之以天下，虽广狭不同，矩之方之，不过上下四旁之境。”③圆表示作为内在动源的独体，方是外在效用的具体展开；圆方分别象征天道、地道，由圆到方、由内而外，正是地道顺承天道的体现；圆方内外一体，以形象化的方式，表达君子应该效法的规矩。两幅图均与其诚意慎独之学旨意一致，具有立本体、明枢要、正规矩的深意，体现出向内收缩、收归一本、由本立末、由体开用、圆融一滚的理论特色。

五、清代《大学》图——以毛奇龄《大学知本图说》为例

清代《大学》学的发展较为明确地向文献考据的实证性方向靠拢，《大学》逐步褪去“四书”系统内的“圣经”身份，重新回归《礼记》体系，不过是其中“通论性”的“传记”而已。由此展开的诸种考辨研究，很大程度上反映出立足经典考证的立场对宋明理学的攻驳，但这种态度不能简单地以反动、否定、断裂来定性，其间有着“内在理路”的关联，表现出“每转益进”的连续性。这点在清初学术中比较明显。此节毛奇龄《大学知本图说》关于《大学》的解读，就体现出这种批判与延传的双重特征。

《大学知本图说》不仅是对《大学》“本”的观念做出系统化解说，并由之

① 刘宗周．大学古记［M］//吴光．刘宗周全集：第一册．杭州：浙江古籍出版社，2007：637.

② 刘宗周．大学杂言［M］//吴光．刘宗周全集：第一册．杭州：浙江古籍出版社，2007：655.

③ 刘宗周．大学古记约义［M］//吴光．刘宗周全集：第一册．杭州：浙江古籍出版社，2007：651.

建构起他对《大学》的诠解体系。重“本”乃儒学一脉相传之要义，《论语》讲“君子务本”，《孟子》讲“先立大本”，《大学》更将“本”提升为其思想体系建构与展开的逻辑原则。前节所述蕺山对《大学》的理解，就对“本”的思想十分强调。对《大学》之“本”的图式解读，早在宋代即有先例，南宋理学家程时登曾作有《大学本末图说》一卷（惜已佚），元代许谦《读四书丛说》有《本末图》。然比较系统性地阐发，应属毛奇龄的《大学知本图说》。《大学知本图说》一书主要由《大学知本图说》《大学知本图》《大学知本后图说》《大学知本后图》所组成。《图说》叙述其受古本《大学》之经过及对圣道的体悟。《知本图》依《大学》原文之次序，分段画图明义，列“大学有本”（图15），“格物知本”（图16），“格物以修身为本”（图17），“修身以诚意为本”（图18）四图①，分别对应着相应的经典原文，四图之间具有逐层递进的关系，构成一个紧凑的解说结构，图后有简短文字说明。下面，先逐节分述其说，再略做评析。

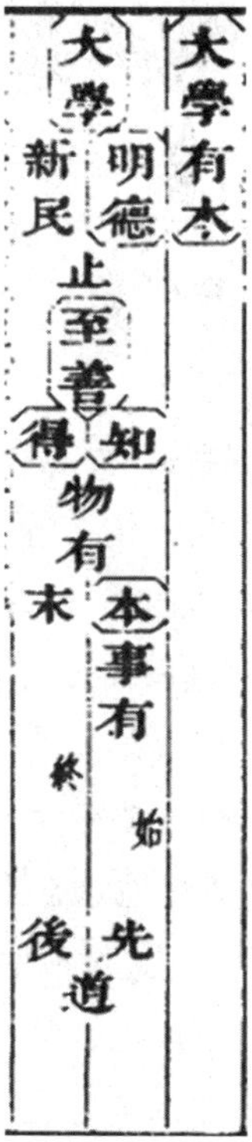

图 15

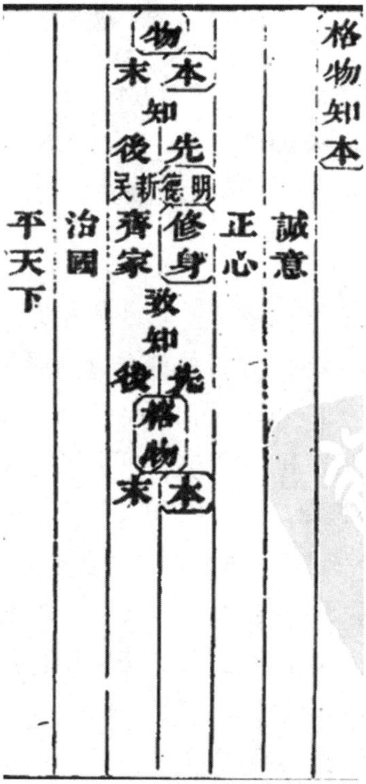

图 16

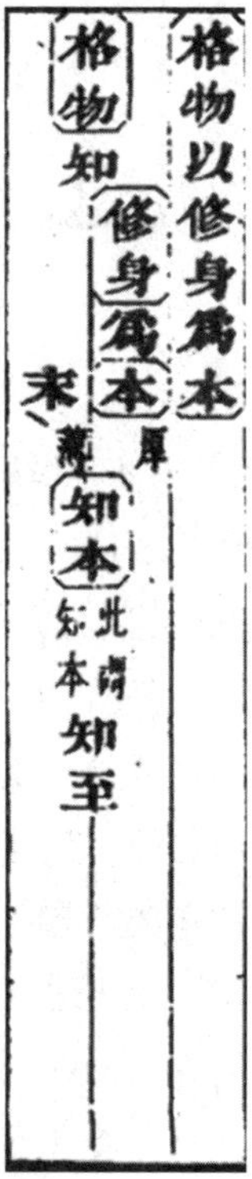

图 17

① 毛奇龄《大学知本图说》，参见于续修四库全书的经部四书类，第 94-95 页。

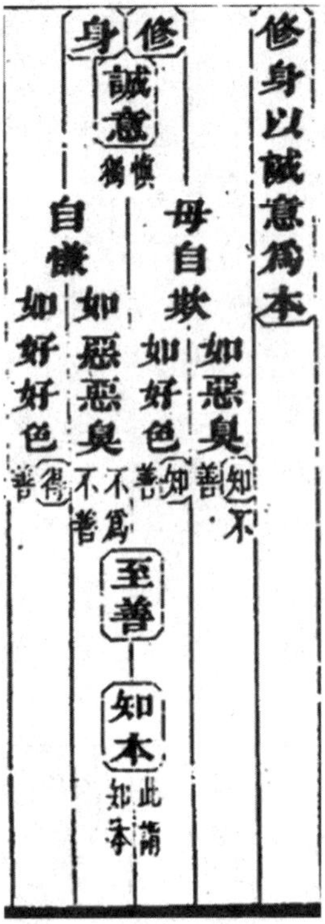

图 18

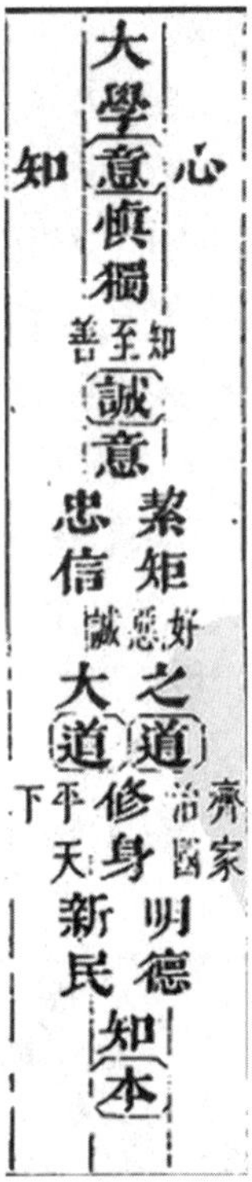

图 19

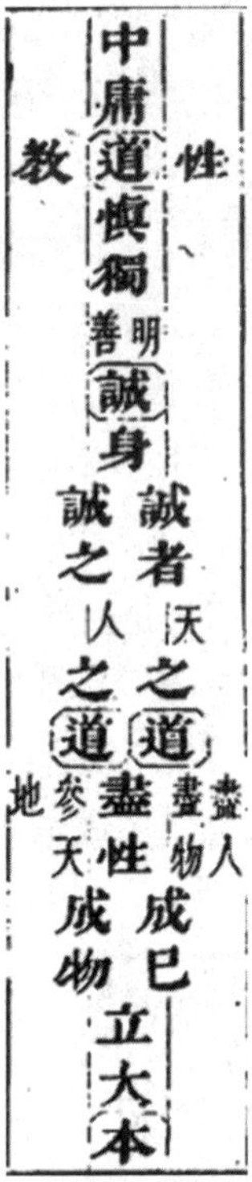

图 20

“大学有本”图后之说：“《大学》之道在治己、治人两端，而总在于止至善。其止善之功，则必以知始，以得终，知行合而圣功备矣。定、静、安者，知善所在，则心意不撞扰也。虑即意也，即后文‘诚意’是也。第其中有本焉。”① 这是对“大学之道，在明明德，在亲民，在止于至善。知止而后有定……则近道矣”的图式解说，《大学》开宗明义，标举“《大学》有本”，以止至善为总归，具体可分治己、治人两部分，《知本图》所作主要涉及“治人”的一面。强调“知行合”，两不偏废；“虑即意”的说法也值得注意，“意”乃后天已发的念头之义。这两点后面更详。“格物知本”图讲“古之欲明明德于天下者先治其国……国治而后天下平”一段，他说：“是以学者用功，从‘格物’始。但就物之本末而量度之，知明德先于新民，修身，正心，诚意先于齐家，治国，平天下。而知先之学，全在知本，所谓格物也。格者，知也，量度也。

① 毛奇龄《大学知本图说》，参见于续修四库全书的经部四书类，第 94 页。

此《大学》初下手处，第约略简点，毫不用力，衹求《大学》之本在何所而已。”① 以“诚意、正心、修身、齐家、治国、平天下”为“物”，“格”乃量度，“格物”既非穷理，亦非正其心之不正，而是量度此作为“物”的诸项条目之本末关系，以知晓其间先后次序，其中的关键在于明确“本”之所在。毛氏认为“格物”之宗旨即在于“知本”，这是《大学》工夫的入手之处，乃简易直截的工夫。接著“格物以修身为本”之图，此图对应“自天子以至于庶人，一是皆以修身为本。其本乱而末治者否矣，其所厚者薄，而其所薄者厚，未之有也”这段，他说：“乃格之，而始知其本在修身也，知本在修身，则知本也，知本则知至，所谓物格而知至也。夫然而大学之功有下手处矣，然而仍不自修身始也。”②“本”在于修身，知此就实现知至，达到格物的目的。最后“修身以诚意为本”图，解释“所谓诚其意者：毋自欺也，如恶恶臭，如好好色，此之谓自慊，故君子必慎其独也！……故君子必诚其意”这段文字，他说：“格物以修身为本，而修身则又以诚意为本，虽身有心、意，不分先后，而诚意之功则先于正心，何则？以意之所发始知有善不善，亦意有所发始能诚于为善，与诚于不为不善，正心时无是事也。是以诚意二字为圣门下手第一工夫，假使意发而不善，则必知其不善，一如恶臭之在前，而恶而去之，其知不善者，知也，不欺也，恶而去之则行也，得也，自慊也。意发而善则必知其善，一如好色之在前，而好而求得之，其知善者知也，不欺也，好而求得之则行也，得也，自慊也。如是则与小人之为不善，揜其不善，而著其善有大异矣。正所谓慎独也，此工夫也，此即盛德至善也。此本也。”③ 意为已发，诚意即使发为不善的意归于善，此乃圣学工夫的根本。心、意并属身，无先后之分，诚意在先的原因在于意之发后，始知善与不善。

“修身”以下诸条目，属于“治人”的范畴，未作图分疏，他说：“乃自诚意工夫，一分善不善，而知而行之，以求得于善，而心已正，身已修矣。由是而家、国、天下，皆以此推之，如忿懥忧患，亲爱傲惰，好好恶恶与反好反恶，民好民恶，无非诚意中善、不善两端，与知善知不善，行善不行善两途，而本末一致。先后一辙，治道虽繁，一矩可絜，《大学》学此而已。”④ 这是认为做好了诚意等“治己”工夫，则自然能明善与不善，这就与治人之道相合，所

① 毛奇龄《大学知本图说》，参见于续修四库全书的经部四书类，第 94 页。
② 毛奇龄《大学知本图说》，参见于续修四库全书的经部四书类，第 95 页。
③ 毛奇龄《大学知本图说》，参见于续修四库全书的经部四书类，第 95 页。
④ 毛奇龄《大学知本图说》，参见于续修四库全书的经部四书类，第 95 页。

以，抓住修身诚意之本，絜矩推行，则治道可成。毛氏后面逐条未作图，但他对“行”并不忽视，“诚正在力行，治平在讲论，而特是讲论亲切，仍资力行”①。这与清代经世重行的风气是一致的，只是在依于《大学》体系，有不同的侧重。

《大学知本后图说》则以前一部分的立论为根据，说明《大学》的精神应与《论语》《孟子》《中庸》思想相贯通，并画《大学知本后图》，以“大学知本”（图19）与“中庸立本”（图20）② 并列，二图节次相配，将《中庸》之名目与《大学》相配合，将《大学》的“诚意”和《中庸》的“慎独”结合贯通，藉以说明《大学》《中庸》皆是以修身为本，而修身又以诚意为宗的含义，这样解释就让经典融会贯通，无所窒碍。

毛氏《大学》图说体系博约兼资、综整前说、自成一家。对阳明之学有所继承，重新诠释了格物传，表现为朱子补传及性情观的批判；诚意说虽有似蕺山，但实不同；在论证方式上，以依归经文本身做出通贯性诠释为先务，并不“以意逆志”地进行发挥；强调知行并用，体现出时代特色。不过，毛氏之说也有其未意识到的矛盾：“以格物为量度之意，以知本为诚意，不知未知本时持何术以量度之？且既已知诚意为本，则遵而行之已矣，又何用量度？”（《四库全书总目提要》评《大学知本图说》）而且，“格物”与“诚意”均作为《大学》入手之工夫，两者在入手工夫问题上的逻辑关系并未做出相应的调适。从其矛盾之处可见，实证取向的研究并不能完全解决经典所蕴含的问题，问题的深入和推进似还不能缺少创造性诠释的思想提点和义理贯穿。然而，清代学术回归经典、实证考据的路径日益占据主导，《大学》由此逐渐走向“复厕于礼篇”的旧路，则是不难想见的。

六、《大学》图的理论价值与研究意义

近现代以来，理论范式的转换与更新，并未抹杀《大学》图的存在意义。虽然很少再见到以往“为之章图”“立图为说”的图解范式，但《大学》图仍会在必要的时候出现在《大学》学的论述中。唐君毅先生“原格物致知”论述中，即有图式作为相应说明。③ 伍庸伯先生《礼记大学篇解说》为“方便表示

---

① 毛奇龄《大学知本图说》，参见于续修四库全书的经部四书类，第94页。
② 毛奇龄《大学知本图说》，参见于续修四库全书的经部四书类，第100页。
③ 唐君毅．中国哲学原论·导论篇［M］．北京：中国社会科学出版社，2005：194.

大意”，更作有多幅图表以辅助讲说。① 可以看出，近现代以来的学术话语体系内，《大学》图式仍有其存在之必要，与文字解说构成相得益彰的关系，这是《大学》图源远流长的重要原因之一。限于篇幅，此处不再详述。

以上对朱子以降的图解《大学》源流进行了大致的勾勒，所选介的图著，照顾时代因素，每时段各选一个代表，同时尽量展现出时代特色和多元类型，介述数量有限，仅供睹其大概。事实上，历史上《大学》图著作数量是非常可观的，除上述提到过的之外，仅按朱彝尊《经义考》所录，就曾有胡炳文《大学指掌图》、叶应《大学纲领图》、朱谏《学庸图说》、朱文简《学庸图说》、林处恭《四书指掌图》、吴成大《四书图》、吴苍舒《四书图考》等以图解为名的著作。不仅中国《大学》图源流不断，国外《大学》图也是不应忽视的一个重要分支，在欧洲就颇为流行②，在东亚尤其是韩国儒学中，更是形成了“以图为本”的图解传统③。可见，图解《大学》已形成了“世界性”的学术论域，而作为源头和主脉的中国《大学》图源流和体系，适时加以系统性地梳理和研究，就显得十分必要了。

在《大学》学的研究领域内，学者们往往以文字注疏为主要探讨对象，这

---

① 因梁漱溟等记录整理延传至今，现收于《礼记大学篇伍严两家解说》，见中国文化书院学术委员会．梁漱溟全集：第 4 卷［M］．济南：山东人民出版社，1990.

② 英国爱丁堡大学教授 Joachim Gentz 教授曾于 2013 年 3 月 20 日在北京大学作过题为《从东西〈大学〉图的比较看〈大学〉的结构与诠释问题》的主题报告，有助于我们认识《大学》图的意义和了解西方人视角下的《大学》图及其发展。在报告中，Gentz 教授分析了《大学》中所用的文本策略，指出文本由众多文内单元构成；而且文内单元多以排比形式出现，三种基本排比形式为：一般排比；相互交错排比；重叠排比。从阐释学角度，分析了关系图表在构建文本意义时的作用。用幻灯片展示了大量欧洲中世纪和中国宋代哲学文本的图表结构，直观地比较出了文本结构的不同；以及近几年他在欧洲的《大学》教学中收集的学生创作的《大学》图，图表形式多样，有道路型、动物型、人物型、漫画型、树型、拼图型、电脑游戏型等。从这些图表中，Gentz 教授总结出《大学》文本各部分间缺乏直接逻辑联系的缺陷。（见北京大学高等人文研究院网站）

③ 查《国际儒藏·韩国编·四书部·大学卷》，诸如《大学图》《大学五图》《大学章句图》《大学章图》等图解《大学》的著作不胜枚举。李纪祥．《大学》之图解——《朱子语类》中的《大学图》与权近《大学指掌之图》的比较研究［M］//李纪祥．宋明理学与东亚儒学．桂林：广西师范大学出版社，2010：225-251. 曾指出韩国儒学开启的作图示之的图解传统，并配之以文为说的解图，呈现出一种以图为本的儒学诠释特色；与之相对，中国儒学传统解《大学》偏于文字性的注疏集解，呈现的是以文为本的特征；并认为韩儒在引进儒学的初期，有一个从接受、消化到转化的过程，其中一个重要途径是通过大儒的理解消化，制作成图式，以便于韩儒对异于自身传统的儒学的理解，并适于广泛接受，故产生了大量的图式文本，并逐渐在韩儒传统中占据了重要地位。但须知，从本文上述梳理来看，中国《大学》学史亦具有相应的图解传统。

并无可厚非，注疏类的文字文本，毕竟是经学传统中的主流形式。不过，本文提出对图解《大学》进行专题探究，亦有其特别之意义。因为《大学》这一文本有其自身特性。一方面，《大学》文体具有很强的形式性和体系性，这点许多研究者都指出过，如朱子对《大学》分经别传，以之为立规模之典，称之为“纲目”“间架”“腔子”，牟宗三认为《大学》乃一“空壳子”等，都是针对其形式体系之特性而言，笔者称《大学》的这一特性为“儒学代数学”，这个特点和作为“宇宙代数学”的《周易》类似，非常适于图式化的表达，故而《易》图异常丰富，《大学》图亦然①；另一方面，《大学》又是重修养工夫的书，宋儒言《大学》乃入德之门，即就其工夫论特色而言，《大学》工夫节目详备，从格致到治平，从明德到新民，层级分明，并且工夫次第明确，有本有末、有始有终、先后有序，在图式中易于呈现此序次有伦、鳞次栉比的工夫论系统。故而，对于《大学》而言，图式化的解读和诠释，一定程度上具有不同于文字注疏的便利性和优越性，对于我们呈现《大学》思想体系及其工夫论特质提供了一个新的视域。

《大学》图所蕴含思想指向及其间的差异，说明图式和思想之间的紧密联系，故不能仅将图式看作对文字文本的简单重复。“图式”实乃通过提炼（主旨）、整合（内容）、熔铸（结构）而进行的“新创作”，“图像不仅用模拟表达着取向，以位置传递着评价，以比例暗示着观念，更以变异凸显着想象。”② 在图式中，出现哪些“关键词”，安排在何种顺序、次第和位置，整体呈现为怎样的架构，等等问题，都是经过了作者选择、排列和组合的慎重考虑，总体涵括着作者的价值意图和思想旨趣。所以说，图式本身即内蕴着理论性和思想性。历代《大学》图的变迁，纵然有其内容和类型方面的不同，然其间差异的实质，主要在于各《大学》图对《大学》文本的不同理解和诠释，内蕴着各自不同的思想观念。而且，《大学》图作为对《大学》及其《大学》学著作义理结构的显现、价值观念的外化，具有简明、直观、扼要、具象的特色。“画图以形其妙，析段以显其义”（《读四书丛说》吴师道序），直指全提，一目了然，是对《大学》文字注疏的反映、补充和完善——“图谶之属，虽非正文之制，然以取

① 但与《周易》不同的是，笔者并不认为《大学》只重形式体系，而无实质之内容，与“形式性”互为表里，《大学》是以性情思想为根底的工夫论系统，而且需要在下功夫修炼中将此“间架”和“空壳子”不断地“填教实着”。

② 葛兆光．思想史研究视野中的图像［J］．中国社会科学，2002（4）：74-83.

其纵横有义，反覆成章。”① 程复心就认为自己的《四书章图》“隐括朱子《章句》《集注》《或问》，分纲布目，总要会繁，本末始终，昭然义见”。（《四书章图》凡例）图式“深入浅出”地表达思想和义理，有助于增进对精深义理的理解，普及性强，受众广，对接引初学尤有价值。韩儒权近指出：“《大学》一书，纲领备而节目详，文简而易知，理切而易明。为学之序，用力之方，至为精密。在初学者，尤为当务之急。然初学之士，其于体用、本末、知行、功效，多不能察。语之虽勤，识之不易。今为此《图》，使之先观一经全体，了然在目。然后即是书而读之，则不烦指诲而自知其节次矣。苟能常目在之，潜心熟玩，则一部《大学》在胸中矣。”② 《四书章图》在接引初学方面，有更深切的体认：“使读者因图以玩解，则可以见文公用力之深；因解以求经，则可以见□□垂教之初。是于初学之士，亦不无小补云。”（《四书章图》自序）不仅由图作为进学之初，指点体见之要；而且指示出图—解—经的层级，使读者既得门径，亦明归趣。《四书章图》“凡例”指出：“初学子弟先且逐章取图细玩，然后熟读《章句》《集注》《或问》，则于各章之意，如驾轻就熟，指掌可求，不烦口授，亦训蒙之一助也。”可谓后学之指南、读书之捷径。观者可以“因图致思”，“体玩警省于日用之际，心目之间”，培养护持“敬”的工夫。《圣学十图》明确提出：“圣学有大端，心法有大要，揭之以为图，指之以为说，为入道之门，积德之基”。有学者进一步将“图式”所具的这类修养工夫上的价值，称之为“形象工夫论”，亦即“强调在人的道德修为中形象具有警示惕厉的作用”，“形象不只是表意传达的工具，形象本身具有存有学的意义”，对人之修养亦具有了“存在的扩充”（伽达默尔语）意义。③

总之，在《大学》图以及其他图解经典的诠释中，图式所具之思想意蕴，图说之间的互动和张力，需要更深入地加以挖掘；图式文本对于思想阐发、传教授学、工夫指引等方面的积极价值，值得重视。“图，经也；书，纬也。一经一纬，相错而成文”，“古之学者为学有要，置图于左，置书于右，索象于图，索理于书。”④ “图—书”有机结合、交互为用、相得益彰，可更好地表达思想，

① 挚虞．文章流别论［M］//郭绍虞．中国历代文论选：上册．北京：中华书局，1962：159.

② 权近．大学指掌之图［M］//《国际儒藏韩国编四书部》编纂委员会．国际儒藏·韩国编·四书部·大学卷1. 北京：华夏出版社，2010：4.

③ 陈昭瑛．李退溪《圣学十图》的诗性智慧与形象思维［J］．中山大学学报（社会科学版），2008，48（6）：119-131.

④ 郑樵．通志：第一册［M］．北京：中华书局，1987：837.

增进理解、启示教化。在文字文本之外，应充分关注“图”的存在及其价值。长期以来，历史上潜存的以《大学》图及以此为代表的“四书图”暗而不彰，据笔者陋见，还未见有现代学者进行过系统研究，今后的《大学》学、四书学研究，应在文献资料和研究视野方面相应地予以拓展。作为对此课题的初次爬梳，本文也只是勾勒大略，权作抛砖引玉，以俟高明厚实之作尔。

四书图学的理论价值及可能

——以《中庸》诠释的图解为例

提要：与易图、礼图等研究相较，学界对四书学领域的图式文本注意还很不够。以儒门心法奥义之书《中庸》的图式为例，不仅可看出四书图的数量丰富性，也表现出四书图的形式多样性，从整体结构到具体内容，范围关涉多维，思想主题涵盖全面。从诠释特色看，以图解经的实质乃寓目于图、由观进思，构造出内蕴丰富“想象力”的“思维动画”和“隐喻空间”，为思想的表述和再拓展提供高效的实现路径。作为一种建构性文本，图式不能仅被视为辅助文字注疏的次生文本，二者理应构筑起多元互进、相得益彰的共振诠释模式。不管是从文献思想层面，还是诠释实践层面，图式文本引入四书学领域，实乃十分可行乃至必要的研究视角。四书图理应与易图、礼图研究一道，共同构成“图式经学”的有机组成。从四书学在心性论域的侧重看，四书图学亦可为心性论研究提供新的思维活力、为心性修养工夫实证和境界扩充找到更直观的契机。

古人治学，“置图于左，置书于右，索象于图，索理于书”①，“图”为学问之必备，与“书”共同发挥应有之作用。“画图以形其妙，析段以显其义”②，用图说话可以成为一种特色鲜明、独立自主的诠释方法和途径。即使是“圣学”之内，以图解经依然发挥着重要的“导入”之功：“圣学有大端，心法有大要，揭之以为图，指之以为说，为入道之门，积德之基。”③ 本文以“图”为中心，试图对四书学诠释领域的图式文本及其价值等相关问题略作探讨。

---

① 郑樵．通志：一［M］．北京：中华书局，1987：837.

② 吴师道．读四书丛说序［M］//朱彝尊．经义考新校：九．上海：上海古籍出版社，2010：4554.

③ 张立文．退溪书节要［M］．北京：中国人民大学出版社，1989：1，34.

一、“以图解经”的诠释特色

历史地看，“图”的运用不仅非常广泛，而且形态多样，图像、图式、图表、图谱等均为其类，更宽泛去看，诸如插图、石刻、绘画、符箓亦可视为形象化的图类文献。从经典诠释的视域审视，其所涉及的“图”亦非单一，包括有呈现经典中器物形制的图像类、刻画传经谱系的图谱类、补充经典注疏的插图类、解读经典及注疏体系的图表图式类等，不一而足。本文侧重关注解读经典体系及其思想内涵的图式文本，需提前说明的是，为统观“图”的价值及意义等问题时，诸如图式/图像暂不做区分。

图式之所以受到广泛应用，与其独具的诠释特色是内在相关的。与文字诠释相较，图式诠释以直观化、形象化、结构化的形式来呈现理论体系的整体结构、刻画观念体系的联结关系、表征经典内蕴的思想信息和精神范式，具有直接性、延展性、象征性等优点，这些均为经典诠释所追求的重要特性。图式诠释当然也会有其局限，比如“图像史料有其自身纪实精准度差的局限性”，“随着思想表述的越来越深邃，图像的功用愈加式弱”①，可能会导出形式的经验性、观念的固化、义理的模糊性等问题。不过，我们认为没有一种诠释手段是完美无缺的，即使像文字文本的主流诠释方式，在经典诠释中也不难体会其相应的局限性。如果摆脱完美主义的视角，我们可以更深入地去发现图式诠释学的理论功能。正如有学者对朱子所用来解释其理论的一系列“图像”进行研究，总结出运用图像在解释哲学理论的两种重要功能：结构功能——“图像能将理论中各对象间的关系结构性地显示出来，从而让我们注意到那些属于关系的特性”；情感功能——“‘唤起对于一个事实的情感反应’，从而揭示哲学家（比如朱熹）试图肯定的那些价值”，并得出结论认为“画面图像（pictorial images）对于分析哲学文本至关重要，因为它们能够揭示其中具有原创性的东西，尤其是当哲学家需要对自己的新观点进行解释的时候。”② 由此可见，即使如前所言图式的“局限性”“模糊性”，在经典诠释中可能恰恰是其积极性的体现，正如象思维的功能一样，尽意莫若象，对思想意涵的表述、拓展和深化，图式并非必然处于式弱之地位：“图像所给予的

---

① 蓝勇．中国古代图像史料运用的实践与理论建构［J］．人文杂志，2014（7）：66-75.

② Donald J. Munro：Images of Human Nature：A Sung Portrait . New Jersey：Princeton University Press，1988：22-25. 转引自商戈令．图像、丛生与间性——探源中国哲学的新路径［J］．文史哲，2017（3）：5-18.

意义的多样性或丛簇性，是概念定义所无法企及的……图像方法还能在诠释和重新诠释图像内容的过程中，激发思想的创造性……与精准的定义和僵化的概念相比，图像为诠释活动提供了更加广阔乃至无限自由的驰骋空间……图像赋予了诠释者以自由，去挖掘其不可穷尽的意义源流，甚至开创全新的诠释路向。"① 丛簇性、间性、创造性，反映出图式、图像的本质即通过观念的视觉符号化，寓目于图、由观进思，来实现观念的创制、加工和生成（Mapping of ideas），构造出内蕴丰富"想象力"的"思维动画"和"隐喻空间"，为思想的表述和再拓展提供高效的实现路径，故而可以成为中国哲学，尤其是经典诠释学的新途径。

突出图式诠释的重要功能与价值的同时，我们认为对图式诠释中的感性化与理性化之间、先验性和经验性之间、意义空间的拓展与固化之间的张力等仍需保持省思，这一突出并非在诠释手段上厚此薄彼，以诠释效果为指向，我们认为图文之间的密切配合、交相互证是非常必要的。"图，经也；书，纬也。一经一纬，相错而成文。"② "书固所以明图者也，今君之图则又以明夫书者也。"③ 图式文本和文字文本理应构筑一种多元互进、相得益彰的共振模式。

在此基础上，我们想进一步强调的是，图式不仅不能像以往一样被简单视为只是"插图陪衬""看图帮腔"等用以辅助文字注疏的次生文本，图式自身的文本诠释价值应引起足够注意："非图，不能举要""非图，无以通要""非图，无以别要"④，因为"古经训诂至精，学人封执多失；传心岂如会目，著辞不若案形"⑤，故而就不难理解会出现"即图而求易，即书而求难"⑥ 此类的观点，总之，"有一图之义，极千万言而不能尽者；图之妙，实不在书之后"⑦。

---

① 商戈令．图像、丛生与间性——探源中国哲学的新路径［J］．文史哲，2017（3）：5-18.

② 郑樵．通志：一［M］．北京：中华书局，1987：837.

③ 程复心．四书章图纂释［M］．日本公文书馆藏本，元后至元三年建安吴氏德新书堂刻本，虞伯生学士序．

④ 郑樵．通志：一［M］．北京：中华书局，1987：838.

⑤ 王惟一．新刊补注铜人腧穴针灸图经［M］．闭邪聩叟，补；朱现民，校注．郑州：河南科学技术出版社，2015：8.

⑥ 郑樵．通志：一［M］．北京：中华书局，1987：837.

⑦ 王柏．研几图［M］．北京：中华书局，1985：自序．

基于图式在诠释活动中的理论特性来看，以图解经确为值得关注的诠释方法。①换个角度理解，“图”可以理解为文字的一种特殊形式，体现了特殊形态的“文”之表达。更重要的是，作为一种建构性文本，图式内蕴着属于自身的原创特质和思想空间，而且图式文本的历史和资源相当厚重，图式可以纠偏我们对于经典诠释方法和文本场域的单一定位，补足以往研究缺失的一面。

二、《中庸》诠释的图式面相

前文，我们对于形式结构性较强、笔者称之为“儒学代数学”的《大学》之图式进行过初步考察，显示出儒学史上《大学》图解文本源远流长的丰富脉络，并对以图解经在思想阐发、传教授学、工夫指引、警示体玩等方面的理论价值进行了初步讨论，那么，对于儒门传授“心法”的奥义之书的《中庸》，图式还能否发挥如此积极的诠释价值呢？如果对此问题能做出肯定性的考察，那么，或许一种新的四书图学的经典诠释模式，就具有了更充分的论说基础。

《中庸》所论性命、性情、慎独、中和、诚/诚之之道，均为儒家心性奥义之心法，朱子提出四书进学次第，以《中庸》为古人之微妙精论，宜在为学规模、根本、发越的经典学习基础上才能得窥其妙，也表明了这一问题。关于《中庸》的诠释解读，和其他经典文本一样，对文字注疏的关注仍是绝对主流，图式文献并未引起足够的研究重视。从《中庸》诠释学的角度看，不管是数量和内容，《中庸》图解都应是其中不容忽视的面相。

从出现时间看，朱子门人后学饶鲁即作有《大学中庸图》的专著文本（惜已亡佚），这或许是受朱子影响，朱子诠释经典时非常注重兼顾义理、象数，对图、表多有使用，这点在其易学诠释中表现尤为明显，其言礼制名物，论仁、性、学、絜矩之道等义理话题，均配有相应图式。宋以后经学范式以图释经模式逐步趋盛，实已滥觞于朱子。当然，若从图式背后的象思维看，在朱子推尊的道学宗主周敦颐那里已发先声了。跳出儒门而观，佛道二教对儒门“心法”之书《中庸》也颇为重视，《中庸》升格最早即从佛道诠释中兴起，他们同样使用到图式诠释的方法，如《中庸参赞图》。扩展地域而观，除了中国本土的图

① 有学者总结图像证史的作用为：一是在证史中起着决定性的作用，一是印证文字史料的作用，一是弥补文字史料不足的作用，一是提供思考的切入点。（陈仲丹．图像证史功用浅议［J］．历史教学，2013（1）：61-66.）本书认为第一点和第四点在经典诠释中同样发挥着重要的积极作用。

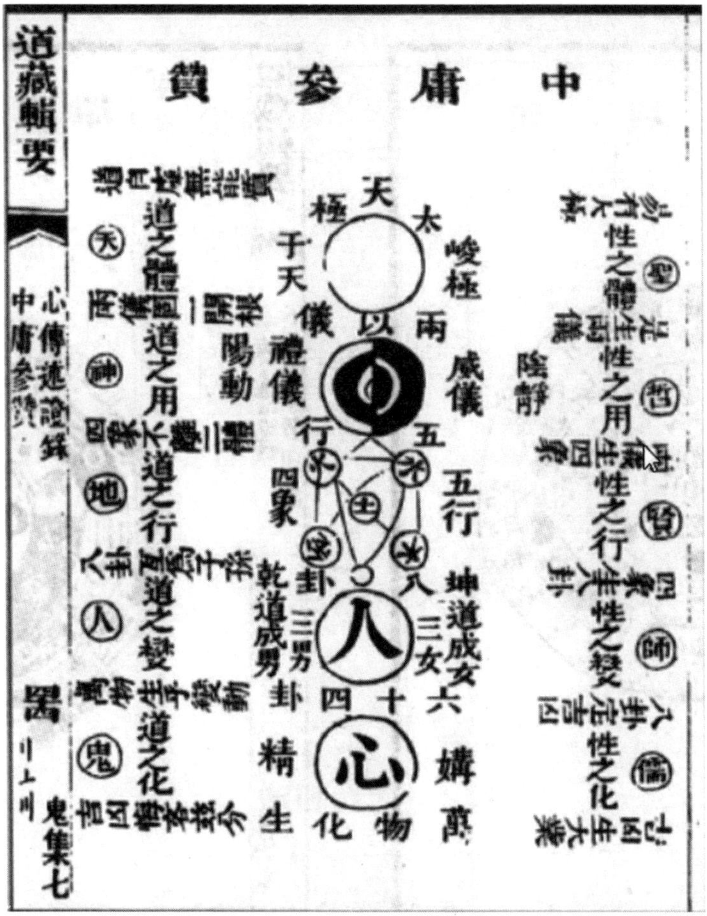

图 1　《中庸参赞图》①

式文本外，境外儒学经典诠释对图式的应用更为繁盛，可谓有过之而无不及，以《中庸》为例，如韩国儒学相关诠释就有《中庸之图》《中庸首章分释之图》《中庸七图》《中庸全图》《中庸图说》《改定中庸命性图》等图式文本的创作。这些都呈现着《中庸》学领域图式文本的丰富面貌。下面从《中庸》学比较关注的核心诠释域列图分观，以更好地展示图解《中庸》的丰富性和多样性。

① 梅芳老人．心传述证录［M］//藏外道书：第 7 册（道藏辑要）．成都：巴蜀书社，1992：748.

1.《中庸》分章之图式

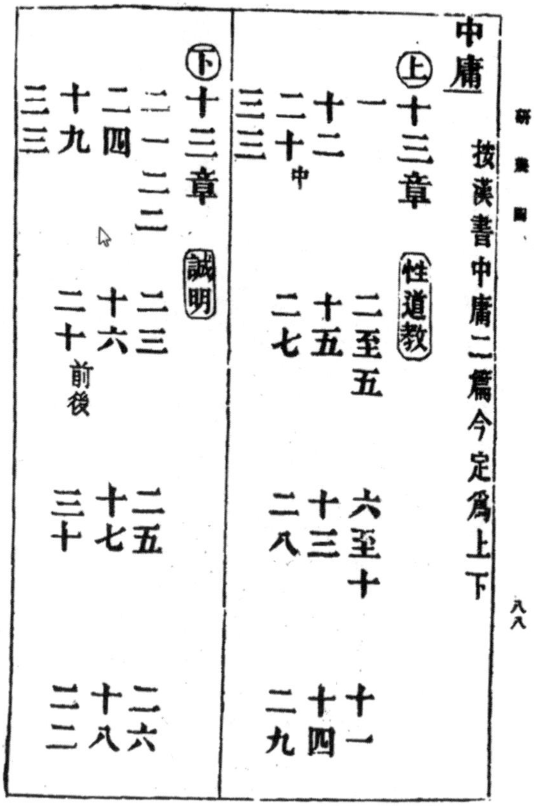

图 2 《研几图》①

① 王柏．研几图［M］．北京：中华书局，1985：88.

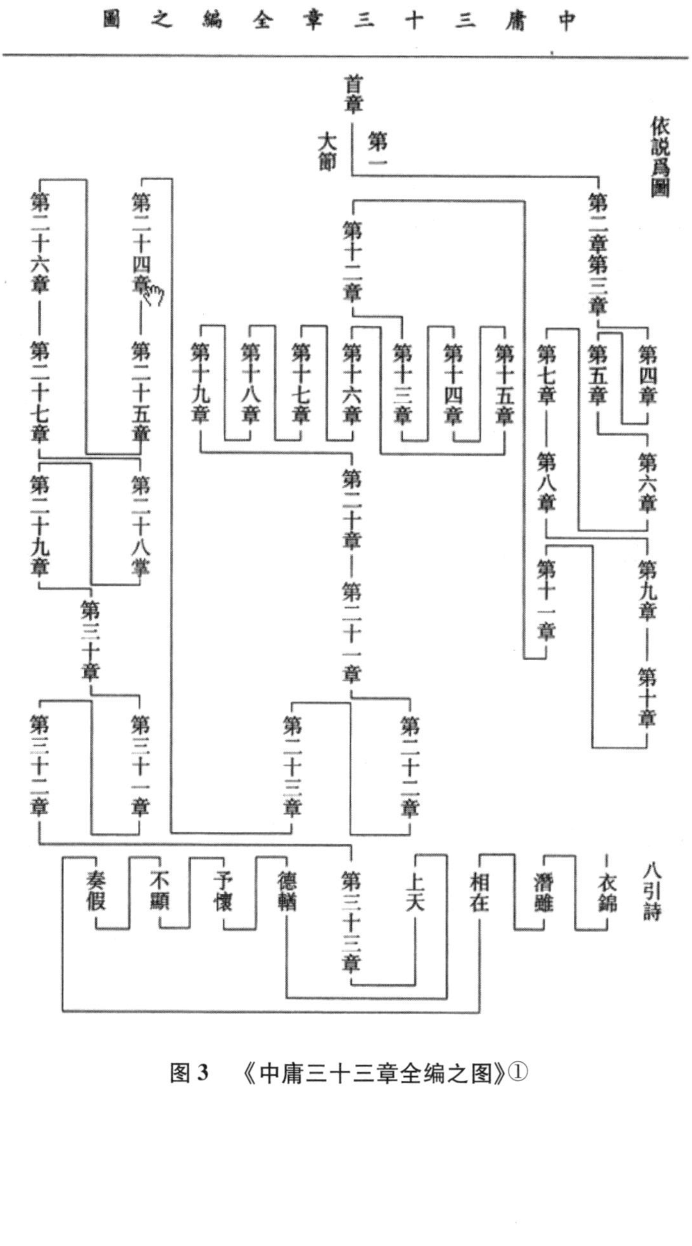

图 3 《中庸三十三章全编之图》①

① 朴箕宁．中庸图说［M］//《国际儒藏韩国编四书部》编纂委员会．国际儒藏·韩国编·四书部·中庸卷 3．北京：华夏出版社，2010：93．

2.《中庸》主旨之图式

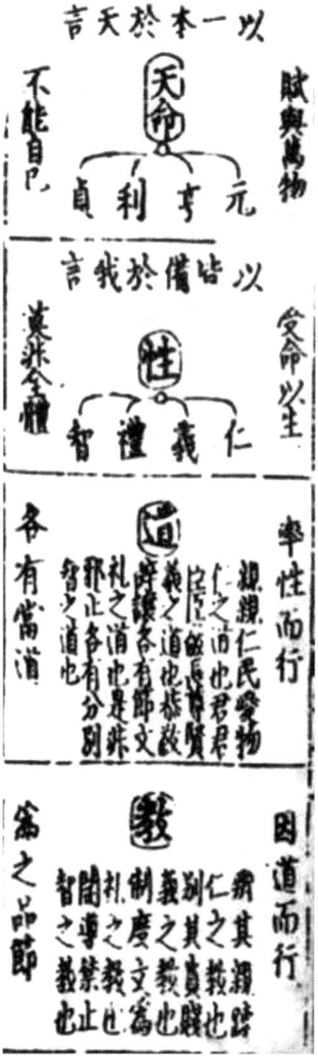

图 4　《中庸性道教之旨》①

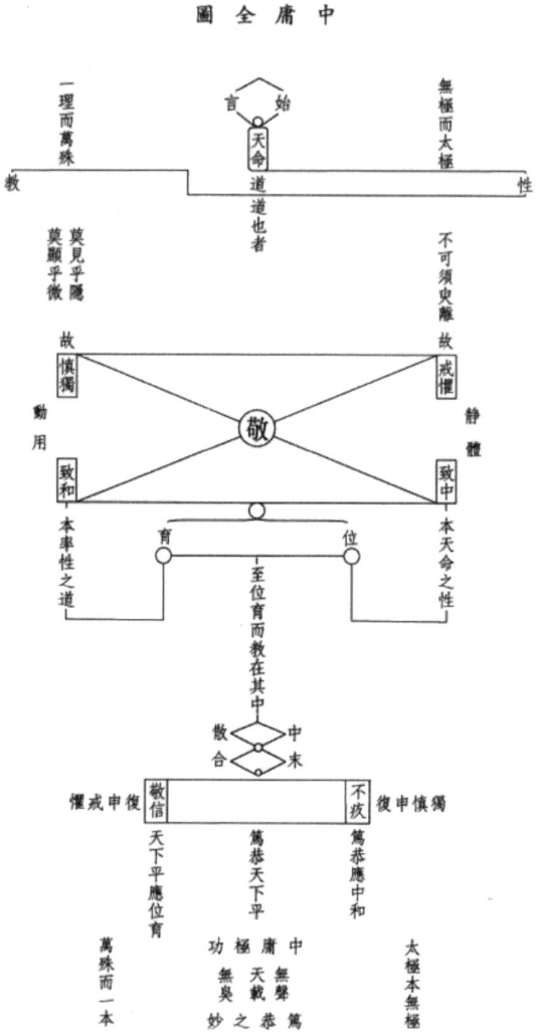

图 5　《中庸全图》②

① 《四书章图纂释》，隐括总要卷之中。

② 河友贤．中庸全图［M］//《国际儒藏韩国编四书部》编纂委员会．国际儒藏·韩国编·四书部·大学卷 1．北京：华夏出版社，2010：804.

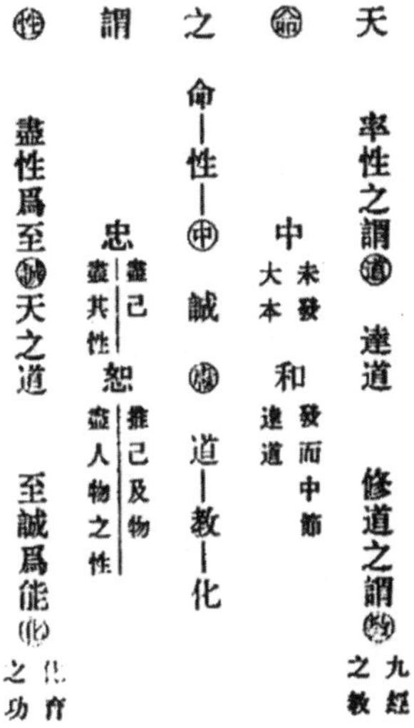

图 6 《中庸指归图》①

图 7 “易中庸虚中图”（部分）②

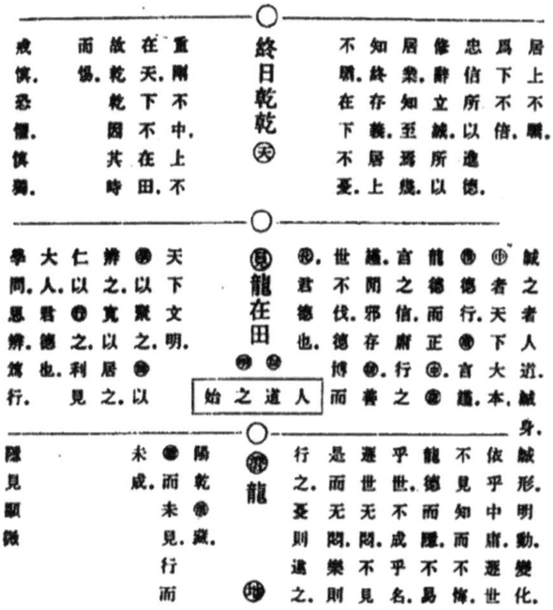

图 8 “易中庸贯通图”（部分）③

① 黎立武．中庸指归图［M］//中庸古本（及其他三种）．北京：中华书局，1991：1.
② 黎立武．中庸指归图［M］//中庸古本（及其他三种）．北京：中华书局，1991：13.
③ 黎立武．中庸指归图［M］//中庸古本（及其他三种）．北京：中华书局，1991：16.

3.《中庸》首章之图式

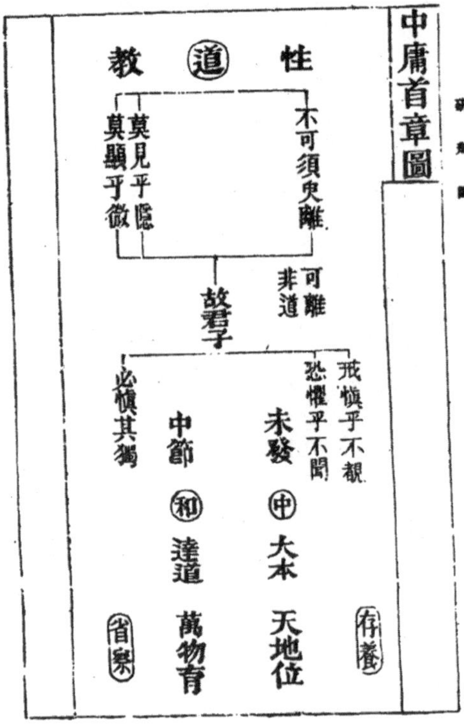

图 9　《中庸首章图》①

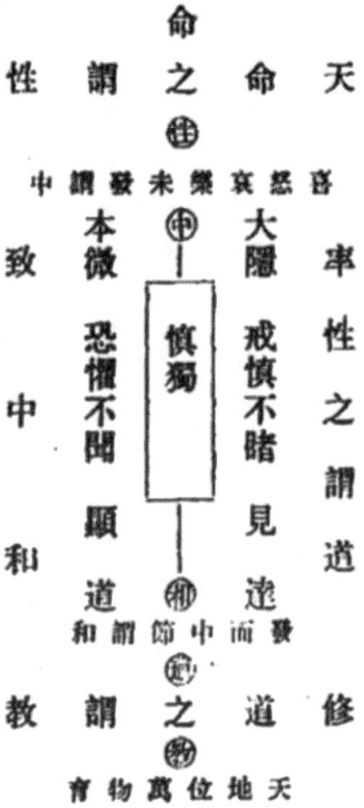

图 10　《第一章图》②

① 王柏．研几图［M］．北京：中华书局，1985：24.

② 黎立武．中庸指归图［M］//中庸古本（及其他三种）．北京：中华书局，1991：2.

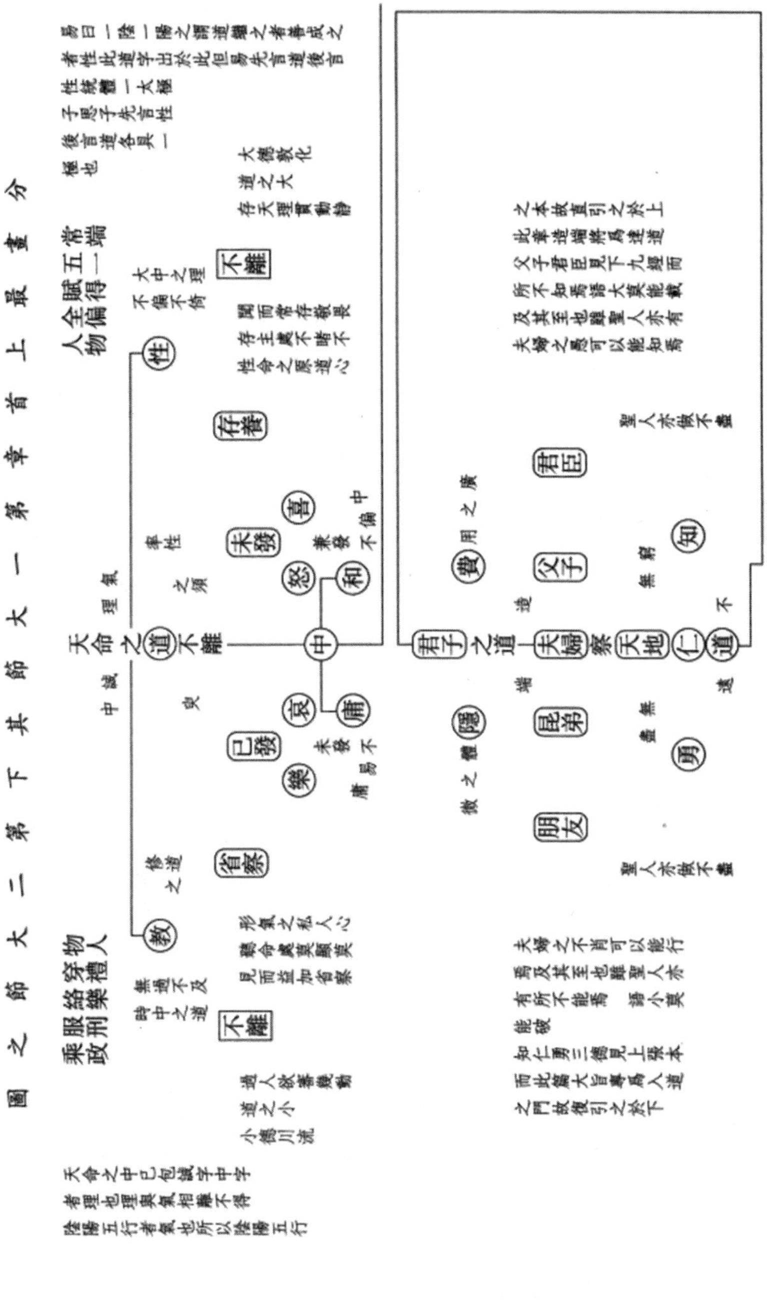

图11 《分画最上首章第一大节其下第二大节之图》①

① 朴箕宁．中庸图说［M］//《国际儒藏韩国编四书部》编纂委员会．国际儒藏·韩国编·四书部·中庸卷3. 北京：华夏出版社，2010：96.

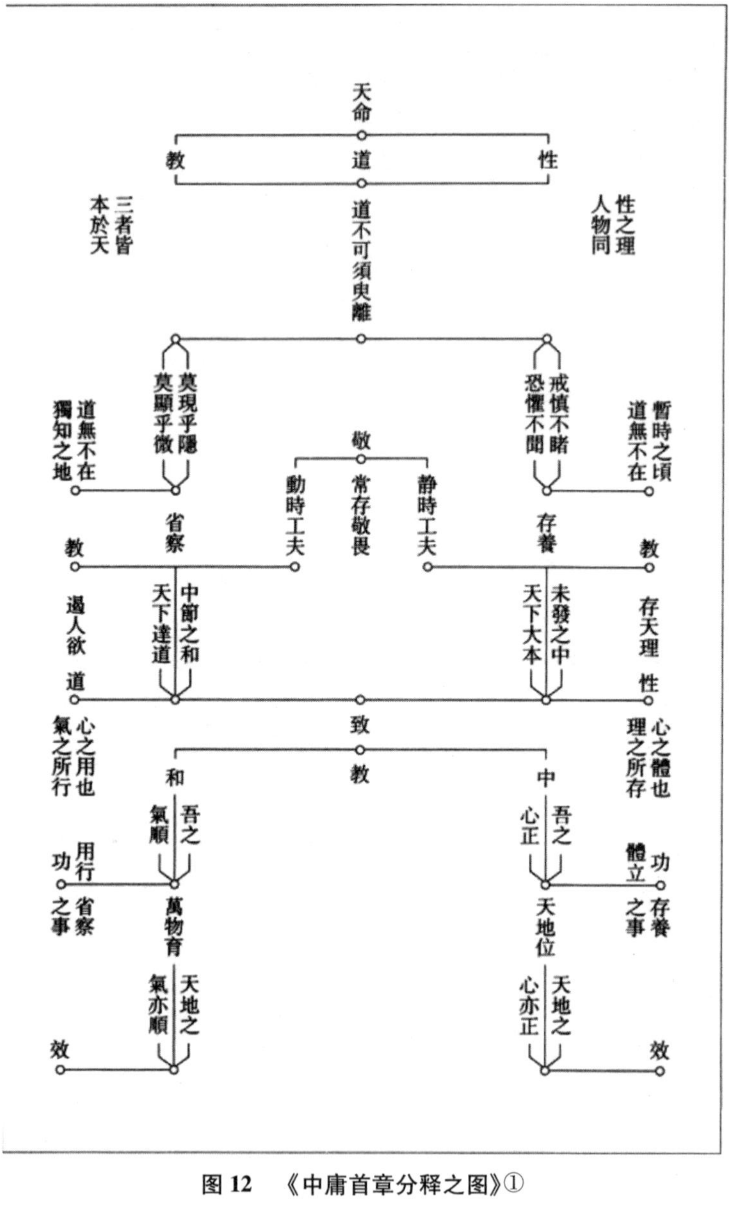

图 12　《中庸首章分释之图》①

① 权近．中庸首章分释之图［M］//《国际儒藏韩国编四书部》编纂委员会．国际儒藏·韩国编·四书部·大学卷 1. 北京：华夏出版社，2010：4.

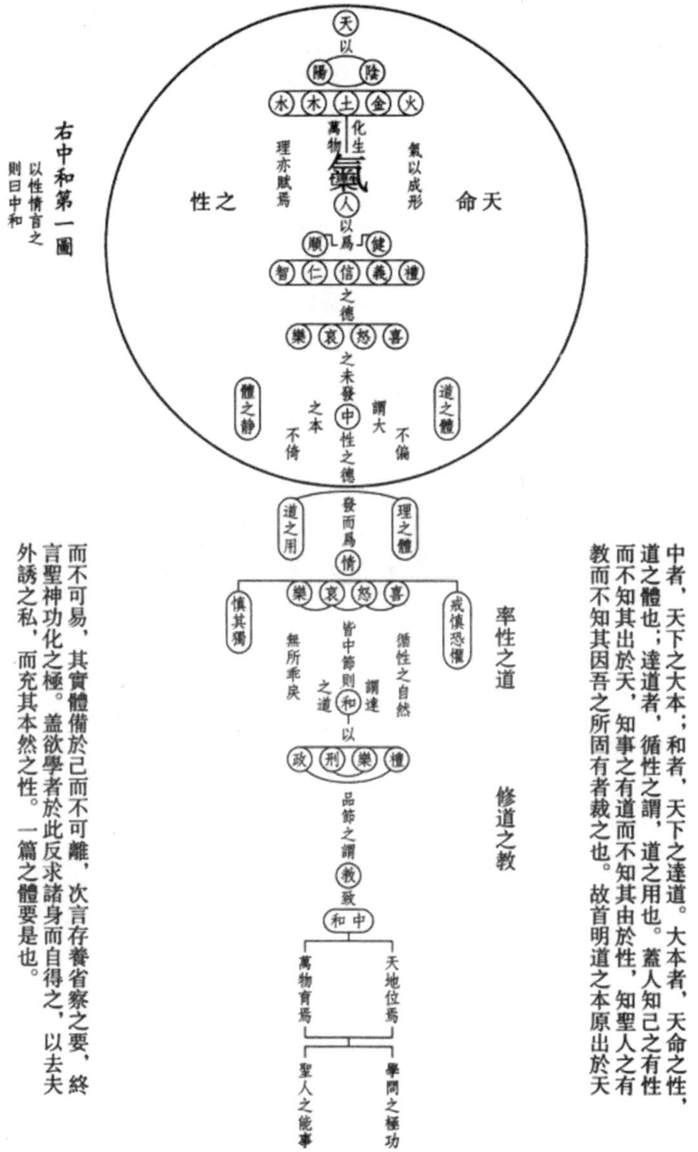

图 13　《中和第一图》①

① 李泰寿．中庸七图［M］//《国际儒藏韩国编四书部》编纂委员会．国际儒藏·韩国编·四书部·大学卷 1. 北京：华夏出版社，2010：545.

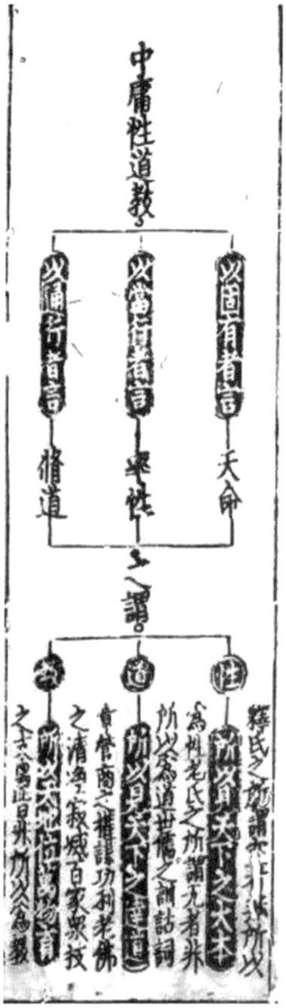

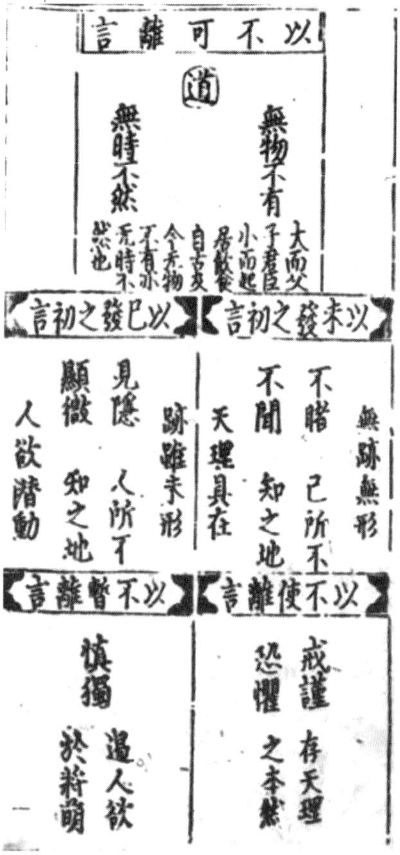

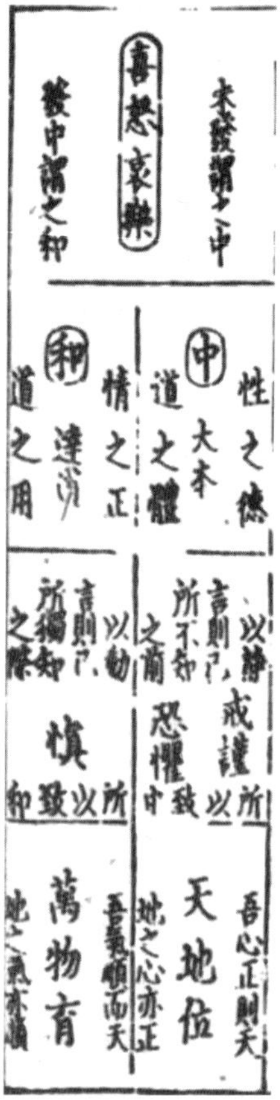

图 14　《中庸性道教》①　　图 15　《道不可离之故》②　　图 16　《中和体用之源》③

① 《四书章图纂释》中庸卷。
② 《四书章图纂释》隐括总要卷之中。
③ 《四书章图纂释》隐括总要卷之中。

4.《中庸》诚论之图式

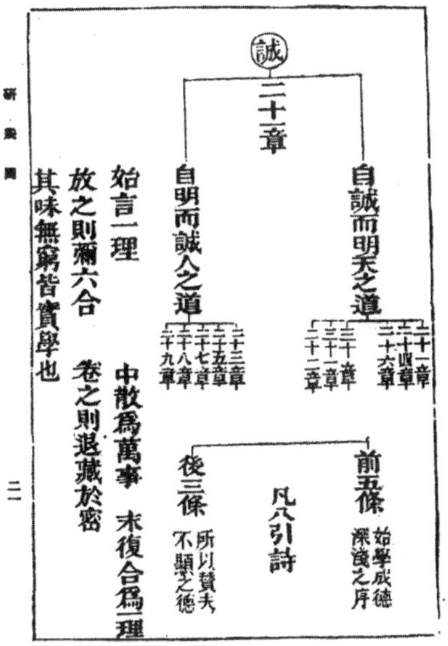

图 17 《研几图》①

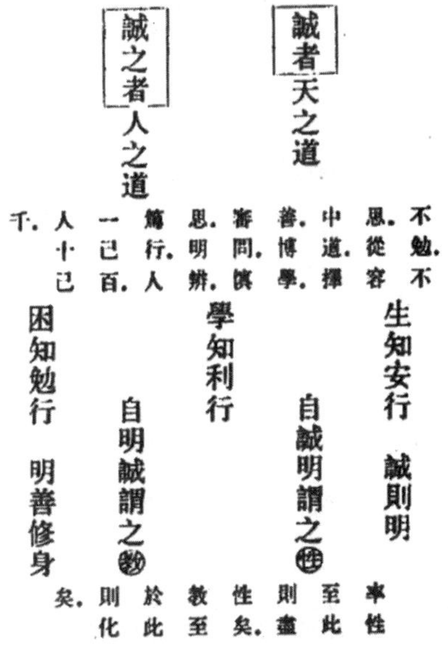

图 18 《中庸指归图》第九章图②

① 王柏．研几图［M］．北京：中华书局，1985：21.
② 黎立武．中庸指归图［M］//中庸古本（及其他三种）．北京：中华书局，1991：7.

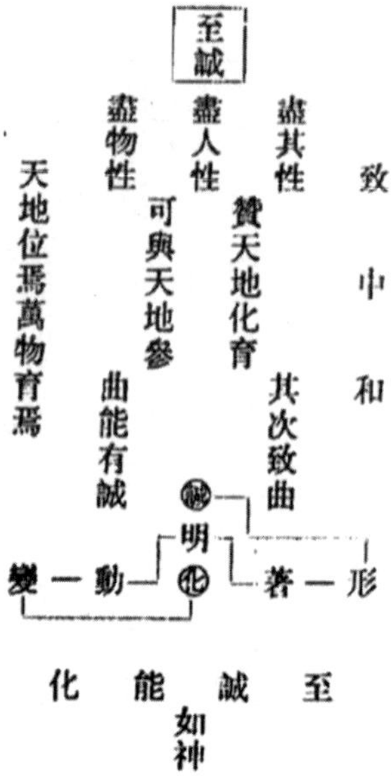

图 19 《中庸指归图》第十章图①

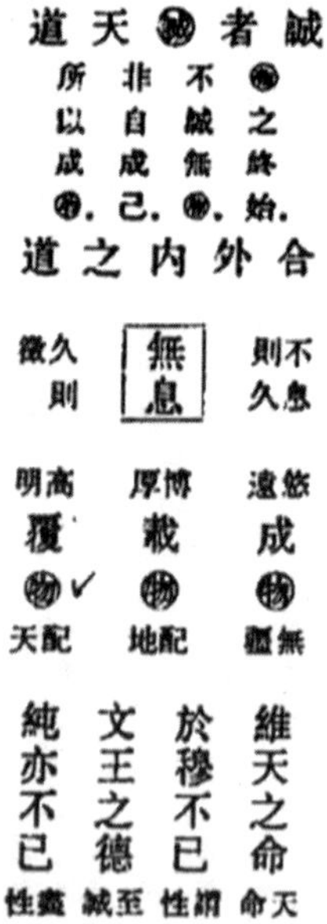

图 20 《中庸指归图》第十一章图②

① 黎立武．中庸指归图［M］//中庸古本（及其他三种）．北京：中华书局，1991：8.

② 黎立武．中庸指归图［M］//中庸古本（及其他三种）．北京：中华书局，1991：8.

右誠第四圖

以其名義言之則真實無妄之謂也

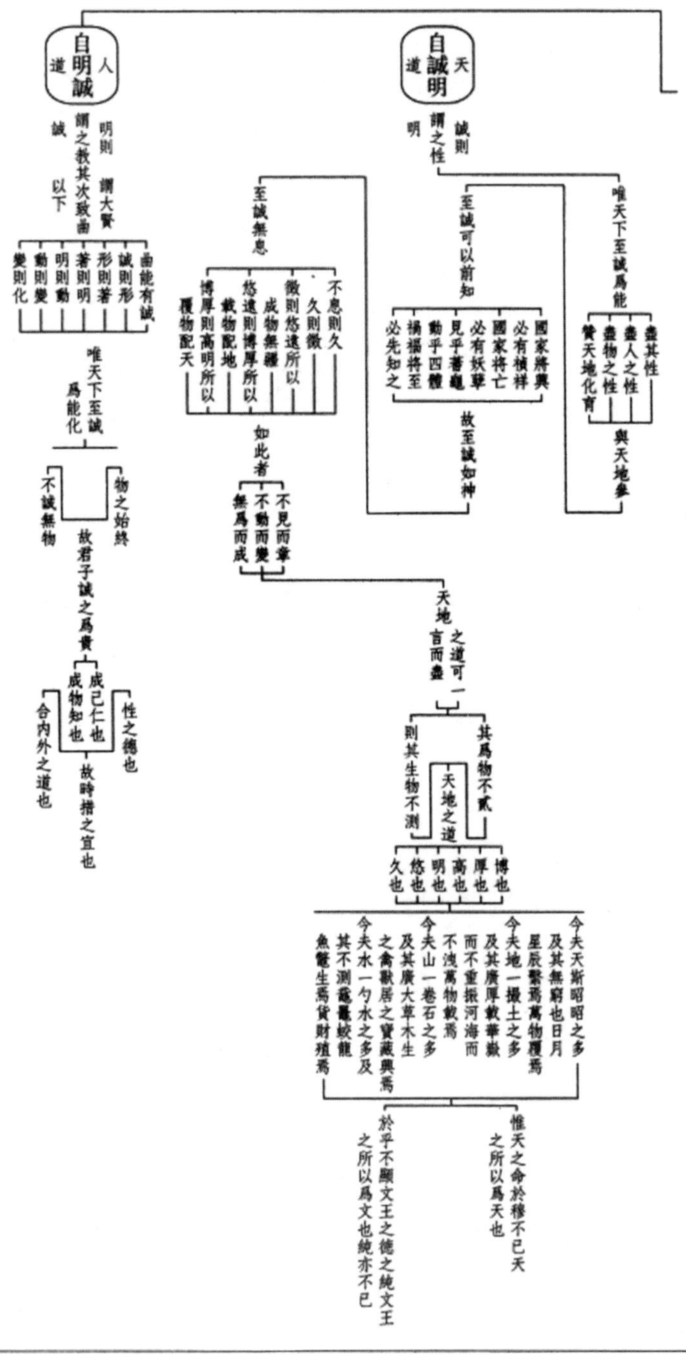

中庸一篇，無非說誠，而章內語之始詳。所謂誠者，實此篇之樞紐也。或言天道，或言人道，而其義之歸要不出於無妄之意。道理之極致，聖賢之用功，於此謂盡而無餘蘊矣，學者其可不盡心乎？

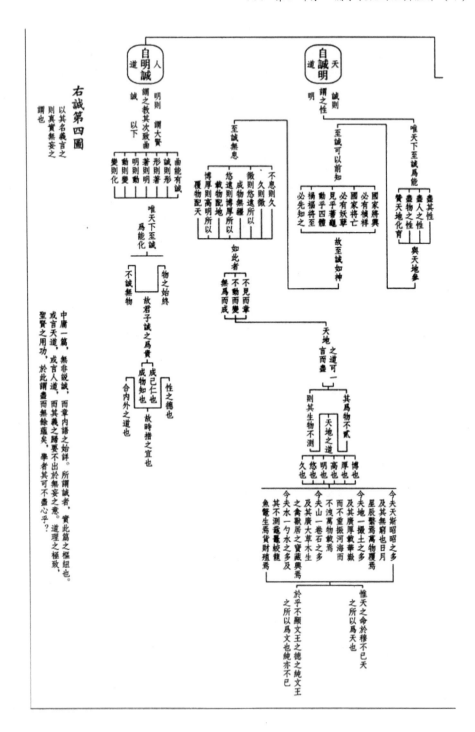

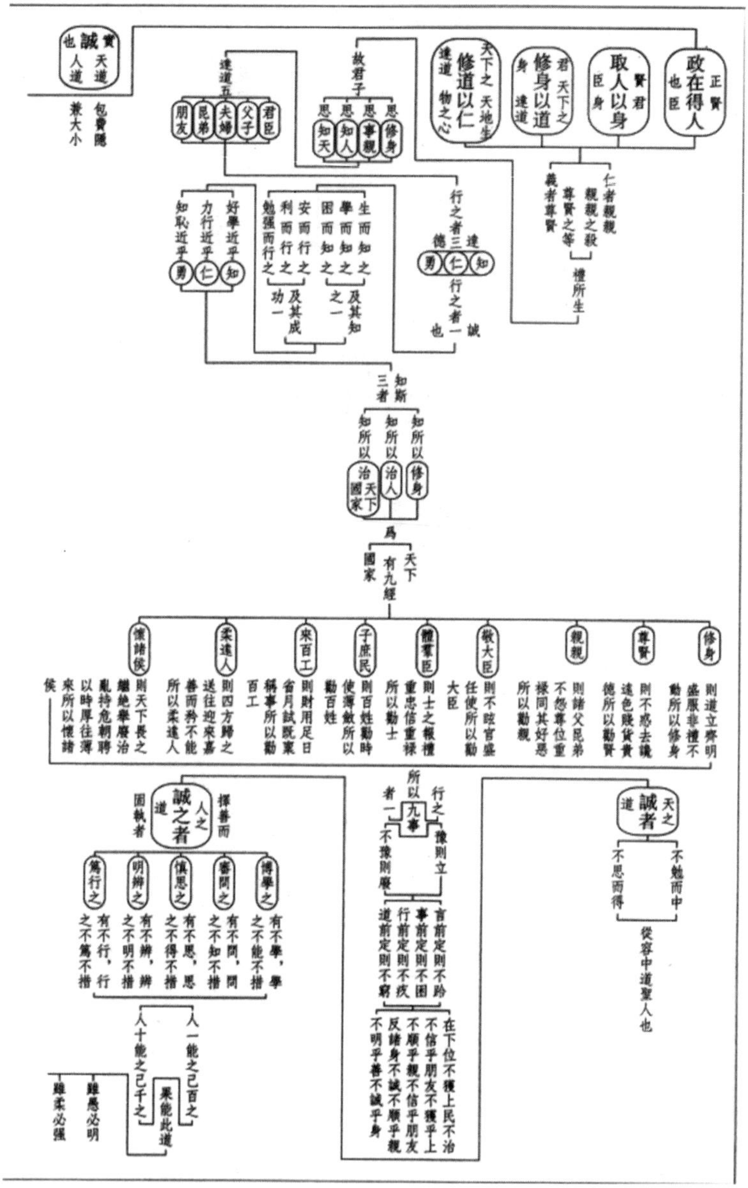

图21《诚第四图》①

① 李泰寿．中庸七图［M］//《国际儒藏韩国编四书部》编纂委员会．国际儒藏·韩国编·四书部·大学卷1．北京：华夏出版社，2010：548，549.

5.《中庸》政教论之图式

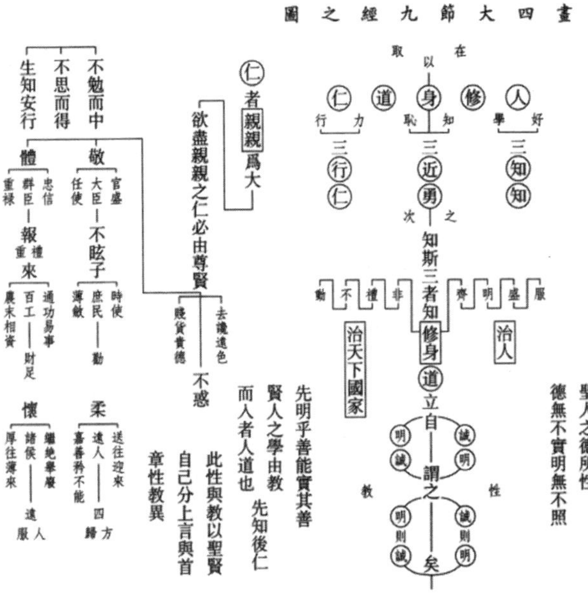

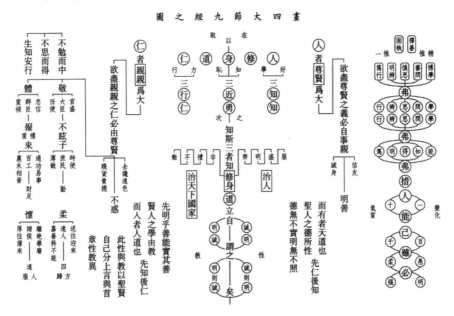

图 22　《画四大节九经之图》①

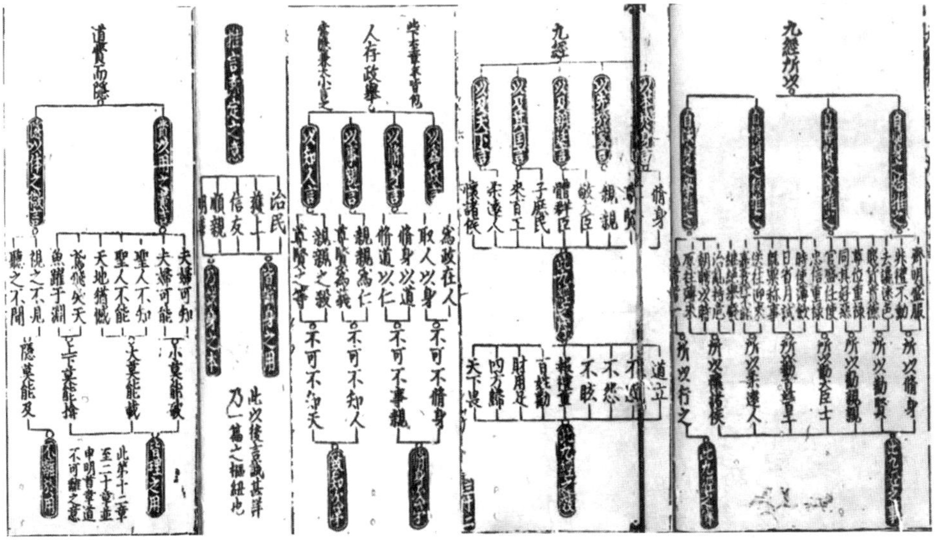

图 23　《中庸章图》②

① 朴箕宁．中庸图说［M］//《国际儒藏韩国编四书部》编纂委员会．国际儒藏・韩国编・四书部・中庸卷 3. 北京：华夏出版社，2010：98.

②《四书章图纂释》中庸卷。

6.《学》《庸》关系论之图式

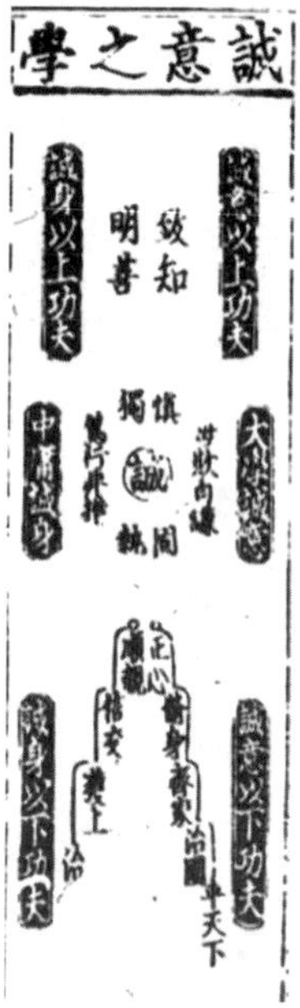

图 25 《诚意之学》②

图 26 《大学中庸工夫合一之图》③

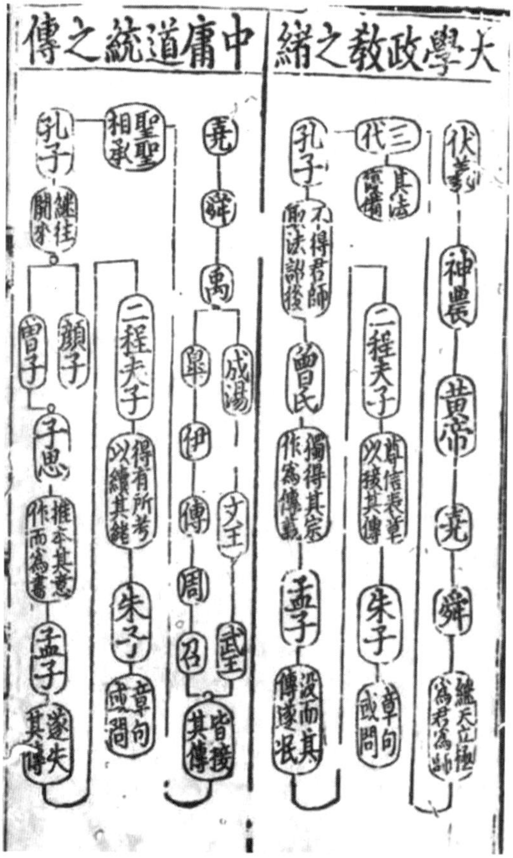

图 24 《中庸道统之传、大学政教之绪》①

① 《四书章图纂释》凡例。
② 《四书章图纂释》隐括总要卷之中。
③ 《四书章图纂释》隐括总要卷之中。

7.《中庸章句》之图式

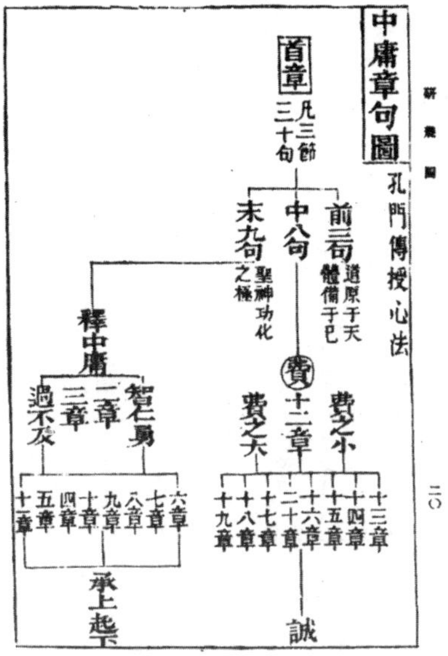

图 27　《中庸章句图》①

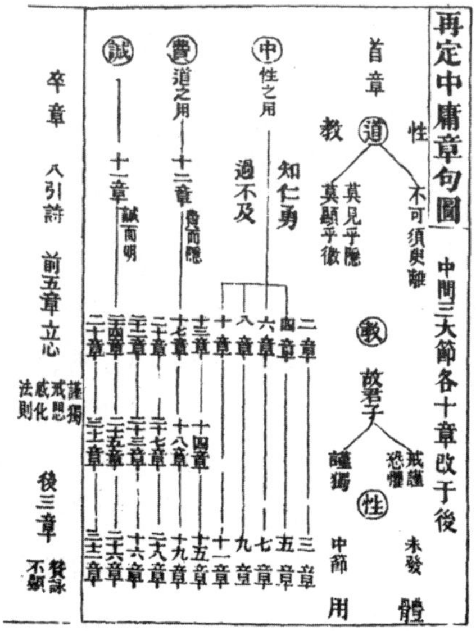

图 28　《再定中庸章句图》②

① 王柏．研几图［M］．北京：中华书局，1985：20.

② 王柏．研几图［M］．北京：中华书局，1985：85，86.

8. 人心道心论之图式

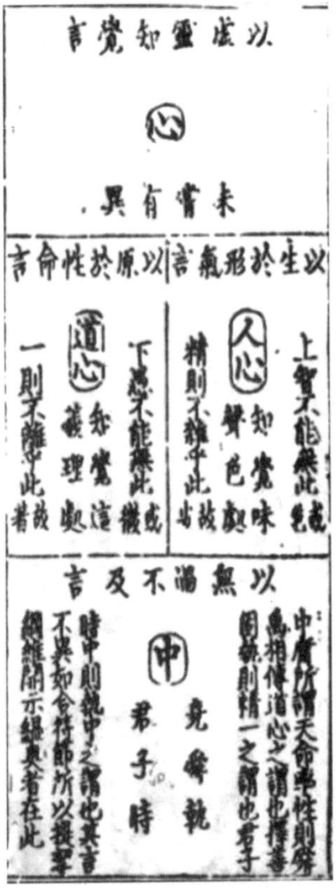

图 29 《“人心道心说”》① 图 30 《中庸继往开来之要》② 图 31 《中庸人心道心图》③

从以上八个角度的举隅展示可以看出：以图为解，确实可以成为行之有效的诠释方法。在呈现思想结构上，可以直观明显地予以全体呈现，一目了然，具有文字文本所不具有的独特特色；从经典的内容看，图式文本可以做到从整体结构到具体内容，并可分章以图式进行诠解；从具体内容的思想内涵看，即使性命、中和、诚等心性论议题，图式仍可以直观形象的方式呈现结构性解读，并通过核心观念的串联，引导思维动态打开思想的空间性，以象思维的符号形式有效地沟通形上与形下。从数量上看，图式文本亦确实丰富，以上搜求展示可见，以往我们不太关注的图式文本其实使用非常广泛：思想涵盖全面，重要

① 《四书章图纂释》隐括总要卷之中。

② 《四书章图纂释》隐括总要卷之中。

③ 金万烋．中庸人心道心图［M］//《国际儒藏韩国编四书部》编纂委员会．国际儒藏·韩国编·四书部·大学卷 1. 北京：华夏出版社，2010：431.

主题都有图式；范围关涉多维，从《中庸》结构延伸到《四书章句集注》的结构，从《中庸》思想主题延伸到《四书章句集注》的相关主题（如人心道心问题），从《中庸》诠释延伸到《学》《庸》关系；图式形式多样，有宏观（全）图式，也有微观（分）图式，有纯图式文本，也有更多的图文结合文本。总之，《中庸》诠释的图式面相，让我们对四书图学的提法有了充分的讨论基础。

三、四书图学的可能与必要

围绕图式文献的相关研究，除开艺术学领域本来即对图式、图像格外依赖、重视外，文学、历史领域已然出现“图像转向”的研究趋势与理论实践，成为不容忽视的研究方向。在注重思想深度的哲学、经学研究领域，我们不敢倡言“图像转向”，不过，类似经典诠释的“图式面相”还是值得引起关注的。图式、图像之所以能起到“证”史、“解”经的功能，是因为其本身即是历史和经典的产物，构成了历史、经典的一部分。图、文同源，文即图也，图亦是文，后来文字的地位渐居主导（经典注疏更是如此），但图式、图像仍发挥着相应的“记载”“承载”历史、文化、思想的功能。而且图式、图像的生成和创作，都不能脱离其创作者特定的历史、文化以及思想的背景，尤其是作为经典诠释的图式创作，必然反映、内蕴着与经典相关联的思想观念和价值选择。一种新经学的可能面相——“图式经学”——就不仅是经典诠释的文本材料之新，也是新思路、新观点、新问题的源头活水。因此，正视经学史上的图式文献之外，图式背后的思想意蕴、意义空间更是关注重点，而这个层面也构成着经学研究的另外一个可以持续探讨的方向。就此而言，有关四书图式的研究，还存在很大的有待推进之空间，尤其是相比于礼图、易图研究而言。如易图领域，易图学源远流长、积累深厚，并从中提出“图像诠释”作为一个研究主张，强调图像在诠释领域的创造性、延伸意义。① 此类研究导向值得借鉴。

从图式文献资源的角度看，前列《中庸》图式就是显证，除了散见的图式文本，诸如杜炳《四书图考》、张云会《四书图考集要》之类图解四书的专门著述不乏其类，仅按朱彝尊《经义考》所录，就曾有林处恭《四书指掌图》、吴成大《四书图》、吴苍舒《四书图考》、吴继仕《四书引经节解图》、林起宗《论语图》、朱谏《学庸图说》、朱文简《学庸图说》、饶鲁《庸学十一图》、胡炳文《大学指掌图》、程时登《大学本末图说》、叶应《大学纲领图》、李思正《中庸图说》、瞿九思《中庸位育图说》、季本《孟子事迹图谱》等四书类图解

① 郑吉雄．易图象与易诠释［M］．上海：华东师范大学出版社，2008：84-162.

著作。特别值得一提的是笔者认为可称之为四书图学典范的《四书章图纂释》，此书为元儒程复心所著，共23卷，对《大学》《中庸》《论语》《孟子》分别予以图式诠释，计有近700幅图（《论语》部分最多），可谓“图无巨细”，粲然可观，时人对此著评之甚高，认为“见者易晓，卓然有补于世教”，“有补于理学者甚大”①，这一评价对于我们重估图式四书学不无启发意义。② 此外，韩国儒学甚至形成了以图解经的传统③，其以图式来诠解四书的著作文本更是不胜枚举。其他经典如诗图、礼图、易图文献，亦可为这一研究面相提供充分旁证。④

是故，不管是从文献、思想的研究价值层面，还是诠释实践的可行性层面，图像、图式引入四书学领域，都应成为十分必要、十分可取的研究视角。以图解经，以“图示”作为经典诠释的方法，以“图式”呈现经典的思想意义，思想图式的模型建构和范式表达，当可使四书图学，乃至“图式经学”成为值得期待的研究领域。“图谱之学不传，则实学尽化为虚文矣……由是益知图谱之

① 《四书章图纂释》卷首题赠序文。

② 许家星．一部图解《四书集注》的力作——程复心《四书章图纂释》探析［J］．孔子研究，2015（6）：12-23．一文指出：“图解是中国经典诠释的一种传统方式。臧梦解序指出，图始于伏羲河图，此后六经皆有图，至于五行、天文、地理、三礼、器物制度皆各有图，但只有《四书章句集注》没有图，复心用三十年工夫为之作图，填补了这一缺陷，具有首创之功。……古代虽然书必有图，但多限于解释六经名物制度的训诂考证之学，只是在宋代理学兴起、经学范式转变以后，阐释四书心性义理的图说才出现，典型者如朱子再传弟子饶双峰的学庸之图，只有这种图说才真正把握了古人立图本意。复心《四书章图》显然是朱子学发展兴盛的产物，是同类著作中值得珍视之作”，“《四书章图纂释》一书固然以章图形式广泛影响了东亚朱子学者对朱子思想的诠释样式，是名副其实的图解四书这一儒家经典诠释样式的集大成者，对自宋以来图解四书类的著作发挥了持久的重要影响……对这样一部影响深远、自成一体、数据丰富的著作，实有加强挖掘之必要，这对于推进四书学的研究（国内近来几部优秀的元代四书专著皆极少论及此书）、增进对东亚朱子学的比较研究，皆具有重要意义。”个中观点颇有启发性。

③ 李纪祥曾指出韩儒开启作图示之的图解传统，并配以文为说的解图，呈现出以图为本的儒学诠释特色；与之相对，中国儒学传统偏于文字性的注疏集解，呈现的是以文为本。参李纪祥．宋明理学与东亚儒学［M］．桂林：广西师范大学出版社，2010：251．李先生点出“以图为说”“以图解经”是理学中极可注意之学术现象是对的，但须知在韩儒注重图解系统之外，中国儒学的经典诠释（比如四书学）亦有着相应的图说系统。

④ 《通志》卷七十二“图谱”收录有易、诗、礼、乐、春秋、孝经、论语、经学、小学等图谱，以制度性图式和传经谱系为主。《中华图像文化史·儒学图像卷》（周赟．北京：中国摄影出版社，2018.）对儒学图式文本做了专题研究，将儒家图像分了五类：社会风貌类、先贤神祇类、礼乐教化类、学术建构类、科学技术类，其中“学术建构类图像”提及礼图、易图，亦提到了部分心性图说，对该领域做出了开拓性的初步研究。不过，作为经典诠释的儒学图式仍是值得继续深入探索的领域。

学，学术之大者!”① 重启尘封、固有的图式文本，使其成为基本的资料形态，并与文字文本配合，不仅可辅助、佐证、弥补文字之不及、不足之处，更可以“一目了然”“目击道存”的方式独立发挥其应有的诠释功用——提升经典的可读性、更好地接引初学、生动展示思想内涵的体系结构及其脉动关联、发掘文字未善指涉的思考切入点及其思想空间等。四书图学对于纠偏四书学研究在方法和文本场域上的单一定位也将具有重要意义，和文字诠释一道，四书图式可以成为阐教授学的门径、联通思想的媒介、思想生发的载体和进德修业的指引，进而拓宽四书诠释的方法途径。四书图理应与易图、礼图研究共同构成“图式经学”的有机组成，从四书学在心性论域的理论侧重看，四书图学亦可为心性论研究提供新的思维活力，为主体的存在扩充延展出新的理论路径，使“道德性命之理，一览而尽得之”②，并在“体玩警省于日用之际，心目之间”③ 的“因图设教”“因图致思”过程中，为心性修养的工夫实证和境界扩充找到更直观的契机。

① 郑樵．通志：一［M］．北京：中华书局，1987：837.

② 参见《四书章图纂释》卷首题赠序文。

③ 李退溪．圣学十图［M］//增补退溪全书：第1册．汉城：成均馆大学校大东文化研究院，1985：209.

第四部分 04

儒家教化的当代观察

教化儒学：一种系统性建构的当代新儒学体系

——李景林先生的儒学观述评

提要：从《教养的本原》到《教化的哲学》再到《教化视域中的儒学》，一种兼具历史性、当下性和前瞻性的儒学当代新形态已蕴含其间——“教化儒学”，以心性论、德性论为基础，以形上学为主要形式，贞定价值理念，撑开文化关怀，在寻求思想的本原奠基与生成开展上对儒学进行全新的定位与诠释。儒学统之可归于教化，辐辏教化可展开对儒学理论的系统诠释及其当下转生，作为理论性和现实性的统一，教化儒学成为一个具有承载性、含蕴性和开放性的理论系统，是一个有本有根、富有生命力的当代新儒学思想体系。

教化之于儒学，犹精神之于生命。自夫子以降，教化观念作为儒家思想之精义，备受儒家学者肯认；但一直以来，却鲜见有学者对教化观念做出过专门的学理探究，遑论透过此教化观念而对儒家思想进行系统化诠解了。近些年来，学界有不少学者重新注意到教化之于儒学的重要意义，试图提倡并加以阐发。其中，最早旗帜鲜明地提出“教化”作为儒学诠释与开展的基本视域并做出系统论述的是李景林先生。早在1990年，李先生就尝试以“教化的哲学”来表征儒家的哲学精神及其文化使命，以有别于西方式“系统的哲学”①；后在成稿于1996年、出版于1998年的《教养的本原》一书中更为明确地探讨了教化的哲学，着力挖掘、廓清了作为人格教养本原的先秦儒家心性论②，并于《教化的哲学》拓展并提揭出教化的哲学系统，对作为哲学的儒学做出了新诠释③；2013年出版的《教化视域中的儒学》，则立足教化继续开拓论域，理论规模进

---

① 李景林. 论儒家哲学精神的实质与文化使命［J］. 齐鲁学刊，1990（5）：3-8.

② 李景林. 教养的本原——哲学突破期的儒家心性论［M］. 沈阳：辽宁人民出版社，1998.

③ 李景林. 教化的哲学［M］. 哈尔滨：黑龙江人民出版社，2006.

一步豁显。① 基于此“教化三书”，李先生教化视域内的儒学新诠实已逐步凝练为成型的诠释进路和理论系统，在学界独树一帜。

从《教养的本原》到《教化的哲学》再到《教化视域中的儒学》，李先生的儒学诠释不仅出于对儒家思想、理论的坚实学术把握，同时饱含对儒学现代价值和未来发展的殷殷关切和期待，可以说，一种兼具历史性、当下性和前瞻性的儒学当代新形态已蕴含其间。立足当下儒学发展的大背景，笔者试图将李景林先生返本开新的儒学新论称为“教化儒学”。与目前学界某些儒学新提法不同，“教化儒学”并非刻意标新的奇旗异帜之说，而是建基于儒家文化的大本大源，汲取中西文化的陶养，自觉沉淀出的理论形态；同时，“教化儒学”特色还表现在，它不仅包含对儒学形态“是什么”的实然描述，而更多是对“儒学应当如何”“儒学应当期望什么”的动态展现，具有动力性的转化和指点意义。此处统合“教化三书”为论述基底，上溯下贯、旁通曲畅，试对作为当代新儒学的“教化儒学”理论系统及其思想关怀略做钩稽和撮要，此有本有根、蔚为系统的儒学新形态，对于当前国学热、民间儒学热的引领和导向，以及学术儒学研究的丰富与深化，或将不无小补哉。

一、“教化”之正名

提出“教化儒学”这一名号，首先需对“教化”一词略作“正名”。平常我们提起教化，往往指的是政教风化、教育感化之意。这样理解不能算错，不过，教化的意蕴非仅止于此，“教化儒学”更突出“哲学义的教化”，首先从哲理逻辑上对教化观念进行阐发。借用黑格尔的讲法，教化可理解为“个体通过异化而使自身成为普遍化的具有本质的存在”；联系理查德·罗蒂的思想，教化则强调人的精神生活的转变或转化；结合伽达默尔的阐述，揭示出教化所具有“保持”的特性，即在教化的结果中，人的精神尤其是感性的内容都得以保存而未丧失，作为某种“普遍的感觉”“合适感”“共通感”被完全地把握住。② 将“普遍化”“转变”“保持”三个关键词所标示的理论层面统一起来，可以比较全面地理解“哲学义教化”的内涵。教化思想之根基是一个既超越又内在的本体，就个体而言，教化重在本体对实存的转化过程；落实到社会生活层面，教化则表现为达到一种本于人性的移风易俗的社会教化。③ 这表明“教化”观念

① 李景林．教化视域中的儒学［M］．北京：中国社会科学出版社，2013.
② 李景林．教化视域中的儒学［M］．北京：中国社会科学出版社，2013：6-7.
③ 李景林．教化视域中的儒学［M］．北京：中国社会科学出版社，2013：10-13.

是由内而外、从个体层面到社会层面一体相通的统一性观念。

此外，“教化”还常与三个常见“近义词”相混，很容易望文生义，引发似是而非的误解，有必要加以澄清。首先，“教化”不同于“强化”。“强化”带有较强的目的性，意在提升人的某一方面的素质，使之掌握某一方面的技能，其实施方式甚至会诉诸近乎机械性的训练和操作来获取专业性的突破。某一方面的“强化”，其实也反衬着其他方面的限制和遮蔽，而人生的活力是在生命的整全结构中得到孕育的，这就需要“教化”的实现方式，立足于人的存在整体性，揭示文化的深层意义，实现人的自然素质全面升华而不丧失任何东西。① 其次，“教化”不同于“内化”。“内化”乃依据某种给定的理由、标准来指导自身的行为实践，主张将外在的观念“化”到个体内在生命里面，其实施方式表现为外在的灌输或强加。不管这一外在观念是否合乎人性，“内化”都不是出于主体的自由选择。“内化”的结果是重复性基础上形成某种习惯，往往导致与自身人格独立性的冲突。真正的自由选择则应以人性为根源，反躬内求，依据自身良知、理性的指引而自由做出抉择，挺立起人的价值信念，建立合乎自身的价值秩序，由内应外而内外圆融，主体的精神或情感生活亦在此存在过程中得到相应的转化，这正是“教化”的过程，与听从外在标准，由外化内而内外相斥的“内化”形成鲜明对比。② 最后，儒家的“教化”不同于宗教义的“教化”。宗教具有固定的仪式仪轨和神格系统，这套规范性体系贯通着信仰性的“教理”，一般是其得以塑造和维系的不可或缺之途径和标识，具有稳定性和排他性，为各自所专有。儒家非常重视礼乐之教，因之亦依托有一套礼仪仪轨系统来开展教化，但与宗教不同的是，礼乐教化依止人之性情养润中实现的人性升华，根据在于人性和人情，其仪式规范系统发挥的仅是助缘之功，并非固定不变或其专有，可以因应具体的历史情形在因革损益中变动延续，而且并不脱离民众的人伦日用，源于社会民众生活而构成其普泛的生活样式。儒家仪规系统具有明显的变通性和生活化特征，其施教所重乃仪规系统背后的人伦、礼乐之义，及其对人之性情的养育之效。此外，儒家虽没有专门的神格系统，对神灵敬而远之，不过并不是简单地废置舍弃，而是在“神道设教”的视域下，对之作人文、理性的解释，一方面，神灵系统发生意义转换，使之重新成为儒家的施教之方；另一方面，使人道教化可“神道”的上下联通中开显天道，赋予人性自身以及人伦体系以天人贯通的神圣超越性。故儒家的教化本质上不同于

---

① 李景林．论儒家哲学精神的实质与文化使命［J］．齐鲁学刊，1990（5）：3-8.

② 李景林．教化视域中的儒学［M］．北京：中国社会科学出版社，2013：4.

宗教，但却具有宗教性；虽具有宗教性，其间透显的却是人文理性的“哲理”精神。①

明确“教化”的本真意涵，仅仅是个基础，“教化儒学”的理论目的，是希望透过此“哲学的教化”，揭示儒家的哲学精神，进而对儒家思想做出正本清源的新诠释。这个过程，即李先生独标“教化的哲学”所涵括的理论内涵。一言以蔽之：儒学实质上是“教化的哲学”。

二、教化儒学的理论基础

“教化的哲学”这个提法借用于理查德·罗蒂，不过，与罗蒂对“教化”所做的相对主义和非基础主义理解不同，李先生更强调“教化”对于人之实存所具有的文化意义，即“要在实存之内在转变、变化的前提下实现存在的‘真实’，由此达到德化天下，以至参赞天地之‘化’育的天人合一”。② “教化儒学”，即作为“教化的哲学”的儒学，一方面，可以说儒学是一个哲理的系统，另一方面，儒学对于人的成德、成圣具有教化意义；在此定位基础上，以心性论和德性论为理论立足点，为儒家思想的继往开来建构起一个富有生命力的理论视域。相应的诠释亦体现出富有特色的新创获。

其一，凸显了儒家心、性对于人性的实现与完成作用。在儒学中，人的问题始终是一个核心问题，“就德性修养去理解和成就人的智慧，并由此种归本于德性人格的人生智慧来反观人所面对的这个世界，从而形成一个以道德价值观念为核心的人生观和宇宙观”③，这体现了儒学的基本特点；但儒学所言“道德”“德性”并非经验义、规范义的，儒家心性修养以成德成圣为旨归，没有采取西方的神学进路，而是通过人文教化将其转化为人自身内在的价值原则，成德成圣是在人性自身中完成的，呈现出人本论的特色；人性观念也不再是单纯理论形态的东西，而是在人伦社会生活和人性自身中通过工夫践行加以证显、经由实存精神活动内在肯定的；心、性亦不仅是“系统性的哲学”，而是具有启示教化的意义，在人性的实现和完成中获得实存性的落实。经由心性论提供的修养进路，人性的实现就具有了内在的、超越的理论奠基；伴随着人性修养的

---

① 李景林．教化的哲学［M］．哈尔滨：黑龙江人民出版社，2006：2-4. 李景林．教化视域中的儒学［M］．北京：中国社会科学出版社，2013：116.

② 李景林．教化的哲学［M］．哈尔滨：黑龙江人民出版社，2006：5.

③ 李景林．教养的本原——哲学突破期的儒家心性论［M］．沈阳：辽宁人民出版社，1998：2.

实现和完成，心性观念便具有了人性意义和教养价值。① 明乎此，就不难理解以“教养的本原”为书名来标举先秦儒家心性论的意指所在了。立足“教养”，既是对先秦儒家心性论的思想特质的把握，也是为“教化”理论的展开找到了意义落脚点。

其二，揭示出儒家“情”论的义理结构及其价值。以往我们对儒家情论认识上有很多模糊之处②，且有不少偏见③，使儒家原本蕴含丰富“情”论思想暗而不彰。实则“儒家所讲的‘情’是一个极宽泛的概念，心的全部活动皆可用‘情’这一概念涵盖之，内在的包含着理智的判断和意志的决断，是性、理本体于心灵活动的动态整体显现”④，在此意义上，儒家心性论不仅不应忽视“情”，而应以“情”为中心进行解读。“情”论中心视域中的心性论要义有两个方面：一是“以情应物”，如《大学》“心物”关系所论的德性修养之内容，乃在“情”上立言，其工夫次第，实即一推扩其情以致物我一体的忠恕之道，对八目的解释，从内容上看实即一“情”的修养系统⑤；一是“即情显性”，如孟子的“性善论”本于人道德理性的四端而贯彻于人的情感生活之中，经由人的内心情感生活的体验而为人心所亲切体证，此“心”对“性”的实证是典型的以情显性的理路。在此前提下，儒家“情”论之特质也得以彰显。儒家之“情”，强调仁义德性内在于情感实存，落实于人的情感生活，是有血有肉的“存在性事实”，而非抽象性的空洞玄理，一方面肯认普通所谓情感生活的原初价值和意义，在实存直接的生存过程和生活世界中确保人性实现的可能性；另一方面基于以“情理”为内核的道德理性的范导，指点道德修养的必要性。

心性修养的结晶，在儒家看来乃德性成就的实现，儒家由此与道、佛分别以真性、佛性为目的的修养论，以及西方哲学知识化取向区别开来。故而学者常以“成德之学”来表征儒学之特质。如果说心性论构成了教化之根基，那么

---

① 与此相应，近来李先生特地拈出“‘我’之在场的人性论”“实现你自己”的理论观点，以彰显儒家人性论与“要素分析的、无‘我’的人性论”“认识你自己”的异趣。详参李景林、程旺《儒家心性论研究的回顾与展望——李景林教授访谈》（上）（下），《走进孔子》2022 年 3 期、4 期。

② 如徐复观先生认为先秦诸子“性情同质”“性情互用”。参徐复观．中国人性论史［M］．上海：华东师范大学出版社，2005：142.

③ 如受西方哲学影响，认为“情”属于抽去理智活动的盲目冲动和单存的情绪反应，多与非理性相关；受宋明儒学的影响，将“情”与后天人欲、气质多相挂钩，是对先天心性的污浊与贬抑（其中很多是出于对宋明儒学性情论的误解）。

④ 详参李景林．教化的哲学［M］．哈尔滨：黑龙江人民出版社，2006：172.

⑤ 李景林．教养的本原——哲学突破期的儒家心性论［M］．沈阳：辽宁人民出版社，1998：145-153.

成德则是教化展开之归趣。本心性以成德，方能成就完满的人，其中的动力性系统即“教化”。借《孟子》“可欲之谓善”章，李先生对此德性成就教而化之的过程和结构进行了说明。[①]“可欲之谓善”，不能从各种情欲或功利需求角度来理解，它讲的是教化的前提和基础，关键是准确理解“可欲”二字，结合孔子的“为人由己”说和孟子的性命关系说可知，“行仁义”才是人心唯一可以不凭借外力而可欲、可求者，是人之最本己的可能性，这个“可欲”本原于天、内在于人，是人性所本有的，孟子将“可欲之谓善”建立为人性的内容，实际上揭示出了人性之善的先天内容及其实在性意义[②]；此章下面五句话讲教化的过程，“有诸己之谓信”从内在性的角度讲，指“善”的本体实有诸己，要达到这一点，不仅要返归本心、发现良知，还要通过实践工夫存养住善的本体，使善的本体推动人的内在精神、情感气质以至肉体实存都发生一系列的转化，善的本体就在这个转化过程中将自身呈现了出来；这个由内而外的转化过程，就是教化，进一步外显的状态，即“充实之谓美，充实而有光辉之谓大，大而化之之谓圣，圣而不可知之之谓神”，也就是说，教化不仅是实存内在的转变，还要修己以安人，实现移风易俗、德风德草的社会教化，最终经由圣王垂范达至教化感通形成一个理想的道德氛围。

鉴于“教化”内具的动力化特性，教化儒学不再是静态性的思想学说，而成为动态性的向工夫实践敞开的理论系统与意义生成的统一体，故而“教化儒学”更为关注德性如何养成的问题，即以德性养成的内在根基与德性成就的实现过程为重心[③]，所谓“成德之教”，也应从这个意义切入来理解。这一研究进路，使“教化儒学”的理论逻辑亦逐步趋向明朗：“教化儒学”不仅包含从“教化”的视域对儒学做出哲学化诠释，而且蕴含着立足儒学理论对“‘教化’何以可能”及“‘教化’如何展开”不断进行叩问。

作为中国哲学、儒学的重要论域，心性论向来是学界研究重镇，已取得了深厚的学术积累，以致与此相关的研究难有新的推进。然而，李先生则不囿成说、自成一体，将心性论探究作为理论主线，既注重历史性的贯“穿”，以先秦儒家为中心，向前溯源殷周宗教伦理，向后拓展至宋明儒学、现代新儒家，直到心性论的当代活转和阐扬，均有论及，体现出理论根基的坚守；同时注重共

① 李景林．教化视域中的儒学［M］．北京：中国社会科学出版社，2013：10-13.

② 对这个问题，《论“可欲之谓善”》一文亦有专门讨论，参李景林．教化视域中的儒学［M］．北京：中国社会科学出版社，2013：36-45.

③ 如对诚信观念、仁爱观念、学与乐、正德性与兴礼乐等问题的探讨。参李景林．教化视域中的儒学［M］．北京：中国社会科学出版社，2013：121-131，142-181.

时性的贯“通”，对一些盘根错节的心性论难题层层深入、抽丝剥茧，打通义理逻辑上的扭结，表现出理论脉络的透彻。① 基于此心性论研究立场的一以“贯”之，李先生常能解结发覆、去弊起疾，纠正一些表面化见解的不当之处。② 其中，尤以“情”为中心视域的全新解读为关键，不仅弥补了以往心性论研究的偏失，在后续的研究中，本此“情”论之意蕴，李先生重新阐发了儒家的仁爱观念、价值理念和形上学体系的理论内涵③，匠心独运，启人以思。近年来随着郭店简、上博简等出土文献研究的推进，学界对先秦儒家重“情”及性情互动的相关思想，有了新的评判，基本取得了共识。然而，李先生在郭店简公布以前即能经由“内在理路”的研究，达到同等的认识，做出系统深入的阐发，其意义当是不容忽视的。④

三、教化儒学的理论形式

在阐发“教化儒学”的实现论视域时，李先生结合儒家独具特色的“性、命”理论，精到地点出了儒家“教化”所内蕴的本己性和创造性，指出儒家性、命之统合转化肉身实存性以实现其本有的性体意义，使其在工夫历程中不断地动态实现并呈现出来（践形）；同时，性体亦在对存在完成着赋予正面性道德价值的活动作用（立命）。以“教化”为旨趣，“教化儒学”意在阐明作为一种哲学的理论系统，本有其自身的特色，并不专主于认知性的抽象理论体系建构，其目的还突出体现为要为人的存在寻求真实并建立起超越性的基础，是具有存

① 如论性、论心、论心物、论天人等心性论基本问题。参李景林．教养的本原——哲学突破期的儒家心性论［M］．沈阳：辽宁人民出版社，1998：6-27.

② 如申论梁漱溟心性思想的性质问题，李指出梁漱溟对儒佛的双重认同，并不是简单的分立安置，有学者认为其儒学思想、孔家的生活，仅是局限于伦理、社会层面，而在心性和形上学层面仍是心仪佛学，这种观点是偏颇的，未能深入认识到梁漱溟的儒学思想实际上为其所选择的孔家之路建立了生命哲学的形上根据，其儒学形上学和其儒学实践具有下学上达的完满性意义，梁实是一位“彻底的儒家”。参李景林．教化视域中的儒学［M］．北京：中国社会科学出版社，2013：94-110.

③ 参李景林．教化视域中的儒学［M］．北京：中国社会科学出版社，2013：151-168. 李景林．教化的哲学［M］．哈尔滨：黑龙江人民出版社，2006：119-131，169-179. 如阐发儒家仁爱观念，李先生详细分疏了儒家所言“情”的大致分类，并细致分析了亲亲之情在自爱和普遍之爱之间的中介作用，解决了以此为基础的儒家仁爱普遍性和等差性之间的理论张力，对于重新认识孔子及其后学直到孟子反思儒家仁爱观念的理论脉络，尤其是孟子“辟杨墨”的理论内涵，有重要的意义。

④ 郭齐勇、龚建平先生的评论曾特别提及此点，参郭齐勇，龚建平．儒学新解——读《教养的本原》：哲学突破期的儒家心性论［J］．社会科学战线，1999（2）：90-93.

在性事实之转化和实现的形上学理论系统。①

这一形上学理论系统可在中西互镜下显示其独特性：“儒家的形上学与西方的形上学不同，主要是进路不同，儒家的道德的形上学，其进路可以说是一种生命实现的证成；西方的形上学，其进路是认知构成的设定。”② 李先生提出“理性直观”的说法来说明儒学对证成“生命实现”的形上超越之路。儒家重视内在体验，在当下的体验中超越其内在性就构成了直观的整体，这个直观超越了单纯的感受性而将内在性与客观性融摄一体，体现出即内在即超越的特性，因为其儒家内在性的根基“心”，“心”皆着眼于情志表现，在显像上以情态性为实在内容；“情”又非盲目的冲动，有其决断、指向和主宰作用，并由于有灵明之“知”作为内在规定，情的每一显现，都包含有客观化对象的指向，同时，“‘知’作为依情而发的智照作用，非单纯形式化的符号设定，那在情的自觉体验中实现着自身超越的直观本身就构成着此对象的内容”③，因此，不同于西方现象学所注重的理论认知、逻辑建构意义上的意向性观念，儒家“‘心’的现行‘原初’地是‘情态性’的，因而这超越之直观内容所贯注的乃首先是生命价值的实现、成就意义上的充实”④。从这个意义上，儒家形上学的“理性直观”即以教化为本质的动态性的生命观照。

儒家依据其立足于生命整体性的理性直观观念，建立起道德的形上学。这是说儒家达致超越乃以道德为进路，而非直接以宗教为进路，其形上学表现为道德哲学的形态。康德认为人不能对自由和本体有直观，只有上帝才对本体界有直观。儒家则以“学以致圣”为目标，认为人皆可以由其学而行至圣域，而圣则能知天道、合天人。但李先生并未像牟宗三先生修正康德那样，直接承认人亦具有达于本体界的“智的直觉”，而是提出“圣知天道”意义上的“智的直觉”。与康德所论有根本不同，儒家“圣知”的特质在于存在实现意义上的“通”，非上帝义的全知，而是因应事物之时、宜而与物无不通，“全其万物一体之仁”，实存转变和实现中的自觉或心明其义，由此自由决断、仁心流行，以达行事应物无碍。⑤

儒家这一形上超越观念与其教化方式互为表里，彰显出“教化儒学”不离日用、直造先天的思想特性。儒学的中心始终关注在生活世界，其教化方式乃

① 李景林．教化的哲学［M］．哈尔滨：黑龙江人民出版社，2006：11-14.
② 李景林．教化的哲学［M］．哈尔滨：黑龙江人民出版社，2006：125.
③ 李景林．教化的哲学［M］．哈尔滨：黑龙江人民出版社，2006：124.
④ 李景林．教化的哲学［M］．哈尔滨：黑龙江人民出版社，2006：124.
⑤ 参李景林．教化视域中的儒学［M］．北京：中国社会科学出版社，2013：111-115.

因任传统礼仪礼俗等具体生活样式，通过“君子之文”的澄汰、点化、调校之功，使之发生意义上的转变和精神上的升华。此思想特性，李先生勒之以“内在关系论”来说明，其表现是以人的情感生活的理性反思为出发点，超越的道德理性法则奠基于人的个体实存，展开为普遍性的样态，即内在即超越，即超越而普遍，落实在生生之流的社会生活历程中，以礼乐生活样式的人文转化及历史连续性重建，承载起儒家的教化理念。从“理性直观”到“内在关系论”，“教化儒学”形上学理论形式较为全面地展现出来。

众所周知，现代新儒家（狭义）的思想理论，主要也是心性奠基的形上学体系的展开，当代很多学者出于对“空谈”心性的不满，提出了诸如政治化、宪政化的重建方案。作为儒学当代重建的新思考之一，“教化儒学”总体上虽延续了心性形上学的理论形式，但与以上两种理论取向又均有所不同。一方面，与现代新儒家的理论关怀更多地偏向如何在应对西学浪潮中构建完整的理论体系来彰显中国文化的主体性不同，“教化儒学”进一步着重思考了儒家思想的理论资源如何能更有效地“教化”当下生命存在、开显实存意义、重拯世道人心，以及如何由此建立起文化未来开展的社会基础；另一方面，“教化儒学”直探本原，保有其理想精神及批判态度，不以建制化的取向为重，或许可以摆脱舍本逐末的局限与片面，或许可以跳出仅仅停留于体系设计无从实行的泥沼。总之，“教化观念”使其既能有本有根的动态性转向民众生活，复活民间继存的儒学血脉，真正实现儒学的魂之附体，“超越观念”则使其与现实政治运作保持应有间距，以一种理想性的虚体形式实现自身价值的“无用之用”。

四、教化儒学的价值理念

一个理论体系的建构，必有相应价值的实现为其归趣；而价值能否有效地实现，则以其是否具有明确的理念引导为前提。“教化儒学”在价值论层面，有其涵贯一体的价值理念系统，以下从四个方面略作引述。

1. 重视“中道理性”

出于对当代哲学价值相对主义观念的警惕，早在20世纪90年代初，李先生即对儒家价值论的特征及其意义进行诠述，作为重建价值理念的理论资源。①他认为西方哲学理智分析传统所形成的形式与质料二元分立的观念，使其在价值问题上否定形式普遍性，从而失去了价值原则的普遍、客观的效准，走向价值相对主义；儒家哲学始终以价值、道德理性为核心理解人性和人的存在，但

① 李景林. 价值的普遍性与相对性［J］. 哲学与文化月刊，1992，19（12）：1098-1106.

其理解的价值、道德理性与西方有很大不同。儒家讲学以致圣人之道，强调道德理性和知识的区别，避免了西方将价值与认知问题相混淆、站在认知立场上处理形上学问题，儒家也未把理论作为一个抽象的环节从价值和道德问题中抽离出来，形成实质与形式的对峙。儒家从知情合一、灵肉一体和诚明互体的角度理解人的智慧，以教养工夫的践行为本，情志活动、气质条件被理解为人的工夫自觉的不同层次。“以实践的兴趣内涵其理智的追求，于工夫的历程中动态地显现理和道的全体，这是儒家的达道之方。”① 儒家哲学从知情的本原一体性出发理解心或理性的概念，构成其对价值原则的独特理解，李先生提出以“中道理性”称之，以之表征儒学价值形上学的理论根据。人的内心体验、体悟对证成道体的意义，肯定了人心在呈显道体时内心生活的差异性与独特性；价值实现方式上的差别，并不是对价值原则普遍性判准的排斥，普遍统一的价值原则的客观性，即在人的主观体验中本然判断所指向的对象性；故价值普遍性正经由各分殊个体呈现出来，分殊个体在对普遍理一的证显过程中亦获得提升、超越的价值指向。故儒家“中道理性”奠定的价值根据，乃以功能作用的超越性为特征的价值形上学，可以不受限定地为不同层次之人所体认，并在具体的情志生活中获得实证，为人提供变化气质、安身立命的价值基础。②

2. 由“个性”而“通性”

基于“中道理性”之根据，儒家将个体化和普遍化统合一体，摆脱了现代西方哲学价值相对主义的理论困境，使中国文化具备一种和而不流的原则性和宽容精神。李先生的哲学观主张“哲学乃是在其个性化的方式中表出其普遍化的理念的”③，体现在价值论上，“个体化”和“普遍化”并不必然矛盾对立，两者可以表现出一体互成、“差异互通”的特色。“教化儒学”重视“个性”与“通性”的有机统一。“教化”视域下的“个体性”原则有以下三个特性：1）落实于实存，以心性体证为根基、生生不已、创造转化地予以实现，体现为当下不可重复的独特内涵，而不是抽象性的原子或私人性的自我；2）个体之间存在着差异，但并不孤立，个体乃具有共在性的个体，相互之间构成等差性的价值秩序，本之于内，可层层推之于外，实现忠恕式的推展扩充；3）个体实存的完成在呈现心性的情态生活层面，既决定了个体实存的差异性，又展现着其内蕴的创生性。故个体性之间尊重各自的差异，同时又可通过感应和沟通，共同

① 李景林．教化的哲学［M］．哈尔滨：黑龙江人民出版社，2006：175.

② 参李景林．教化的哲学［M］．哈尔滨：黑龙江人民出版社，2006：169-179.

③ 李景林．教化的哲学［M］．哈尔滨：黑龙江人民出版社，2006：1.

交互成为和谐的整体。儒家的超越性观念亦由此引生。“在形上学意义上，儒家肯定，个体性本即内涵有这‘通’性”①，基于人的生命的原初情态，以及生命存有自身转变的敞开性，个体“在不可重复的、‘一次性的’当下情境中超越地形成一个世界，而与其他人的世界相关涉、相切合”②，实现与他人、社会乃至宇宙整体的相通。“‘通’的意义是，成就差异以达成沟通，经由充分的个性化而构成一‘共通性’的境遇”③，李先生特别提出要拒斥“平均化”以实现通性义的普遍性，拒斥“同质化”以达成人的存在个性化的完成，基于差序化的中介使“个性”与“通性”两端缘生互成④。

3. 坚守“道义原则”

行之于外、应接现实，在“教化儒学”看来，应坚守“道义原则”为价值理念，这既是对儒家传统“义以方外”观念的继承，又能进一步揭示其内在的实现机制。本“道义原则”以应外，实质上乃“德不可掩”的“德之行”，是本诸内在德性而实现出来的道德法则，体现出“合内外之道”的特性。李先生以“诚中形外”来刻画这一独特的价值实现方式。“诚”即真实、实有，是“性之德”的标识。作为动态的生命展开过程，“诚中形外”即德性成就的完整创造历程：“在儒学的系统中，‘诚’既是个体存在本真之所是，同时，人在其存心、反思、教养的自身展开历程中又能不同层次地完成、具有（实有之）这个‘所是’。”李先生认为：“道德的义、法则……为人心灵所能亲切实证的‘实有’和‘真实’”，“价值的‘应当’与‘真’的内容是互摄一体的”⑤，在人性完成角度，人心实有之“诚”澄显出“道义”生成的本原，并为人心切实体证；“道义”则表现为真善一体的特色，对外在之“行”具备价值导向的必然性。现实世界中对诚以应物、道义担当的干扰，莫过于外在功利引诱。挺立“道义”至上的价值原则，不是排斥功利追求，而是反对让功利追求成为整个社会共同体的行为原则，避免陷入“上下交征利”的泥沼；相反，“道义原则”作为基础，是可以讲求功利的，而且只有如此，这些事功成就才能被点化、升华，作为价值整体而得以全面展现。当今社会，“利”作为流行的主导价值观念，其对个体和社会的心灵戕害已初露端倪，应该说，李先生主张坚守“道义原则”，亦有其针砭时弊的因由。由孔孟“为仁由己”及“性”“命”分说的理论可知，

① 李景林．教化视域中的儒学［M］．北京：中国社会科学出版社，2013：284.
② 李景林．教化视域中的儒学［M］．北京：中国社会科学出版社，2013：286.
③ 李景林．教化视域中的儒学［M］．北京：中国社会科学出版社，2013：279.
④ 李景林．教化视域中的儒学［M］．北京：中国社会科学出版社，2013：131-142.
⑤ 李景林．教化的哲学［M］．哈尔滨：黑龙江人民出版社，2006：76.

行仁行义乃人唯一不凭外力而能够自我做出价值抉择，直接“可欲”可求者，是人最本己的可能性；一个有德之人，应做到达不离道、穷不失义，以道义之担当，标示人之为人的价值原则所在。本此，我们的道德教化，“宜去除政治意识形态私见，注重唤醒人心内在的天德良知，由之在整个社会挺立起道义至上的至善价值原则，此其所以端本正源、深根固柢之道”①。

4. 关切“人格教养”

“教化儒学”所论心性之学，并非仅停留于学理考究的层面，而是本着一个“存在实现论”的思想进路②，始终关切于人的教养和教化，并指向以此为基础的人的实现。此点李先生多有陈示。此处仅就李先生近年在人格教养问题上再三致意的三个方面而言。其一，强调“见独”，保持人格的独立性和独特性，获致独得于心的“独知”，充分而完全地敞开自身，以达“人不知而不愠”“不怨不尤”“遯世无闷”的见独之境。③ 其二，提倡“知止”，“知止”并非故步自封，止步不前，而是在“进”与“止”之间保持协调，从内容上讲包含回归自然、回向历史与成德知本三义，即在历史精神的回归和体贴中找到“自然与文明的交汇点”，建立起自身的文化认同。④ 其三，贞定“忠恕”，忠恕之道就是从最切己的欲望、要求和意愿出发，进行推己及人的践履工夫，但作为限制性与沟通性的统一，忠恕之道不可误作“己之所欲，施之于人”的积极表述，尽己以尽人、成己以成物，不是把己性、己意加于他人和它物，而是要因人、因物之本性以成就之，在人我、物我差异性实现的前提下通向内外、人己、物我一体的“仁”境。⑤总之，与重“知”和求“是”相比，“教化儒学”以人的德性成就和存在实现为更加根本的意义，由工夫证显本体，重视道德践履，在实有诸己的意义上透过德性智慧实现对生命本体的领悟。

---

① 李景林．教化视域中的儒学［M］．北京：中国社会科学出版社，2013：130.

② 李景林．教化视域中的儒学［M］．北京：中国社会科学出版社，2013：57-63.

③ 参李景林．“遯世无闷”与“人不知不愠”——儒者人格的独立性和独特性［J］．船山学刊，2013（2）：86-91.

④ 参李景林．教化视域中的儒学［M］．北京：中国社会科学出版社，2013：210-222.“自然与文明的交汇点”亦是李先生再三致意的主张，关于这点，还可参“李景林，孙栋修．自然与文明的连续性：先秦儒家的历史意识［J］．社会科学战线，1995（3）：39-44.”“李景林，雷永强．关于儒学的文化沉思——北京师范大学哲学与社会学学院李景林教授访谈［J］．中共石家庄市委党校学报，2007，9（9）：31-35.”“李景林．即“有名”而显“无名”——从《老子》首章看老子之道论［J］．甘肃社会科学，2005（6）：59-60.”等文章。

⑤ 参李景林．教化的哲学［M］．哈尔滨：黑龙江人民出版社，2006：405-411. 李景林．知止、忠恕与人格教养［J］．长春市委党校学报，2009（6）：29-36.

以上从四个方面所总结的教化儒学之价值理念，分别对应着其价值论的形上学根据、价值理念的实现方式、价值展开的基本原则、价值实现的人文特色。从中国哲学传统来看，价值问题并非哲学系统的一个部门，而是通贯于所有哲学问题并对其本质、体性进行规定、赋义的“染色体”和辐射源。① “教化儒学”的价值理念，未将“价值”问题窄化为某个哲学部门的抽象内容，而是立足教化观念，紧紧扣住人的价值实现、存在实现这一根源性问题，展示出关涉全体、映射全局的“价值”关怀。在此基础上，“教化儒学”的理论展开，才能在天与人、心与性、心与物、心与气、性与命、性与情、性与才、仁与爱、独与通、形上与形下、内在与外在、具体与普遍、本然与应然、下学与上达等观念之间保持一定的张力，使双方建立连续而非割裂、互动而非孤立的理论联接，呈现出融贯一体的理论特质。②

五、教化儒学的文化立场

从较为宽泛的意义上讲，“教化”也可理解为文化，“教化儒学”由此可被称作文化儒学，这就不再仅仅局限于心性之谈，而是持守“本乎心性，观乎人文，以教化天下”的立场，凝聚起敏锐的文化意识。事实上，“教化”所本有的开放性和动态性，使“教化儒学”对心性理论的关注必然转向对心性理论敞开自身、实现自身的过程的关注，这个过程即表现为对世道人心和社会文化的忧思与关切。在当代中国社会发展和世界文化变动的风云际会之中，儒学曾经历了颠覆式的浩劫，从传统文化之主流，逐步成为被取代、唾骂、批判……的对象，直至被描述为“博物馆”陈列品和无体之“游魂”。不过，近年来中国文化思潮悄然发生了一种变化，儒学与中国文化之复兴已逐渐酝酿形成由暗到明的新思潮。我们面临着一个现代以来从未有过的儒学复兴的重要契机。能否理解和把握好这一契机，关系到我们是否可以再次构筑起文化生命的心灵家园，实现文化传统之魂的附体新生。这首先取决于文化立场的选择。“教化儒学”于此已有内外一贯的深入思考。

1. 走出三个理论误区

1）文化发展的功利性。文化并不局限于某一特定的实存领域，不是一独立

① 李景林．价值问题对于中国哲学的根源性意义［M］//中国哲学中的价值观问题．哈尔滨：黑龙江人民出版社，2012：1-2.

② 这一价值理念特质的理论机制，李先生近来在《旁通而上达：儒家实现终极关怀的教化途径》（《道德与文明》2021 年 5 期）、《诚中形外：儒学工夫论的思想架构》（《南开学报（哲学社会科学版）》2021 年 4 期）等文中做了进一步的细致阐发。

的研究对象，而是人类一切领域而不可须臾离开的存在性要素，以“隐居幕后”的方式存在于各种实存领域，作为一种“柔性”的创生力量发挥作用。然而，人们对文化自身的存在和作用方式缺乏重视，往往以社会、经济等领域的发展状况，作为文化之价值、意义的评判标准，充满功利性的探求和考量。① 2）文化普遍性与特殊性的抽象对峙。文化具有自身的个性或曰民族性，包含历时性的具体意义；如果仅仅偏执在文化的普遍性、共时性的一面，难免会将复杂的文化问题简单化约为抽象、零散的概念。现代中国的文化思考即常忽略其个性与历史性层面，表现为将古今问题置换为中西问题，其实文化不能粗暴地进行分割、拼接，据其具体的生命展开历程，对传统进行了解之同情的认同和阐释，在历史连续性基础上发生整体性的现代意义转换，而非导入历史虚无和文化断裂的发展方式，文化生命才能获得适切性的原创能力，合理地延续下去。② 3）政与教混淆不清。儒学应关注教化的、实践的特性，但由此倡导重建政治化、制度化的儒学，建立儒教为国教，将教化理念这一理想性的“虚体”，进行政治和权力运作，难免使“教”在政治威权和意识形态的钳制下，被僵化和扭曲，甚至变为“反动的力量”，重蹈历史上诸如以理杀人、以神杀人的灾难性后果。政教分离并不是历史的退步，适可使教化之道脱离政治运作，转变为与个体心灵生活相关的精神事务，成为一种社会性的事务。③

2. 培育三种文化意识

1）创建儒学的当代新形态。“儒学就是儒学史”，儒学虽有知识化的面相，但更是“存在性的儒学”，将每一时代的“当代性”内涵蕴蓄到应有的思想创造中。具体离不开经典的诠释为基本方式，重视经典对当下生命存在的开显意义，有机地融进诠释过程，使经典转出继承历史传统与因任当代相合的思想创造。当代中国哲学，尤其儒学的研究方式应有所改变④，对考据型的历史性知识过于重视，而对儒学参与当代的创造意识不足。继承历史传统，重新注重儒学思想的当代重构，参与文化建设的促成之路。⑤ 2）重建儒学和社会生活的联系。思想理论的创造不能脱离社会生活，与其密切相关，是当前研究面临的另

---

① 参李景林．教化视域中的儒学［M］．北京：中国社会科学出版社，2013：223－226，248－255.

② 参李景林．教化视域中的儒学［M］．北京：中国社会科学出版社，2013：231－232.

③ 参李景林．教化视域中的儒学［M］．北京：中国社会科学出版社，2013：232－233. 李景林．教化的哲学［M］．哈尔滨：黑龙江人民出版社，2006：451－453.

④ 参李景林．教化视域中的儒学［M］．北京：中国社会科学出版社，2013：256－269.

⑤ 参李景林．教化视域中的儒学［M］．北京：中国社会科学出版社，2013：15－16，233－234.

一个问题。如果儒学仅仅寄居于学院一隅，为少数学者惨淡经营，则不能对文化建设起到实质意义。儒学只有与社会生活紧密关联，作为社会生活的样式、习俗而发挥作用，成为社会共同体的价值底蕴，才是一种有生命的文化观念。儒学与社会生活的关联方式有很多，如在经典传习、家庭教育、礼仪规范、礼俗乡约、文学艺术、官学教育、民间讲学等，对今天重新落实儒学教化之道于社会生活，仍有借鉴意义。① 3）养成“以身体道”的文化群体。以身体道的群体，即一个民族特有教化之道的肉身性或实存性的显现，是民族精神和文化品格的现实化和人格化，西方有如王室集团、贵族阶层、神职人员、民族英雄等，中国传统由士大夫阶层担当体道之责。中国当代遗失了此一体道群体，缺乏鲜活的实存力量，是文化血脉不济的体现。以身体道群体作为民族传统的集中显现，在教化过程中起着感召、引领、实践的主导作用，是文化建设和复兴的中坚力量。目前亟须明确“以身体道”群体的培养意识。②

3. 期待儒学在民间复兴

三种文化意识的培育，有见于避免理论误区的误导，同时又内在关联一体。建构起能够与社会和民众精神生活相切合的儒学当代形态，一方面，可以使思想理论摆脱在历史文化以及现实生活中缺乏根基的偏失，另一方面，可以为社会生活找到精神上、价值上的内在依据。循此以进，重新建立起儒学因应社会生活的作用和能力，使儒家教化理念得以“本虚而实”③。在儒学理论形态和关联社会生活之间，“以身体道”这一文化意识和群体，则作为交融二者的中介，可以发挥关键性的作用，这点亟需引起学界共识。从民间儒学践行群体来看，“以身体道”要求重视起儒学理论和学术的深入研习，文化情怀不能脱离学问义理的滋养，以免造成“乡愿式”理解而淆乱儒学学脉；从学院派的儒学研究看，“以身体道”要求学院学者增强社会担当精神，将儒学理论传播、应用于社会民众的生活启蒙中，对个体生命和民众生活展开人文引导和价值重构。前者体现为民间儒者的学理化，后者体现为学院儒学的民间化。“以身体道”文化意识、学术群体的自觉和养成，即在教化思想的落实中，承继斯文、担当道统，学问义理是其前提，具体成效则在民间。只有儒学在民间能够自觉、有效地承担起个体生命的文化奠基、寻回社会民众生活的文化认同感，儒学的复兴才算真正

① 参李景林．教化视域中的儒学［M］．北京：中国社会科学出版社，2013：16，234-235. 李景林．教化的哲学［M］．哈尔滨：黑龙江人民出版社，2006：458-459.

② 参李景林．教化视域中的儒学［M］．北京：中国社会科学出版社，2013：16，235-236. 李景林．教化的哲学［M］．哈尔滨：黑龙江人民出版社，2006：457-458.

③ 参李景林．教化的哲学［M］．哈尔滨：黑龙江人民出版社，2006：460-472.

实现。近年来儒学现状展现出颇为乐观的态势，儒学的文脉势头强劲，儒学的“血脉”亦有复苏倾向。如近年一直持续的国学热、文化热，其推动力主要来自民间，基本上是以民众为主导、以儒家思想为主体的，被称之为民间的、民众的、草根性的儒学复兴运动，反映出社会民众文化主体性挺立、文化认同感觉醒的自觉意识，这反映出社会集体意识对传统态度的转变，说明儒学在民间还具有生命力，文化血脉并未完全断裂，以儒学为主的中国传统学术可以承担起为中国思想文化复兴和重建的源头活水。养成“以身体道”之文化意识和群体，实现儒学在民间的复兴，“把‘文脉’的创造与‘血脉’的文化生命教养和连续绾合为一体，才能重建起中国当代文化的价值系统和教养的本原。一个有教养的民族，其国民才能真正‘摆脱他们加之于其自身的不成熟状态’，具有独立的人格与无所依傍的良知（中国文化所理解的理性）判断力”①。

最后还须指出一点，儒学不仅要在自身文化系统内建立起自主性，还要考量与异质文化交流中的立场定位。“当前的文化情势，由西方文化所引领的‘全球化’的极度‘消费性’趋势，其弊虽已为人所共见而或欲止之，然其锋实不可挡，其势有不可逆。必当顺之而行，迎头赶上，最终乃可能以领先之势，截断众流，引领矫正之，逐步形成新的文化价值系统，转变其至于适宜的文化方向。人类‘文化路向’的转变，似只能由乎此一‘顺取而逆守’的‘致曲之道’。”② 这个“逆守”的过程，应恢复国学作为文化本原的孵化作用和奠基意义③，注重回归中国文化的通性精神，来应对文化全球化和普适性的冲击，越是中国的，越是世界的，不失本土化、个性化，才具备基底以在普适化和全球化的文化范式内激起双向互动的回环。④ 教化儒学，不仅立足教化观念来解读儒学，而且植根儒学传统来审思文化立场。

---

① 李景林．教化视域中的儒学［M］．北京：中国社会科学出版社，2013：240.

② 李景林．教化视域中的儒学［M］．北京：中国社会科学出版社，2013：230. 汉代人讲政治，提出一个“逆取而顺守之”的途径，就是靠武力打天下，然后靠仁义来治理。李先生借用这个说法，认为对文化的发展而言，这个命题要反过来讲，就是要“顺取而逆守之”。就是先顺着现有的方向走，经济社会的发展要先行；发展到一定程度，按照前述文化发展功利性因果追问的定势，人类整体的价值观念会逐渐发生某种逆转。这就叫“顺取而逆守之”。参李景林．教化视域中的儒学［M］．北京：中国社会科学出版社，2013：15，230.

③ 参李景林．教化视域中的儒学［M］．北京：中国社会科学出版社，2013：200-206，240-248.

④ 李景林．教化视域中的儒学［M］．北京：中国社会科学出版社，2013：226-231. 李景林．教化的哲学［M］．哈尔滨：黑龙江人民出版社，2006：492-494.

六、结语

以上仅是就教化儒学之荦荦大者而言，限于篇幅，每点亦只能撮其大旨，未能曲尽精微。总的来看，作为从“教化”切入儒学的哲学系统，教化儒学并不是知识化的平铺直叙，而是理论性的整体运思：以心性论、德性论为基础，以形上学为主要形式，贞定价值理念，撑开文化关怀，寓情于理，将思想的关怀用谨严的逻辑理路表达出来，寓作于述，显示出历史生命的承继与超越。一个理论宗旨是否可继可成，一看能否体现传统学问的核心义理旨趣，二看有无因应当下思想境况的创造意识。一方面，通过教化重新诠释、接续儒学传统，不仅合适，而且抓住了关键和根本，正如前文的总结，可以有力彰显儒学的独特理论特质。另一方面，教化对当下生活亦有针对性，如教养的缺失、人性的异化、精神的空虚等时代症候，都强烈折射着回归人性、重建教养、重启教化的当代性。是以儒学统之可归于教化，辐辏教化可展开对儒学理论的系统诠释及其当下转生，作为理论性和现实性的统一，教化儒学成为一个具有承载性、含蕴性、开放性和可继性的理论系统，是一个富有生命力的思想体系。

回望传统，原始儒家既已明确主张“富而后教”“善政不如善教”“参赞化育”“观乎人文以化成天下”，并由“六艺之教”为代表的施教方式来恢弘推扩；《汉书》追溯儒家起源时，则以“助人君顺阴阳明教化”为其源出精神；此后，虽也受到过统治阶层的利用，被僵化为政教管控的手段和工具，埋下儒学在近世受到歪曲和诬化的种子，但总体而观，本真的教化观念历有儒者认同和传承，从未中断过。直到近代，梁漱溟先生还敏锐指出：“盖数千年间中国之拓大绵久，依于中国文化；中国文化发展自始不以宗教作中心，而依于周孔教化。”① 梁先生可谓真知卓识，并在落实礼乐教化的乡村建设实践层面呕尽心血，被称为“最后的儒家”。新的时代，能否再次认清教化之精义、把握住儒学立身之命脉，对于儒学之新生显得十分关键和必要。李景林先生归宗“教化”，自觉接续并大力弘扬，坚定集中地研究探讨，使此教化观念及其理论系统规模朗显、深切著明，通过内在关联、活络贯通的学术机制，使儒学传统学问义理和精神生命的意义整体可以连续性地转生于当下，从学理基础上为接续儒家教化传统奠立了坚实的第一步。

守望当代，儒学已现复兴之势。从理论形态看，有许多儒学重建的新方案

① 中国文化书院学术委员会．梁漱溟全集：第 4 卷［M］．济南：山东人民出版社，1990：21-22.

竞相争鸣：有的嫁接自由主义理论，有的引进现象学资源，有的接着新理学讲，有的转向生活论，有的倾心公共性，有的重视生活化，有的主张世俗化，有的呼吁大众化，有的提倡宗教化……重建已成共识，理论进路或各有千秋，现实走向却渐趋一致。现在的问题是，这些方案应如何加以展开，怎样切入现实，其与社会人生的关联在怎样的意义机制上得以实现？以教化为宗趣，归向儒学的文脉和血脉的交融并建，在寻求思想的本原奠基与生成开展上对儒学进行定位与诠释，教化儒学直探儒学的思想本原，动态地描述着儒学开展、落实的本根机制，与诸种儒学方案并不排斥，并非企图与之争一席之地，而是以奠定儒学重建的实现路径为关怀。

文化复兴
教
儒学⟷重建
化
儒
文脉⟷血脉
学
心　性

各类重建方案的多元化取向，若能避免哗众取宠之谈，建立有本有根、沉潜笃实的立说，往来激荡，良性互动，定能殊途同归，推动儒学复兴的真正实现。近年来，李景林先生又陆续推出了《教化儒学论》①、《教化儒学续说》②、《孟子通释》③、*Edification in the Chinese Philosophy of Confucianism*④ 等著作，不仅在义理建构与经典诠释等多方面具体而深入地拓展了教化儒学的理论系统，同时也通过方法论意义的反思进一步明晰了其“教化”的哲学进路。总之，“教化儒学”赓续“教化三书”之轨范，继续在教化传统的历史衍变⑤、教化观念的实践转向等方面略加扩展，使自身理论系统力臻完备，在儒学复兴的浪潮中定能担当起儒学创造性转化的引航员。

---

① 李景林：《教化儒学论》，孔学堂书局 2014 年版。
② 李景林：《教化儒学续说》，中国社会科学出版社 2020 年版。
③ 李景林：《孟子通释》，上海古籍出版社 2021 年版。
④ 李景林：Edification in the Chinese Philosophy of Confucianism《教化（英文版）》，施普林格自然集团 2022 年版。
⑤ 这个角度，李景林先生门人后学进行了一定探索，可参华军等著《“教化儒学”的思想历程》，中国社会科学出版社 2020 年版。

儒家教化与当代价值观建设

提要：与中国当代应建设“什么样”的价值观相伴而生，“怎么样”的问题同样不容忽视。儒家“教化”观念指引着价值观应有的内在根基和基本实现方式，可为当代价值观建设提供积极有效的理论导向及路径支撑。具体体现在以下五个方面：纠正以往价值观建设的某些误区和偏失；有助于价值观的内在认同及其长效稳定；主张价值观培育和践行的有机结合；强调从个体价值观到社会、国家价值观的一体有序推展；提倡道德培养与价值观建设的合力共育。“善政不如善教”，通过成就自我并关联社会民众、开展治国理政以敦民化俗，承续“富而后教”的教化传统，已成为当今时代避免“逸居而无教”式无道与失范的必然选择。

提起儒家之“教化”，往往会引发两种不同方向的理解，一种是从政治统治的角度，理解为政教风化，以自上而下的方式，为政者对人民群众进行教育、感化和引导，此乃传统“教化”观念的重要立身方式之一，但极端化的运用或导出一些消极的效果，即“教化”沦为统治者实施思想管控的某种工具，如“礼教吃人”之说在某种程度上揭示了“教化”不当运用所带来的负面理解；另一种理解则甚为正面，主要指向导人以善、化民成俗的德风德教，具体落实在六经之教、礼乐之教等方面，是直到现在仍受到肯定并需着力弘扬的教化方式。可见从不同的方向理解“教化”，对儒学做出的定位可以完全不同甚或相反——如何理解和衡定“教化”，成为评判儒学的一大关键，这对儒学复兴而言，亦当是不容忽视的思想进路。

对“教化”理解产生分歧甚至出现偏失的问题在于，以往的理解仅仅停留于未明其旨的表层现象义，对其背后的深层逻辑并未透析，即“教化”之所以为教化，“教而化之”之所以可能的先天基础未加以明确并得以贯通。从“教化”的哲理逻辑上，教化思想之根基是一个既超越又内在的本体，就个体而言，教化重在本体对实存的转化过程；落实到社会生活层面，教化则表现为达到一种本于人性的移风易俗的社会教化。① 具体地看，借用黑格尔的讲法，教化可理解为：个体在异化的前提下而“返回自身”，使自身成为普遍化的具有本质的存在；联系理查德·罗蒂的思想，教化则强调了人的精神生活的转变或转化；结合伽达默尔的阐述，教化具有“保持”的特性，即在教化的结果中，人的精神尤其是感性的内容都未丧失而得以保存，作为某种“普遍的感觉”“合适感”“共通感”被完全地把握住。这表明“教化”观念乃立足超越而内在的根基，为实存确立内在需求的意义本原；以“转变”“保存”为进路，实现价值观念的发生与践形；并在“普遍化”精神品行的提升中，获得具有共通性的公共品格。本此识度，“教化”观念的本真义涵方能透显无余。

其实，这一本真性的理解并未断裂，直到近现代，梁漱溟先生依然强调“教化之必要”“宁在教化”，牟宗三先生还着力辩护“教化之大防”，徐复观先生仍亟亟提点“教化精神”乃儒家精神性格最伟大的一面……但不能否认，儒家“教化”观念返本开新式地阐扬及落实，在当代还有很长的路要走。当代价值观的建设问题，就鲜明凸显了儒家“教化”观念的积极意义和必要性。

一、教化观念可以纠正以往价值观建设的某些理论误区

梁启超先生论“新民”，以“采补其所本无而新之”与“淬厉其所本有而新之”② 为格准，这里的“新”主要指价值观方面的更新，这提示价值观的倡导亦可分为两类：一种是本还未有的，贞辨、钩稽出来以弥补当下之不足；一种是已经有的，萃取、提炼出来使之以更为集中、明确、规范的形式为当下所见。两者分别在未然的与已然的、显性的与隐性的、变动的与固化的等方面体现出不同的侧重。问题是，如果是全新的识度，我们如何确定应该贞定哪几种价值观念？如果是对已有观念的凝结，我们又如何在多元纷纭的价值体系中进行分辨和简择？这涉及价值观提出的合法性问题。其实，价值观提出的两个面相之间并非互不相干，前者往往对后者推进、扩展，或纠正、改良，或批评、扭转，价值观的提出无非是对社会整体价值观念的应然指向（前者）或恰切反映（后者），体现在社会个体之价值需求的共同趋向。此价值需求之指向，主要导源于安身立命意义上的精神需求与思想需求。对价值观提出的合法性而言，关键即在于找到认识、理解、表达此内在需求的本然方式。

在此价值观建立的“合法”方式上，儒家“教化”之意义适可得到彰显。

① 李景林．教化视域中的儒学［M］．北京：中国社会科学出版社，2013：10-13.

② 梁启超．新民说［M］．沈阳：辽宁人民出版社，1994：7.

与前示价值观的两类面相相应，以往价值观建设潜存着两大理论误区，“淬厉本有”一般诉诸“强化”说，“采补本无”类的则有赖于“内化”说，两说长期以来被大家所熟知并普遍接受，但“教化”观念所蕴蓄之“转变”“保持”“普遍化”等理论特质，对此富有针砭解蔽之效。“强化”带有较强的目的性，意在提升人的某一方面的素质，使之掌握某一方面的技能，其实施方式甚至会诉诸近乎机械性的训练和操作来获取专业性的突破。某一方面的“强化”，其实也意味着其他方面的限制和遮蔽，而人生的活力是在生命的整全结构中得到孕育的，这需要转向“教化”，立足于人的存在整体性，揭示文化的深层意义，实现人的自然素质全面升华而不丧失任何东西。另一个严重误区是所谓的“内化”说。如主张价值意识只能从外面灌输、依靠实践的亿万次重复巩固成头脑中的逻辑公理等观点，“内化”内含的逻辑是依据某种给定的理由、标准来指导自身的行为实践，主张将外在的观念“化”到个体内在生命里面，其实施方式表现为由外而内的说教、灌输、植入。不管这一外在观念是否合乎人性，“内化”对价值主体潜移默化的占有都不是出于主体的自由选择，并未在价值平等交互意义上先在地给价值主体留出应有的审思余地。“内化”的结果是重复性操作而在某些给定的方面被驯化、符合相应的规范并最终形成某种习惯，往往与自身人格独立性产生冲突而导致人格的多样性。真正的自由选择则应以人性为根源，反躬内求，依据自身良知、理性的指引而自由做出抉择，挺立起人的价值信念，建立合乎自身的价值秩序，由内应外而内外圆融，主体的精神或情感生活亦在此存在过程中得到相应的转化。以此“教化”的方式，与听从外在标准，由外化内而内外相斥的“内化”形成鲜明对比。①

不诉诸外力的制约，而从思想上进行自我规范和引导，使价值观念成为主观意志自身法则的体现，才合乎价值观生成展开之精义。价值观对从个体到社会，乃至民族、国家的发展，都具有重要的导向意义，若不能以正确的方式提出并指引贯彻和落实，很可能会流于教条化、口号化、形式化，无法真正建立内在认同，更不用说长久维持。若由此过度偏执，落入不明就里、强制接受等窠臼，引起民众的排拒和误解，更为得不偿失。相反，经由“本立而道生”的“教化”之路来建立价值观，体现主动、自发机制下达致的活力化、生机化的一体相成，在个性化完成基础上实现其应有的创造性和共通性，同时可对被动、

① 关于教化与强化、内化的理论差别，可详参李景林．论儒家哲学精神的实质与文化使命［J］．齐鲁学刊，1990（5）：3-8．教化观念与儒学的未来发展［J］．人文杂志，2009（1）：18-25．等论著。

机械、规训机制下达致的表层一致的同质化、平均化予以针砭和规避。

二、教化观念有助于价值观的内在认同及其长效稳定

当前，弘扬和践行"社会主义核心价值观"为中国当代应该建设"什么样"的价值观明确了答案。《人民日报》发表评论员文章指出核心价值观建设要"架起核心价值内化于心、外化于行、教化于众的桥梁"，使之成为当代中国精神世界的"价值公约数"。① 这一观点点出了价值观建设中需要"教化"的一面，并指出价值观乃从"心"到"行"的立体结构。进一步全面结合"教化"观念的哲理意蕴，可促进核心价值观的积极培育：一方面，弥补教化的表层理解，调校内化的偏颇理解，使其从心到行到众的逐步展开能在合理的机制下有效进行，并使之成为一个内在关联、一体贯通、具有凝聚力的统一体；另一方面，"价值公约数"的提法有启示意义，说明核心价值观应该在中国人的精神世界具有相对较高的认可度，并提出要争取成为"最大公约数"，即可以建构起共同的认可，或曰普遍的认同。那么，如何才能实现价值观的普遍认同？此问题里面包含两个层面，即何谓真正的认同？真正的认同如何具有普遍性？

就存在个体的角度，"认同"首先需"在共在的形式中实现并认出自己"②，在普遍性、共在性的领域中自觉体贴、心明其义，实有诸己地将自身个体性加以保存。经此认同，实存以贯通于普遍性、共在性价值的自身个体性进行内在奠基，从而获得个体价值的转变和升华；这不仅呈现了个体性自身的超越性意义，而且使得共在性价值在个性保存的基础上，证成自身的普适性，并在个性化内实现有效的落实。由此，上述两个问题其实是相通的，对价值观的自觉认同，已将价值的普遍性内蕴其中，认同的实现即普遍性的价值经由存在个体性落实开来的过程。所以，价值观认同之建立，体现为存在个体（主体）自身体认下的自觉主动地全幅敞开，而非在某些外力强制下的条件性接受。儒家政治实践之律则亦从中豁显："道之以政，齐之以刑，民免而无耻；道之以德，齐之以礼，有耻且格"（《论语·为政》），正是强调为政导民一定要以引生民众的主体自觉为目的，而非停留于强力威慑下的"表面屈从"或"假性认同"；"有耻且格"表明真正的认同是在自我心性反思的基础上为价值的再生提供本原性

① 任仲平．凝聚当代中国的价值公约数——论培育和践行社会主义核心价值观［N］．人民日报，2015-04-20.

② 李景林．在进与止之间保持张力［N］．社会科学报，2013-10-24（5）．

的内在力量。① 故儒家政教中价值观的认同培养，须直下肯定“存在的生命个体”的首出意义，在“物各付物”“以人治人”的意义上“顺个体而遂成”。②

从发生机制上看，价值观的认同，在教而化之的存在实现过程中建立起来。具体来说，可从以下几个层面加以理解：首先，“认识你自己”，找到人性的根本，找到自己存在的家；其次，经由内在基础对价值观念进行自由抉择；再次，获得价值观念的可欲性和现实性。这要求价值观应是可能的、自由的、可欲的。在儒家看来，为仁由己，欲仁则仁至，反身而诚，唯一可以不受外力影响的本己可能性，即内心可自作决定的为“仁”与否；仁义礼智圣等心之欲求在君子属之性而不视为命，味色声嗅安逸等感官欲求在君子视为命而不属之性，因为前者所求在于“我”，后者所求在乎“外”，性命分立表明自由的实践理性一定抉择于自作决定的人之本性，而非受限于外在条件的外在物欲；在此仁义的澄明中显示出人性的本真面貌，则人之自由意志体现为存在性的事实，人性亦是具有先天内容的实在性；人性（仁义与善端）在实证基础上展现其可欲性和现实性，人之价值观念由此确证其充实的内在本原，打开其美、大、圣、神层层提升的共通性意蕴。

可见，价值观建设根本即在价值主体确立内在的本体依据，挺立起人性的自信，从生命本体层面搭建个体自我与普遍性文化观念之间的深层呼应，体用一源、内外一如，教化实现着主体实存对价值观的自由贞定和内在认同。“教化之流，非家至人说”（《汉书·匡衡传》），教化视域的价值观培育，如春风化雨、细微自然，使规训、说教、聒噪的方式发生本质转变，“其止邪也于未形，使人日徙善远罪而不自知也”（《礼记·经解》），声色规范性被消弭于无形，在潜移默化中积淀对价值观的认同感。③ 以连续养成、内在自发、自觉维护为特质，价值观的启蒙、导向之本性，在此认同感基础上新生为内在动力化的启蒙和具有普遍性的导向。

① 朱子注曰：“政者，为治之具；刑者，辅治之法。德礼则所以出治之本，而德又礼之本也。此其相为终始，虽不可以偏废，然政刑能使民远罪而已，德礼之效，则有以使民日迁善而不自知。故治民者，不可徒恃其末，又当深探其本也。”（朱熹．四书章句集注［M］．北京：中华书局，1983：54.）

② 牟宗三．政道与治道［M］．长春：吉林出版集团，2010：111-112.

③ 关于“教化”不同于“说教”乃至“奴化”的道理，王玲．儒家教化观本义及其与当代公共管理的共鸣［J］．天府新论，2017（2）：32-38. 有所论及，可参。

三、教化观念主张价值观培育和践行的有机结合

教化观念揭示着价值观建设的逻辑。一方面是内在的，价值观的原初基础和发生结构得以挺立的根据；另一方面是外显的，由内到外、由个体到社会、国家的展开。如果说前一方面重点指示了价值观达致认同的“培育”逻辑，这后一方面则强调着价值观付诸实际的“践行”逻辑。价值观对现实世界达成某种特定视角的观照，理论上具有现实化的可能性；立足教化观念，价值观从培育到践行的必然性方能具有主体性的内在奠基。

“教化之所以必要，则在启发理性、培植礼俗而引生自力。”① 梁漱溟先生此言即意在点明教化以引生主体自身本具之动力为关怀，“不假强制而宁依自力”，积极于教化，为整个价值观系统提供根源性的动力保障。“源泉混混，不舍昼夜。盈科而后进，放乎四海，有本者如是……”（《孟子·离娄下》），在此本原性动力的觉知和推动下，付诸实行可达到一个极致的境界。所以，从倡导到践行，从观念到行动，即知即行，知行一贯。儒家教化成就的“知行合一”观有三个层次：知而欲行，知而能行，知而必行。知是涵着行的知，行是内具知的行；知之而后行之，行之以完成知之。在此意义上，教化的价值观属于“真知行”，未有知而不行者，知而不行只是未知。② 其理由即在于真知乃源于人所本具之良知良能，不学而知、不虑而能，可自作主宰而发出应有之行，是自由为自身立法的自力行为。孟子特别以“由”来刻画儒家此一鲜明的价值实现方式。《孟子·离娄下》：“舜明于庶物，察于人伦，由仁义行，非行仁义也。”《孟子·离娄上》：“仁，人之安宅也；义，人之正路也。旷安宅而弗居，舍正路而不由，哀哉！”在孟子看来，仁义即人之为人的根据和本性，是不依据任何外在条件的纯粹实践理性法则，即由乎自己的自我肯定的道德价值；相应的实现过程即“由仁义行，非行仁义，则仁义已根于心，而所行皆从此出。非以仁义为美，而后勉强行之，所谓安而行之也”③。“行仁义”把“仁义”作为外在的规矩来服从、执行，实则仁义形著于内心，而自然著见于外，发之于行为，不过是“由仁义行”，表现为自觉而又自由的“德之行”。对于言非礼义、

① 梁漱溟. 中国文化要义［M］. 上海：学林出版社，1987：213.

② “知而不行”，在行动哲学中可诉诸意志软弱理论来说明，但“知而不行”并不对“知行合一”说构成挑战，因为二者乃不同理论层面的言说，在“知”“行”的内在意蕴上有不同的规定。“知行合一”被强调为“真知行”“知行本体”等，正是对相应的意义转换的区分。“知行合一”表达不过是内教而外化的知行一体之观念。

③ 朱熹. 四书章句集注［M］. 北京：中华书局，1983：294.

不能居仁由义者，孟子视之为“自暴自弃”，程子解释道：“人苟以善自治，则无不可移者，虽昏愚之至，皆可渐磨而进也。惟自暴者拒之以不信，自弃者绝之以不为，虽圣人与居，不能化而入也。”① 也就是说，价值观践行的根本保障还在于通过教化实现对价值观的认同，并提供内在的坚定动力。

教化陶铸的价值观践行，首先为其指明基本的落脚点，即从自身德性的昭明做起；教化的动态生成性，使其内蕴着照应全体之关怀，由此落脚点可见“明明德于天下”之直指全提；不过，这一价值之展现，包含着细致的工夫节目于其中：“古之欲明明德于天下者，先治其国；欲治其国者，先齐其家；欲齐其家者，先修其身；欲修其身者，先正其心；欲正其心者，先诚其意；欲诚其意者，先致其知；致知在格物。”（《大学》）经过一系列教化工夫的历练，收归自身以映照全局，充实自我、扩充自我，逐步推展开价值观践行的丰富效验和广大理境：“物格而后知至，知至而后意诚，意诚而后心正，心正而后身修，身修而后家齐，家齐而后国治，国治而后天下平。”（《大学》）故在培育和践行结合的一面观之，“教化”亦可分开来讲——教之和化之。就个体而言，内教而外化，即所谓德不可掩，“诚于中而形于外”；驯致社会层面，自教而教他，即所谓先觉觉后觉，“修己以安人”。但分说并不代表分立，两者仍是内在相关之一体——教而不化则非其“教”，真正的“教”必能有相应之“化”境；化不由教则非真“化”，未有化而不由乎教者。教而必导向化，化由乎教而入，彰显着价值观培育与践行之间的必然性。内有所本，外有所化，教之以行，化而育成。由教而化，即可视为价值外显、切实以行的表现。

价值观培育和践行“必然地”结合一体，这个过程同时证显着教化的“实践性”特质。诚如伽达默尔所言：“人们整个地直至一切方面都从事其职业活动。但这也包括人们克服那种对他们作为人的特殊性来说是生疏的东西，并使这种东西完全成为他自己的东西。因此热衷于职业普遍性的活动的同时‘就知道限制自身，这就是说，使其职业完全地成为他自己的事情。这样一来，职业对他来说就不是一种限制’。”② 由灌输性的植入转变为教化性的生成，价值观首先成为自我在深层观念中对自身的确证，并以之孵化可以渗透到一切生活方式的普遍性。此普遍性经过具体性而实现自身完满性的逻辑进路，决定了教而化之的方式实乃价值观在当下生命中得以有效在场的必由路径。

---

① 朱熹．四书章句集注［M］．北京：中华书局，1983：281.

② 伽达默尔．真理与方法——哲学诠释学的基本特征［M］．洪汉鼎，译．北京：商务印书馆，2010：25.

四、教化观念强调从个体价值观到社会、国家价值观的一体有序推展

“富强、民主、文明、和谐；自由、平等、公正、法治；爱国、敬业、诚信、友善”，社会主义核心价值观24个字包含着国家、社会、公民三个层面的内容。“如果说现代国家作为一种政治存在，更多以整体、宏观的形式体现其意志，那么社会便是以更为‘民间’的方式结构着亿万民众、用众人‘约定’的价值荫庇每一个人”①。三个层面的相应定位，彰显出主流文化以治国理政为导向的价值观意识。通过“教化”而观，可从思维方式和意义模式等层面对社会主义核心价值观的有序推展做出更深入的探索和观察。

1. 思维方式的调节与圆融

今日培育核心价值观的出发点无疑是积极的，提出的时机符合历史发展的进程与规律，体现出历史理性的充分自觉。不过，就提出过程诉诸自上而下的单向度思维方式看，对社会成员安身立命之内在需要的考量上还有再省思的空间，具体说即目前更多是从国家、社会的立场来规划价值观，而与之相呼应的自下而上向度实亦应需加以自觉引导并使之有效展开。“教者，政之本也；道者，教之本也。有道然后教也，有教然后政治也，政治然后民劝之，民劝之然后国丰富也。”②“政”本身可以成为指导、引领人生信念和生活方式的有效途径，只是它必须在“教化”的意义机制上，因循从道统传承、制度设计到文化心理各层次综合衍生的历史逻辑，“从治统之外选择根基于社会的价值观并对之加以调整，而不是以行政政策方式由上而下加以推行，才是确立具有社会性、人民性价值观的有效方式。”③ 自上而下的价值观筹划，离不开人民性的社会基础来施展效用，即使是“采补其所本无”的新价值，亦须在与民众整体具有共通感的前提下方成其“新（民）”；单从政教管控、制度设计的角度来建设价值观，可能会在推行中失却个体源发的精神动力，错失价值观在社会性和人民性方面的应有追求。价值观能否扎根于社会民众之中、与民众生活水乳交融，是其能否作为有生命力的源头活水来发挥精神维系、价值指引之功效的不二标识。牟宗三先生透辟地指出：“教亦是顺人性人情中所固有之达道而完成之，而不是以‘远乎人’‘外在于人’之概念设计，私意立理，硬压在人民身上而教

① 任仲平．凝聚当代中国的价值公约数——论培育和践行社会主义核心价值观［N］．人民日报，2015-04-20.

② 贾谊．新书校注［M］．阎振益，注解．北京：中华书局，2000：349.

③ 陈赟．儒家传统复兴与国家治理精神重建［J］．人民论坛・学术前沿，2013（8）：65-75.

之。此为‘理性之内容表现’上所牵连的政治上的教化意义之大防。所以亦是一个最高原则，不能违背此原则而言教。”① 价值观的推行施教对此应有清醒的认识。

2. 价值要素的组合关系需引起重视

从国家、社会、公民三个层面的划分定位看，主要属于政治性话语体系，以政策性的规划、设定为主要推行方式，价值要素之间的逻辑关联未凸显出足够的理论必要，易滑向模块化、平铺式的技术性组合形式。“物有本末，事有终始，知所先后，则近道矣”，“其本乱而末治者否矣，其所厚者薄，而其所薄者厚，未之有也！”（《大学》）儒家提倡有厚有薄、有始有终，要本末分明、先后有序的教化路径，强调在各价值要素之间确立内在有机的逻辑关联，以凝聚价值观的整体性和系统性。更重要的是，这样可促使各价值要素进入有序的推进模式。教化观念于此提供着相应的秩序推衍原则——忠恕之道。从人最切己、最诚实的本心、欲求出发，由内而外、推己及人地循序推展开人我、物我以至人人、人物。“忠”所关注的“沟通”，同时涵括着“己所不欲，勿施于人”的限制性，以各自“差异”之肯定为前提，因其之性、因其之宜而使之自立、自成，避免了“立人”“达人”秩序推展过程中直接、随性的价值任意。“忠恕之道”达致一个尊重差异、个性完成基础上的互通与共通，这样从个体到社会、国家的价值观展开，各价值要素就不是单列的而是关联一体的，价值秩序的推衍就不是随意的而是本末贯通的。

3. 价值秩序环节的进一步充实

传统教化观念下的价值秩序，在个体的“修身”和社会、国家层面的“治国”“平天下”之间，还有“齐家”的环节。就公共治理层面看，“家”在前提意义上显得至为关键——“天下之本在国，国之本在家”（《孟子·离娄上》）。这个道理儒家讲得再透彻不过：“所谓治国必先齐其家者，其家不可教而能教人者，无之。故君子不出家而成教于国……”（《大学》）“立教之本不假强为，在识其端而推广之”，“家齐于上，而教成于下也”②，在人生最切近、最自然的情感生活的温润中，“家”以孝悌和人伦为个体教化立定根基，并由之为社会蕴蓄着“亲亲而仁民”的文化能量，构成国家安定和平的意义纽结。史华慈先生的观察颇中肯綮：“对孔子来说，正是在家庭之中，人们才能学会拯救社会的德性，因为家庭正好是这样的一个领域：其中，不是藉助于体力强制，而是藉助

① 牟宗三．政道与治道［M］．长春：吉林出版集团，2010：118.

② 朱熹．四书章句集注［M］．北京：中华书局，1983：9.

于家族纽带的宗教、道德、情感的凝聚力，人们接受了权威并付诸实施。正是在家庭内部，我们才找见了公共德性的根源。”① 作为育成个体并联结社会、国家的基本单位，“家”构成价值展开过程中不可或缺之“中介”。“家”的缺失，无疑会在价值秩序的推展上造成相应的难度和阻力。也正如狄百瑞先生所指点的：“儒家以家庭作为伦理学的背景……强调家庭内部亲密关系的不可侵犯。既然家庭是滋养一切美德的地方，那么，如果人类最基本的关系在家庭内部都得不到尊重和保护，如果家庭成员之间都不能互相信任，那么整个社会的信用（fiduciary）基础就岌岌可危了。”② 当代价值观建设不应无视这一点，应让家庭走出幽暗地带，重建为当代的基层价值共同体。近期这一认识取得重大改观，国家领导人对此问题特别做出强调：“家庭是社会的基本细胞，是人生的第一所学校”，要时刻“重视家庭建设，注重家庭、注重家教、注重家风……使千千万万个家庭成为国家发展、民族进步、社会和谐的重要基点”③。相信在新的认识下，全面结合儒家教化传统的价值理念，当代价值观建设能以更为合理、健康的方式实现价值秩序的推展。

美教化以正风俗。作为从个体层面到社会层面一体贯通的统一性观念，儒家“教化”明确以价值共同体的养成为目的，因应时代形势，注重从民众生活的关切和体贴中，进一步推动价值环节的完善、贯通相应的秩序推展方式。

五、教化观念提倡道德培养与价值观建设的合力共育

将价值观培育与道德培养割裂开来，重社会政治价值，轻个人道德培养，是近代以降价值观建设的一个通病。教化观念则主张重视道德培养，尤其是个人道德方面不能忽视。个人道德一般分为个体性的基本道德和面对社群的公德。今日社会主义核心价值观的个人性价值观，“爱国、敬业、诚信、友善”，主要是涉及作为国家公民的政治公共性层面，“诚信”“友善”虽属德目，也主要从公德层面提出，对私德层面未加深究。其实，公德、私德的划分也只是一种方便说法，就道德之本性说，德之为德，“一方面，莫不与‘道’相关，因而无不具有普遍性的意义，完全沉没于个体化的‘德’并不存在。另一方面，所谓公德、义务、责任之类，亦莫不与内在的个体修养和实质性的情感生活相关而在

① 史华兹．古代中国的思想世界［M］．程钢，译．南京：江苏人民出版社，2004：70-71.

② 狄百瑞．儒家的困境［M］．黄水婴，译．北京：北京大学出版社，2009：41.

③ 习近平．习近平在2015年春节团拜会上的讲话［N］．人民日报，2015-02-18.

其行为上显示出其特殊性和具体的落实"①。这也是为何梁启超在宣扬公德建设后，未睹成效，反增流弊，推本溯源，重新郑重呼吁"欲铸国民，必以培养个人之私德为第一义；欲从事于铸国民者，必以自培养其个人之私德为第一义"②。职是之故，重视道德培养，将道德作为价值观的基础，不唯不能缺少私德培育，还应以之为更为根本的基础，价值观建设和道德培养方可在自本自根的意义上合力并育。

与此意大致相合，陈来教授指出："讲道德、遵道德、守道德，都是强调要落实在个人身心实践上的道德。这是我们在从事社会主义核心价值实践时，在理论上必须明确的。习近平总书记讲的，继承弘扬传统美德，中华美德的继承转化，这些主要是就个人道德和个人道德修养的内容来讲的……要落脚在个人的基本道德上。"③ 他还提出在"核心价值观"之外，应注重"中华美德体系"的建设④，这对当代价值观建设不无启示意义。进一步看，我们还要分析：价值观建设与道德培养之间应如何建立起有机互动。价值观与道德培养，在各自实现机制上并不是异质、互斥的，两者一致以"教而化之"为根本的实现途径和方式；在教化机制下两者不再简单是两个平列体系，而成为有着紧密逻辑关联的意义整体；具体说，道德培养构成着价值观形成的内在基础，而价值观则应在德性基础上来展开。教化观念下两者之互动，在"民可使由之，不可使知之"说的思想意蕴中可以得到较为集中的揭示。儒家的这一主张常受人诟病，不仅对这句话造成误解，更重要的是其所昭示的儒家独特施教理念隐而不彰。"民可使由之"讲的是使民由乎自己之道而行。《郭店楚简》⑤ 有两段话，与此讨论属同一问题，相互印证可以澄清对"民可使由之"说的误解："民可使道之，而不可使智之。民可道也，而不可强也。"（《尊德义》）"上不以其道，民之从之也难。是以民可敬道也，而不可掩也；可御也，而不可牵也。"（《成之闻之》）"使知之"表现的是以"强"和"牵"为手段的一种外力强制性，故儒家不许焉。《尊德义》还提道："教非改道也，教之也。学非改伦也，学己也……圣人之治民，民之道也。禹之行水，水之道也。造父之御马，马之道也。后稷之艺地，地之道也。莫不有道焉，人道为近。是以君子，人道之取先。"宇宙万物莫不各有其"道"，人亦有"人道"，治天下当取乎人道，由乎人性（"学己"）

---

① 李景林. 教化的哲学［M］. 哈尔滨：黑龙江人民出版社，2006：492.
② 梁启超. 新民说［M］. 沈阳：辽宁人民出版社，1993：163.
③ 陈来. 中华传统文化与核心价值观［N］. 光明日报，2014-08-11.
④ 陈来. 仁学本体论［M］. 北京：生活·读书·新知三联书店，2014：464-469.
⑤ 据李零. 郭店楚简校读记［M］. 北京：北京大学出版社，2002.

而行。故治民应以“使由之”的教化之道，而不能“使知之”（“教非改道”）式的诉诸外力对人的强制。与此一脉相承，《孟子》有言：“仁言不如仁声之入人深也，善政不如善教之得民也。善政，民畏之；善教，民爱之。善政得民财，善教得民心。”（《尽心下》）“仁言”相对于“善政”，诉诸名言发布政令的“使知之”，以外在的政令强民服从；“仁声”则润物无声地德化，是“使由之”的“善教”。为政之道注重把握“善教”以得民爱民信，即在乎“把‘民’先天所本有的‘道’在民自身中实现出来的‘德教’。‘德’的意义，在行道内得于心、自得于己而成其性。‘道’必由乎‘自得’而非出于‘外铄’。以‘济德’为根本义，其率民向方行道，落实于人君身先服善，以身体道，德风德草的教化方式，凸显其所本有的‘自得’义，表现为一种本诸自己的价值实现。”① 教化观念的价值引导须以民之德性的贞定为前提，这要求不仅应注重德性培养，还要以之为价值观建设的意义本原。更透彻地说，道德心性应成为价值观之所由来、之所建立、之所展开的内在依据。内在道德基础的建立，同时即在实存基础上产生创造性的生命力量，并向着他人、群体、整个世界敞开的开放系统，其间就凝聚着应事处物的价值观念和态度。在本末一贯的角度看，若能深根固柢，则在存有的连续性意义上自本自生，自觉建立起存在性的价值事实，呈现出价值观的应有样态。这种个体存有之内在性和独特性基础上的价值观念，经过转变的敞开，可以与社会乃至宇宙达成和谐，体现出个体性的通性精神。个体性是人之为人的基本特质，人性的真实性和共通性为个体性奠定普遍化的形上基础。所以，由乎个体性而建立的价值观念，具有普遍化为整个社会、世界之价值态度的合法性。这样价值观才具备可为社会共同体所共同认可的自由前提。从反面讲，如果没有内在德性的基础，价值观的培育可能会出现一些问题，突出的如价值观无关乎个体之生命历程，对之缺乏自觉的体知，无法建立内在的认同，不能真正发挥价值引导之作用，遑论为生命提供动力与意义；价值观不能参与到生命存在过程中，对之则多被视为外在的规范，而不能予以稳固而深刻地持守，在强制性推行的可能偏失中，或会激起逆反的结果。

所以，内在的德性基础应成为价值观成立乃至实行的赋义基础。儒家提出五达道、三达德的价值系统，最终还是要落脚于“所以行之者一也”（《中庸》）。朱子解释道：“一则诚而已矣。达道虽人所共由，然无是三德，则无以行之；达德虽人所同得，然一有不诚，则人欲间之，而德非其德矣。”② 这里的

① 李景林．“民可使由之”说所见儒家人道精神［J］．人文杂志，2013（10）：1-11.

② 朱熹．四书章句集注［M］．北京：中华书局，1983：29.

"一"就是"诚"，缺少诚的德性自觉，"智、仁、勇"的价值系统就无法是其所是、呈显自身本有之规定，五达道就更无从谈起；《中庸》其后讲"凡为天下国家有九经"，同样强调"所以行之者一"；其他如文行忠信、仁义礼智、礼义廉耻等价值系统亦然，无不应本于教化的德性自觉。实现德性自觉的路径有两个，一个是觉之，逆觉体证，自省自觉；一个是养之，礼乐交合，安顿感通。两方面交互共进，但须知，不管是自诚明还是自明诚，总是诚明一体，不可两橛的。价值观的养润，对内在基础的凸显，起着夹持扶养的积极促进作用；内在的德性觉悟，反过来亦巩固、坚定价值观的培养和建设。① 两者建立起体用一如的连续性，形成良性的互动机制。本此，价值观的空壳化、虚无化现象亦可得到根治。

六、结语

作为在世生存态度的体现，价值观是存在者得以发展前行不可或缺的基本要素，在个体修行、治国安民、文化传承等方面均发挥着范导意义。教化观念以其历史性、普遍性、实践性、理论性特质，为价值观建设保有历史、时代、公共、理性诸方面的正当性；而且，教化观念确立起由内而外的价值实现方式，使价值观生成可以立定本体以举本统末、一本万殊以涵盖全体。通过成就自我并关联社会民众、开展治国理政以敦民化俗，"教化"观念表征着中国传统价值理念的基本实现方式。以"修己安人"为本质特征，"教化"的价值实现强调每一主体都找到人之为人的内在根据，挺立起自身教养的本原，树立起人性自信，以此为根基生发出内外一贯、持续坚定、共同相应的价值观念。教化以行，即形诸价值观的凝聚和倡导，在思想范导和文化认同方面发挥引领作用；价值观因教化而确立起内在根基和实现方式，不过是教化观念自发性的外显和结晶。故教化观念为价值观建设提供着积极有效的理论导向及路径支撑，而价值观建设实不应挣出教化观念的意义藩篱。

总的说来，教化视域中的价值观呈现为一个具有内聚力和向心力的动力化生成系统，良知承载而生发认同，内外贯通而日生日成，明德新民而止于至善。循此以进，当代价值观方可成为有生命活力的价值体系，真正发挥价值引领的

① "古人说：大学之道，在明明德，在亲民，在止于至善。核心价值观，其实就是一种德，既是个人的德，也是一种大德，就是国家的德、社会的德。国无德不兴，人无德不立。"习近平《青年要自觉践行社会主义核心价值观——在北京大学师生座谈会上的讲话》对这一点做了强调。

实效作用，使“君子可得闻大道之要”“小人可得蒙至治之泽”①，并最终达至“治隆于上，俗美于下”（《大学章句·序》）、“各正性命，保合太和”（《易传·文言》）的教化之效。“善政不如善教”②，现时代的历史形势下，如果我们不想堕入“逸居而无教”③ 的无道与失范，承续“富而后教”④ 的教化传统，既可“养民情”、又得“理民性”⑤，似已成为历史关头的必然选择。

① “自是以来，俗儒记诵词章之习，其功倍于小学而无用；异端虚无寂灭之教，其高过于大学而无实。其他权谋术数，一切以就功名之说，与夫百家众技之流，所以惑世诬民、充塞仁义者，又纷然杂出乎其间。使其君子不幸而不得闻大道之要，其小人不幸而不得蒙至治之泽，晦盲否塞，反复沉痼，以及五季之衰，而坏乱极矣！”（《大学章句·序》）

② “仁言不如仁声之入人深也，善政不如善教之得民也。善政，民畏之；善教，民爱之。善政得民财，善教得民心。”（《孟子·尽心上》）

③ “人之有道也，饱食暖衣，逸居而无教，则近于禽兽，圣人有忧之，使契为司徒，教以人伦：父子有亲，君臣有义，夫妇有别，长幼有序，朋友有信。”（《孟子·滕文公上》）

④ “子适卫，冉有仆。子曰：‘庶矣哉！’冉有曰：‘既庶矣，又何加焉？’曰：‘富之。’曰：‘既富矣，又何加焉？’曰：‘教之。’（《论语·子路》）

⑤ “不富，无以养民情；不教，无以理民性……《诗》曰：‘饮之食之，教之诲之。’”（《荀子·大略》

新时代爱国主义：从信念到行动

提要： 不管是从价值传统还是具体实践看，中华民族的爱国主义精神均可找到一脉延传之统绪，在百年来中国共产党团结带领全国各族人民进行的革命、建设、改革的伟大实践中又得到新的延传和发展。全国各族人民踊跃投身疫情防控战争，使疫情在较短时期内得到有效控制，正是爱国主义在新时代的鲜明涌现。新时代爱国主义教育应坚定于信念、引发于自觉、落实于行动、构筑为脊梁。儒家教化理论对于从爱国情到报国行的转进具有积极启发意义。我们应注重从历史观、大局观、角色观展开教育培养，善于置身于时代大势、国家大局下进行思考，在个体与国家的关系中确定立场，努力实现报效国家与自我成就的价值同一性。

一、爱国主义的内涵与传统

所谓爱国，就是对祖国的山河大地、同胞骨肉、历史文化、前途命运等内容的热爱和关切，这些我们以之为“祖国”的东西，不仅为每一位国民的生存和发展提供着物质条件和精神家园，亦是国民在不同国家之中认出“自己”、形成独特性的“我们”的价值源泉，构成属于我们自身的身份标识和族群归属。中华民族的爱国精神传统源远流长、绵延至今，值得我们认真挖掘并传承下去。据陈来教授的研究总结，中华民族的爱国主义情感包括维护国家统一、爱乡恋土敬祖、守护中华文化、忧国忧民、崇尚民族气节、抵御外侮、追求民富国强等方面。① 西方学界在爱国主义与世界主义、爱国主义与民族主义、爱国主义的特殊性与普遍性之间存在不少争论，不过此类争论背后的理论预设置诸中国语境可能并不适用，因为不论是从价值传统还是具体实践看，中华民族的爱国主义精神均可以找到一脉延传之统绪。自由主义的原子个体，在中国主流价值取向中并不具备广泛认同的社会基础；集体主义指向的家国情怀，才是中华民族

① 陈来．论中华民族爱国主义的精神［J］．哲学研究，2019（10）：11-19.

精神气质的鲜明体现。从这个角度看，当代西方伦理学家麦金太尔（Alasdair MacIntyre）提出的“强爱国主义”的说法①，可以借用来表征我们的爱国主义传统，而且这一“强爱国主义”在百年来中国共产党团结带领全国各族人民进行的革命、建设、改革的伟大实践中得到新的延传和发展。

对中华民族爱国主义优良传统的认识，一直存在两个误区，一个是认为中华民族只有天下意识，没有国家观念；一个是认为中国历史上只知道忠君，不知道爱国。② 这都是不符合历史事实的。《左传》中就有“苟利社稷，死生以之”的主张，《孟子》有“人有恒言，皆曰‘天下国家’”的说法，中国传统价值观中报国、救国、强国、兴国的言论、事迹不乏其例，“报国有长策”“报国寸心坚似铁”的诗句十分普遍，更凝练出“天下兴亡，匹夫有责”的价值定位，可见中华民族不仅具有明确、悠久的国家观念、爱国传统，还把这种爱国情感转化为一种道德责任、使命担当。共同体、国家应该以承认、尊重并维护个体的自由发展为前提，但同时不应忽视，共同体、国家正是个体自由发展的依托和归宿。正如黑格尔所指出的，一方面，“国家是一个抽象的东西，只有在它的公民之中，它才有它的一般的现实性”③；另一方面，“要知道国家乃是‘自由’的实现，也就是绝对的最后的目的的实现，而且它是为它自己存在的。我们还要知道，人类具有的一切价值——一切精神的现实性，都是由国家而有的。”④ 历史唯物主义主张，人的本质在其现实性上是一切社会关系的总和，不能把人孤立地理解为单个人的感性抽象物。个体与共同体、个人与国家、己与群、小我与大我之间构成着双向支撑的依存关系，这层关系正是爱国主义的内生基础。在中国语境中，爱国主义既不单是个体立场的情感宣泄，也并非共同体立场的强制筹划，而是个体依托于共同体目标指向的价值追求及其双向成就。

历史地看，爱国情感会因应时代变迁而指向不同客体、表现出不同特征，但我们不能由此走向历史虚无主义，我们认为爱国主义是具体的、历史的，爱国主义的精神传承在新时代具有更加丰富的内涵。中国传统社会的爱国情感，还无法完全摆脱爱国与忠君的联结性，现在我们早已走出了封建王权的制度结构，今天我们主张的爱国主义，是以中华民族的观念认同为支撑、以社会主义事业建设为内容的，表现为爱国主义与民族团结的一致性、爱国主义与社会主

① Alasdair MacIntyre. “Is Patriotism a Virtue?” . The E. H. Lindley Lecture. University of Kansas, 1984.

② 陈来．论中华民族爱国主义的精神［J］．哲学研究，2019（10）：11-19.

③ 黑格尔．历史哲学［M］．王造时，译．上海：上海书店出版社，1999：46.

④ 黑格尔．历史哲学［M］．王造时，译．上海：上海书店出版社，1999：41.

义的统一性，在建设中国特色社会主义和实现中华民族的伟大复兴的进程中，呈现爱国主义的鲜活性、真实性、当代性。新时代爱国主义依然作为内在的维系力量和强大的精神动力，保障着历经磨难而又亘古亘今的中华民族时刻葆有充分的民族凝聚力和国家认同感。这也提示我们，坚持从历史走向未来的方法论导向，我们应在我国历史传承、文化传统长期积淀的基础上，内生性地导出属于我们自己的价值取向，即在当下的新时代自觉延续并厚植爱国主义精神，让新时代的事业保持生机活力，为新时代的奋进积蓄力量，让爱国主义精神继续激励我们共同努力完成新时代赋予我们的历史使命。

二、战疫中新时代爱国主义的现实逻辑

爱国需要理由吗？我们可以认为爱国主义是一种自发朴素的自然情感，是在心之所系、情之所归中自然予以达成的，不需要特别强调什么理由。不过需要注意的是，且不说此一情感维度本身也正是一种强有力的“理由”，而且我们还应该思考这种自发的情感是如何建立起来的。情感并不是非理性的代名词，也有其相应的形成机制。朴素、自发的特点之外，爱国情感还是理性思考和价值认同的结果。跳出情感与理性的二元对立思维模式，用“爱国主义信念”①当是更准确的一种理解方式。正如习近平总书记所强调的：“爱国主义精神构筑起民族的脊梁”②“让爱国主义成为每一个中国人的坚定信念和精神依靠”③。在情感与理性的双重支撑下，爱国主义信念经由自我确证，在自我与共同体、小我与大我的关系中得到映照、互成，并已然成为每一个中国人建立自身归属感、认同感、尊严感、荣誉感、使命感的源头活水。

面对突如其来的新冠病毒疫情，全国各族人民踊跃投身疫情防控战争，全力阻击、不畏艰险、真情奉献，使疫情在较短时期内得到有效控制，正是对爱国主义信念的最好诠释和证明。从 2019 年“十一”庆祝新中国成立七十周年活动推动起全国性爱国主义高潮开始，到此次疫情防控阻击战再次集中迸发，虽然一个是举国庆典活动，一个是我们不得不面对的灾难，不变的是全国各族人民一以贯之的爱国主义现实表达：正是本着爱国主义的热忱，我们才能在新中国成立七十周年庆祝活动中昂扬奔放、激情飞扬、自信自豪、热泪盈眶；同样，

---

① 在理想信念的基础上，刘建军教授进一步阐发出“爱国主义信仰”的意涵。参刘建军．中国语境下爱国主义的信仰意蕴［J］．思想理论教育，2020（4）：11-16.

② 人民日报评论员．爱国主义精神构筑起民族的脊梁［N］．人民日报，2020-01-02.

③ 汪晓东，张炜，吴珊．凝聚起中华儿女团结奋斗的磅礴力量——习近平总书记关于弘扬爱国主义精神重要论述综述［N］．人民日报，2021-10-02（3）．

也正是本着爱国主义的担当，我们才能在突如其来的疫情抗击中和衷共济、众志成城、信心坚定、共克时艰。这次新冠病毒疫情防控过程中以中国共产党的集中统一领导，海内外中华儿女心往一处想、劲往一处使，全国一盘棋为主要表现的中国特色社会主义制度优势，已经在全球公共卫生的特殊关注中得到了检验，为国际合作抗疫提供了可资借鉴的中国“战疫”模式。当然，这套模式的有效推展，离不开相应治理体系和治理能力的强大支撑，更离不开人民群众在爱国主义信念感召下的精诚团结和凝心聚力。

这次战疫的爱国主义精神，也让我们看到爱国主义本身并不必然导向排他性，爱国主义可以包含对他者的承认，指向一种开放和包容的态度。一方面让对人民负责和对世界负责之间构成相应的张力，另一方面让诸如人类博爱等普遍性道德通过层级性的秩序展开在整体上成为现实。爱国主义由此成为导向人类博爱的必经环节和必要基础，否则难免陷入虚无抽象的普世主义立场。一如此次抗击新冠病毒疫情，正是因为全国人民本着爱国主义信念共同努力做出的有效防控，我们才能为国际社会抗击疫情提供中国模式；正是因为中国医疗力量探索出中西医结合的有效治疗方案，我们才能为全球公共卫生应对新冠病毒贡献中医药的独特智慧。可见，对外和对内有机一体，爱国主义正构成中国对世界负责的前提和基础，构建人类命运共同体理念与爱国主义信念恰是内在相通的。

就当今的世界局势变动来看，文明冲突隐忧依旧，逆全球化暗流涌动，国际政治经济的不确定性依然存在，值此百年未有之大变局，爱国主义的旗帜理应更加高扬。与担忧爱国主义可能带来的排他和封闭相比，爱国主义所标识的国家主体性和共同体立场，更需要我们优先予以肯认。当然，理性爱国主义的批判性、建设性特质，即在爱国情感的表达中应避免盲目和自负，甚至滑向狭隘的民族主义，应对自身时刻保持冷静、反省和审思，能够做到取长补短、交流互鉴，形成自我改进和更新的良性机制。

三、新时代爱国主义教育的理论路径

坐而论道不如起而行之，大考也可以是大机遇，殷忧启圣、多难兴邦，我们总是能在历经磨难中做到砥砺奋进，发现危中之机，与爱国主义的信念支撑下的知行合一是分不开的。中共中央、国务院印发的《新时代爱国主义教育实

施纲要》明确提出："倡导知行合一，推动爱国之情转化为实际行动"①。笔者认为，要做到从爱国情到报国行的转进：一是，要做到明晰事理，将对祖国的认知、祖国与自己关系的定位，建立在相应的真知、正见基础上；二是，以明理、真知促进对祖国情感的澄明，使之从自发到理性并成为相关行动的动力；三是，在小我与大我的关系中建立、调校自己的远大志向，这一志向的坚定性与内在的意志力相通，为行动动力的持久性提供保障；四是，在日常生活、本职工作中，不断积累、习行爱国举动，积习既久，可以涵养更为自信、壮大的爱国行动；五是，应特别明确和重视自觉、认同的重要性。新时代爱国行动更应是自觉化育的责任担当。这次战疫，正是一个开展新时代爱国主义教育的极佳实践机会，我们可以在实践中涵养积极进取开放包容理性平和的国民心态，引导人们做到自尊自信、理性平和。

新时代开展爱国主义教育，对公民而言：首先要端正历史观，锻炼好历史思维能力，对祖国和民族的历史和文化有充分了解，对当下的历史机遇有充分认识；其次要培养大局观，摆脱私己性立场的狭隘性，善于置身于时代大势、国家大局下进行思考，在个体与国家的关系中确定立场；再次要明确角色观，每一位国民都是社会主义事业的一分子，挺立起自身的角色，以积极的心态和实际行动参与到社会主义建设中去。作为时代新人的青年人，更应明确青年的责任与使命，从旁观者转变为参与者、建设者，关心集体、关心社会、关心国家，同时还要练就过硬本领，关键时刻立得起、顶得住。从后一方面看，青年学子在现阶段踏实完成学业，培养好扎实技能，就是在迈出爱国行动的第一步。

在社会主义核心价值观中，公民层面的价值观第一个就是"爱国"，习近平总书记曾深刻指出核心价值观自觉践行的基础在于"德"："核心价值观，其实就是一种德，既是个人的德，也是一种大德，就是国家的德、社会的德。国无德不兴，人无德不立。"②"德"强调的正是从自觉、认同出发的价值观建构。这次战疫中涌现出许多让人印象深刻的"逆行者"形象，各行各业的职业精神或有不同，但在国家需求、社会灾难面前，他们之所以能够做到不惧风险、迎难而上，其背后所蕴含的无疑均是源于自觉认同的一种抉择和承当。中国传统儒家哲学倡导的"修齐治平"价值观，作为传统爱国情感的独特追求，其首先明确的"明明德于天下"总体价值原则，以及层级分明阐述的"格致诚正""修身为本"实践工夫，

---

① 中共中央，国务院．新时代爱国主义教育实施纲要［N］．人民日报，2019-11-13（06）．

② 习近平．青年要自觉践行社会主义核心价值观——在北京大学师生座谈会上的讲话［N］．人民日报，2014-05-05.

对于推进新时代爱国主义的知行合一，仍具有重要的理论价值和启发意义。

习近平总书记曾指出："儒家思想和中国历史上存在的其他学说都坚持经世致用原则，注重发挥文以化人的教化功能，把对个人、社会的教化同对国家的治理结合起来，达到相辅相成、相互促进的目的。"① 这是强调应注重儒家教化思想的重要功用，重新理解"教化"，可为组织教育提供必要的理论准备。儒家的教化并非规训、灌输和强制，而是指每个主体自身摆脱自身的个体性、不成熟性，通过启发理性、引生认同、激发意愿的形式来切入行动，在与共同体的互相确认和交互影响中，达到普遍化的转化过程。以儒家教化观念为依据来建立组织进路，对于爱国主义教育推行当是值得充分重视的进路。爱国主义教育本质上是价值观的培育，教化观念指引着价值观应有的内在根基和实现方式，可为爱国主义教育提供积极有效的理论导向及组织路径，具体可从以下五方面体现出来：纠偏以往爱国主义教育仅仅诉诸自上而下的强化、灌输思路，对自下而上的生成机制探索不够；强调爱国主义的内在认同及其长效稳定；主张爱国主义教育和践行的有机结合；强调爱国主义教育从个体到社会、国家的一体有序推展；提倡道德培育与爱国主义教育的合力共育。新时代爱国主义教育的组织实行，应坚定于信念、引发于自觉、落实于行动、构筑为脊梁，使爱国主义成为对中华民族优良传统的自觉传承，对社会主义核心价值观的切实贯彻，对中国精神、中国道路、中国力量的理性凝聚。作为一项系统工程，爱国主义教育在理论上、实践上还应在新时代提出、面临的一系列问题应对中不断积蓄力量。

总之，爱国是对祖国的应尽义务，"爱国主义本质上是作为国家公民不可轻慢、不可卸脱、不可逃避的政治责任。"②用古人的话讲，这是"性分之所固有，职分之所当为"③，用《新时代爱国主义教育实施纲要》的话讲，"爱国是本分，也是职责"④。我们应该看到，在对国家的尽职尽责中，同时是个体自身主体性的展开及圆满，报效国家与自我成就在价值指向上可以具有同一性。从这个角度，才能较好理解为什么爱国主义可以成为"硬核力量"，因为这正是每一个个体主体认同、自由抉择的结果，是责任落实、义务承担中的行动导向，是"心坚似铁"、共同汇聚的伟大合力。

---

① 习近平．在纪念孔子诞辰 2565 周年国际学术研讨会暨国际儒学联合会第五届会员大会开幕会上的讲话［N］．人民日报，2014-09-25.

② 万俊人．爱国主义是首要的公民美德［J］．道德与文明，2009（5）：4-5.

③ 朱熹．四书章句集注［M］．北京：中华书局，1983：1.

④ 中共中央，国务院．新时代爱国主义教育实施纲要［N］．人民日报，2019-11-13（06）.

北京书院：历史现状、功能转型与其发展策议

提要：北京书院历史悠久、传承不绝，古代书院即有二十多座，新兴书院则层出不穷。北京书院的转型模式多样，渗透到文化生活的方方面面，在当代仍具有强大生命力，尤其在讲学弘道、培养人才、社会教化和文化普及方面发挥着重要的作用，特色鲜明，影响深远。北京地区社会民众参与书院活动的意愿普遍较强，对书院文化活动兴趣浓厚，不过与之相应的是社会民众对北京古代书院的传承情况及新兴书院的发展情况并不十分了解，凸显出文化资源运用和社会民众文化需求之间的矛盾。我们需认真总结、吸收北京书院及其文化资源，提高保护、扶持和引导力度，并可推动“北京书院联盟（或协会）”的组织建设，加强统筹和协同，更好地整合利用。北京书院理应成为北京“文化中心”功能建设的积极资源，成为北京历史文化名城建设的重要分子。

书院是中国自唐代以来创立、兴起并发展绵延至今的一种独特的文化教育组织，至今已延续千余年，成为遍布全国各地士人的精神家园。清末的书院改制，使书院作为一种全国性的教育机制至此终结，不过这并不意味着书院由此退出了历史舞台。百余年来，在民间和官方的共同推动下，书院的生命一直以不同的形式实现慧命相续，展现出坚韧的生命力。当代中国，学人志士或创建书院，或依托书院开展教育和文化传播，书院复兴现象已然兴起，书院在发展历程中所发挥的传承学术、培养人才、教化社会、营造文化氛围等重要功能仍在延续，书院的独特办学理念、教学模式已经或者正在融入现代教育的理念之中，其所传承的书院精神仍是当代中国的宝贵精神财富。

作为文教传承的重镇，北京古代书院历经唐末五代，经元明清而兴盛，直至今日仍绵延不断，承载着厚重的文化内涵。然而提起古代书院，很多人第一时间会想到白鹿洞书院、岳麓书院、应天书院等京外书院，而对北京的书院知之甚少。其实，作为文化名城的北京，书院历史同样悠久，而且随着传统文化的当代复苏，北京随之出现了大量新兴书院，作为事业商业单位开展培训教学、

市民读书交流学习的重要场所，成为当代中国书院复兴热潮的引领者。那么，这些北京古代书院是否都得到了充分的保护，应如何重启或转型？古书院成功转型的模式有无可推广之潜力？北京古书院可为今日新式书院的发展提供哪些启示？新旧书院结合，能为北京乃至全国的社会文化发展提供何种资源？认真总结、挖掘北京书院的文化资源，有助于全面了解传统的教育模式，丰富当代社会教化的途径，对促进首都教育发展和传播价值观等方面具有重要作用；同时，可以为北京地区文化遗产保护、首都传统文化资源的创新性发展、首都社会文化宣传平台的拓展、首都社会教育资源的延伸等起到积极的推进作用，是坚定文化自信、实现传统文化创造性转化与创新性发展的重要体现；从文化实体角度，可以彰显北京历史文化资源的多样性，并为北京历史文化遗产的保护，乃至北京“文化中心”功能建设提供切实可行的资源支撑和政策建议。

一、北京书院的历史与现状

（一）古代书院

从书院兴起的角度看，与全国书院的发展历程比较接近，北京古代书院的出现时间非常早，北京第一所书院——窦氏书院——在五代时期的后梁正式出现，其创办者窦禹钧因此成为北京书院序幕的开启者。范仲淹《窦谏议录》曾记载窦禹钧创办书院的情况：“于宅南构一书院四十间，聚书数千卷，礼文行之儒，延置师席。凡四方孤寒之士贫无供须者，公咸为出之，无问识不识。有志于学者，听其自至。”① 窦氏书院院址在今昌平区。从书院发展的历程看，到了元明时代，北京书院并未随全国书院趋势一样快速发展，直至清代，北京书院才取得了较大进展，但与同时期的长江流域、珠江流域相较，仍是无法比配的。元、明、清三朝，北京地区总计不少于24所书院：

1. 元一代书院主要有4所：太极书院（原址约在原宣武区）、文靖书院（原址在房山区）、谏议书院（原址在昌平区）、韩祥书院（原址在昌平区）。

2. 明一代建有8所书院，比较知名的有首善书院（原址在西城区）、通惠书院（原址在通州区）、双鹤书院（原址在通州区）、白檀书院（原址在密云区）。此外还有叠翠书院（原址在昌平区）、杨行中书院（原址在通州区）、闻道书院（原址在通州区）、后卫书院（原址在密云区）。

3. 清代所建书院主要有12所：金台书院（院址在原崇文区）、潞河书院

---

① 范仲淹．范仲淹全集：中［M］．李勇先，王蓉贵，校点．成都：四川大学出版社，2007：512.

（原址在通州区）、燕平书院（原址在昌平区）、近光书院（原址在平谷区）、云峰书院（原址在房山区）、义仓书院（原址在房山区）、卓秀书院（原址在房山区）、蒙泉书院（原址在顺义区）、温阳书院（原址在怀柔区）、经正书院（原址在东城区）、冠山书院（原址在延庆区）和缙山书院（原址在延庆区）。

北京古代书院的特点有：历史悠久、官学化主导、教育功能突出。① 在历史长河中，古代书院基本上消逝无存，仅有金台书院保存完整至今，其他至多仅有部分遗迹留存。对北京古书院的研究、保护及资源挖掘的力度亟须增强。

（二）新兴书院

自20世纪80年代“文化热”、90年代“国学热”的潮流兴起，社会大众的文化需求日益增加，加之一批有志之士和学人的文化传承的事业担当，北京现代书院的创建走在了全国前列。1984年10月中国文化书院在北京成立，影响波及全国。21世纪初民办书院的兴办越来越多，随之形成了“书院热”的热潮，至今仍方兴未艾，创办主体也扩展至公办、学办及商业性运用等领域。

1. 从数量上看，新兴书院的主体是民办书院。以具有明确办院宗旨、具有常规性活动、定期开展并产生一定影响力为标准，相对有代表性的书院如：中国文化书院（院址在海淀区）、什刹海书院（院址在西城区）、三智文化书院（院址在海淀区）、四海孔子书院（院址在海淀区）、华鼎书院（院址在海淀区）、金方书院（院址在顺义区）、运河书院（院址在通州区）、七宝阁书院（院址在顺义区）、继光书院（院址在怀柔区）、慧聪书院（院址在海淀区）、原道书院（院址在海淀区）、弘道书院（不设固定地址）、苇杭书院（不设固定地址）、四观书院（院址在朝阳区）、京麓书院（院址在海淀区）、培德书院（院址在顺义区）、博雅书院（院址在顺义区）、汤用彤书院（院址在昌平区）、静思书院（院址在西城区）、丁香书院（院址在西城区）、明德书院（院址在东城区）、香炉书院（院址在海淀区）、砚田书院（院址在大兴区）、得谦孔子书院（院址在昌平区）、中成书院（院址在朝阳区）、华光书院（院址在朝阳区）、西山孟子书院（院址在海淀区），等等。

2. 教育体制内的学办书院是一个值得注意的方面，和民办书院一致，是新

---

① 赵连稳概括北京古书院的特征为“创办早”“发展慢”“贡献大”。可参赵连稳．北京书院史［M］．北京：研究出版社，2014：134-136.

兴书院增长的主要力量，大学层面如清华大学的新雅书院①、北京师范大学的启功书院、北京理工大学的精工书院、中国传媒大学的阳明书院、北京中医药大学的王琦书院等；中学层面如北京三十五中的鲁迅书院、中央工美附中的文昌书院等。

3. 公办书院，如文津书院（隶属国家图书馆）、敬德书院（海淀区委区政府创办）等。2017 年 12 月故宫博物院与昌平区政府合作建设，在昌平的明十三陵景区建设故宫文创产业园，同时设立“紫禁书院”，依托故宫资源打造首都文化品牌。② 公办书院办学条件有保证、影响范围广，但目前来看，整体数量不多。

4. 此外，随着传统热的持续升温，一些以商业开发为目的的项目也高挂书院之名，以提升文化品位。不过，此类书院完全不具备“书院”的基本规定及基本文化功能，只是将“书院”作为一种符号而借用其背后的文化内涵。随着商业逐利性的蔓延，商业性书院可能还会逐渐增多，而且类型呈现出多样化发展趋势。如位于密云古北水镇的英华书院，保留了古朴的建筑风格和书院的传统格局，但只是作为旅游景点存在，并没有承载相应的文化活动，其他类型的还有如作为商务会所（忠良书院）、房地产楼盘（万柳书院、翡翠书院）等。

北京新兴书院的特点有：发展快、分布广、数量多、影响大、民办为主。新兴书院创立相对容易，目前还没有相应的准入标准、条件限定和监管机制，所以数量仍会持续增长下去。对北京新兴书院的关注、研究及资源统筹需尽早提上日程。

二、北京书院的类型

（一）按照创建年代划分

从创建年代看，有古代书院，有新兴书院，这两类具体数据信息见上节所述。还有古今结合类，此类书院有三种情形，一种是在古代书院建筑、遗址基础上的重建，如已有政府调研的文靖书院；一种是在古代建筑里面新建书院，或部分建筑引入、改造为书院，乃古代建筑的功能转型，此种后面会涉及；还

① 清华大学在通识教育探索方面处在全国高校前列，并积极采用了书院制教学模式，除了新雅书院外，清华大学为配合强基计划，落实以通识教育为基础、通转融合的教育体系，2020 年新设立致理、日新、未央、探微、行健五大书院，形成独特的书院文化，服务学生全面成长。

② 叶晓彦，宋阳．故宫文创园落户十三陵门户区 同时设立紫禁书院 依托故宫资源打造文化品牌［N］．北京晚报，2017-12-19.

有一种是现代新兴书院继承或发扬古代书院的精神，可以苇杭书院对首善书院的精神呼应为例。明代首善书院所倡导的首善之学认为为人应顾名义、重气节、知廉耻，重讲学以明道、明德以新民；现代新兴书院苇杭书院以“如此江山，代有儒生承道统；何等家国，世存经典辨华夷”的文化担当自期，其实在350年前的首善书院那里已发其先声。

（二）按照创办主体划分

从创办主体看，有民办、官办之分。古代书院以官办为主体，具体又有民助官办、官倡民办等不同情形。古代之所以官办为主，是因为府、县等各级地方政府的首脑，一般都会有主政一方就要教化一方的责任意识，而教化的落实往往是通过书院完成的。所以各级政府首脑要么会修缮已有书院，要么兴办新书院，这些举措可能不免于是为各自政绩打算，但客观上确实为书院的发展创造了条件。

前文指出，现代新兴书院的主体以民办为主。细究而论，现代的民办主体又细分为个体（学者、教师、民办教育者、宗教传教士等）、企业（工厂、公司、会所、营利性教育机构等）、学办（大学、中学、小学、幼儿园全覆盖）。新兴书院的创办主体显然比古代书院更为复杂和多元，可见现代新兴书院的数量暴涨是有原因的。

（三）按照入学对象划分

从入学对象看，一般可分为家族书院、乡村书院、县州府省等各级官立书院、皇族书院、侨民书院、华侨书院、教会书院等。北京作为首都，官办书院一般面向全国开放，如金台书院本身就是为全国进京应考的士子提供落脚复习的场所；现代新兴书院依然是面向全国为主。不过也有特例，如经正书院，其前身为八旗官学，建于清顺治元年（1644），是清王朝专为八旗子弟设立的学校，1894年经整顿增设八旗书院一所，取名经正书院，现为北京一中。

（四）按照教学等级划分

书院的教学，从低到高，既有小学一级也有大学一级。例如，清末，全国的书院变学堂，省会书院变成了高等的大学堂，府级书院变成中学堂，县级书院变成小学堂，不一而足。一个典型的案例是清同治六年（1867）美国基督教公理会创办于北京通州的潞河书院，最早是一所涵盖从小学到大学（包括一所神学院）的教育机构，19世纪末扩建后更名为协和书院、华北协和大学，1918年大学部迁出，原址仅剩中学，称为私立潞河中学，1951年后改制为公立中学（通县中学校、通州一中、通县一中），1988年恢复校名为潞河中学至今。一个书院的变迁历史，已包含不同教学等级的全过程。

新兴书院中也有不同等级，有大学创办的书院，有中小学创办的书院，有以幼儿蒙学教育为主的书院，有社区书院等。总体而言，随着时代的进步和信息的交流，现代新兴书院有更为明确的自我定位，在分工和资源互补上有了更自觉的意识。

三、北京书院的特色

（一）古代书院官方背景浓厚

这是北京书院的首要特点。这与元明清三代（除明初52年）北京作为首都的历史是分不开的。作为首都，北京书院受到来自官方政治因素的影响也更为直接。明末废止民间讲学，毁坏书院，首善书院即首当其冲受到毁坏。清中期以后，官方鼓励书院发展，北京书院又蓬勃发展了起来。

官方背景有利有弊。利在于经费充足、官方资助，如金台书院即官方出面，征用了“洪庄”的房舍，康熙御笔题赐“广育群才”匾额以为鼓励；再如卓秀书院，政府将隆峰寺的抄产官租分给书院作为修补膏火之资。弊在于书院讲学、教授以自由精神为尚，官学化对此显然会有所限制，道、州、府、县各级主管官员会主持、监管书院的课程设置、实施和考核情形，如燕平书院，每个月均有官课，“每月课期二次，初三日为官课，十八日为斋课。官课由道（霸昌道）、州按月轮流扃试”①。官员们对于书院考课存在的问题十分重视，一经发现，必定整改。

（二）现代新兴书院以民办为主

今天的新兴书院也有公办书院，但主体是以民办为主。不管是从创办主体（公、民、商、学）、教授的程度（幼、小、中、大）看，北京古代书院、新兴书院都可在这些层次找到相应的对应点，显示出较为明显的多层次共存发展特性。以民办为主的新兴书院自我定位体现出较好的自觉意识，但在相互之间的资源互补、配置规划上还需进一步统筹完善。现时代的“书院热”其实正是“国学热”“传统文化热”等现象的表征之一，是与民间儒学兴起等一系列事件一脉相承的，反映着当前社会民众的文化需求和趋向。这是值得今天注意的一个特点，政府应因应社会民众的文化需求，适时地加以回应、引导。当然，这首先需要以对自身文化遗产及其功能特征的总结、分析为前提。

（三）各自定位清晰明确

古代书院，如：元代太极书院，以程朱理学的性理之学为主旨；明代首善

---

① 赵连稳．清代北京社会和书院互动关系研究［J］．江汉论坛，2013（11）：113-117.

书院采用讲会形式，目的是向世人宣扬其主张的为人准则、政治立场及匡世之道，注重反躬实践、生生不息的经世之用；清代金台书院，前身是首善义学，为贫寒士子及进京赶考的秀才提供学习备考之地，也讲授程朱理学，但更主要的目的是教授帖括之学，重视八股时艺，慢慢形成类似科举会考的培训班性质；清末民初的书院转型期，教会所办的潞河书院，开设新学课程，以“传播福音，开辟道路”为宗旨，圣经、汉文、英文为主课，学生必须参加全部宗教活动，毕业后大都成为传教者。

新兴书院，如：三智文化书院，凝聚了“儒、释、道”三家智慧，体悟“空、假、中”，弘扬“中、西、印”，圆融“天、地、人”，打通“政、商、学”，追求“真、善、美”，办学理念是“为天地立心、为生民立命、为往圣继绝学、为万世开太平”，致力于中华优秀传统文化的传承与创新、实践和体验。2018年5月新成立的明德书院承袭古代书院精神，以体制教育的辅助教育为自觉定位，以中小学传统文化师资培训、社区文化建设、乡村文化建设及传统文化的互联网普及为主要着力点，课程设置以经义、治事、西学为主干，延续六艺精神，旁及其余。

（四）社会关怀意识强烈

北京书院一般具有较为强烈的社会关怀意识。这种社会关怀意识有三种表现形式：一是思想学术领域的首善意识，此点于讲会类书院表现明显，突出共同体培育（家事国事天下事），培养社会共识；二是教育领域的官学意识，此点于考课类书院表现明显，以官学为本，为科举预备，且以考课为主，间有地方官员主事或监考，并有赏罚措施；三是文化领域的传承意识，此类于新兴书院表现明显，处于接续近乎断裂的传统，力图为传统文化的学习、弘扬培养人才，从蒙学到大学、从理论知识到实践技艺等，新兴书院中都有相应的指向。

（五）辐射北京周边以至全国的影响力

书院一般具有地方性、地域性特色，书院的创建和兴办也往往是出于教化一方百姓的目的，故具有“当地性”的服务指向。北京书院的不同在于，因其位居首都的独特地缘特色，素有面向全国的格局。古代书院如作为进京备考“基地”的金台书院，为全国的应试知识分子提供交流、备考场所。

新兴书院如弘扬和传承传统文化的中国文化书院，其教学活动曾产生很大的社会影响，中国文化书院自我定位为大学后教育学术研究高等学校，以培养从事研究中国传统文化、哲学、历史、文学等的中外青年学者为主要目标，其主办的“中外比较文化研究”班吸引到来自全国各地的一万二千余名学生（函授学员）参与学习，书院的导师亦曾分批赴全国十多个中心城市开展面授，知名学者组成的导师团由中央电视台录制成面向全国播放的教学专题片，引起很大反响。中国文化书院本身也因此已成为20世纪80年代以来“文化热”的代表性事件之一，成为预示传统文化复兴的一个重要风向标。

四、北京书院的文化功能及现代转化

对于书院的功能，除了基本的传统教育功能外，还涵盖富有中国文化特色的多方面功能，我们可以列举出讲学、会讲、研究、藏书、刻书、祭祀、教学、备考等多个面相。其中，讲学、藏书、祭祀一般被认为是传统书院最重要的“三大功能”。结合当今文化发展态势，我们认为北京书院的文化功能可从以下五点基本方向进行转化。

（一）藏书功能转移

古代书院藏书的地位很高，不仅对书院而言如此，对社会同样重要，因为书院藏书与官府藏书、私人藏书、寺院藏书一道被认为是古代藏书的四大系统途径，对古代保存图书起着重要的历史作用。古代书院一般都会设有专门的堂室、房舍或阁楼来保存图书，如藏书楼、藏经阁、尊经阁、御书楼等，如冠山书院“东西置书室”、近光书院建有“藏经阁三楹”、白檀书院“建尊经阁五楹，以贮书”；北京古代书院藏书数量不等，金台书院没有藏书，这是一个特例，不过金台书院作为省级书院，得到过皇帝御赐图书，窦氏书院、太极书院藏书非常丰富，有几千卷之多；书院还会拿出部分经费专门用于购买书籍，如窦氏书院、云峰书院和燕平书院等；此外，刻书、印书也是书院藏书的一个来源，太极书院、首善书院、潞河书院、燕平书院和金台书院等均有过书籍出版。①

可见，古代书院的藏书功能，很大一部分与今天图书馆的功能是重合的。随着图书馆作为一项独立的社会文化事业运行之后，书院的藏书功能可以“让渡”了。尤其在北京，图书馆的资源格外突出，从国家图书馆、首都图书馆到各区级图书馆，再加上北京众多高校图书馆等，现代图书馆的藏书功能及其运转机制已远非书院藏书所能比拟，可以更完善地实现图书保存及使用。与此相关的情形是，图书馆与书院可以结合，如文津书院，其实是隶属于国家图书馆的一个机构，这个意义上书院成了图书馆的附庸，但图书馆吸收并推动书院文化功能落地，不失为新兴书院的一种形式，并为图书馆功能拓展提供一个重要方向；另一种情形是有些机构将自身的内部图书馆命名为书院，如中央工美附

---

① 详参赵连稳．北京书院史［M］．北京：研究出版社，2014：219-232.

中的文昌书院，其实就是该校的图书馆。

不过，书院不再发挥“藏书”功能，不代表书院没有书，对于书院教育活动而言，图书是必备的教育用品，因此一般的经典文献、教育理论著作、文化普及图书等，仍需备置。结合书院的各自定位，也可以发展“小而精”的特色藏书方向，如以儿童教育为主的书院可以发展蒙学图书的收藏，研究、讲学型书院可以自身研究成果为基础不断拓展等。

（二）祭祀功能转型

书院作为教育场所，祭祀活动源于对先圣先贤的敬仰和缅怀，以唤起书院生徒的尊师重道之情，是传统教化开展的重要方式。古代书院基本都设有祭祀祠堂，供奉圣像和牌位，一般实行释奠礼和释菜礼。但北京书院祭祀对象并不统一，主要有祭祀先圣先哲（如首善书院，供祀孔子牌位）、祭祀理学大师（如太极书院祀道学宗主周敦颐，以二程、张载、杨时、游酢、朱熹等配享；房山文靖书院则供祀当地著名理学家刘因）、祭祀乡里名宦（昌平谏议书院供祀昌平人、谏议大夫刘蕡）、供祀书院创办人（白檀书院专门辟三间房屋作为祠堂供祀创始人李宣范）。

新兴书院中，对书院祭祀活动也有继承的一面，如 2015 年 3 月原道书院成立时由山长恭读祭文，率众举行了开山典礼暨释菜礼。我们认为，北京书院的祭祀功能应实现现代转型。转型不是抛弃，祭祀功能依然有其存在的意义和价值。一方面，作为保存传统文化的重要载体，祭祀活动可以为我们学习、了解优秀传统文化尤其是礼文化提供平台；另一方面，“礼之教化也微，其止邪也于未形，使人日徙善远罪而不自知也。是以先王隆之也”（《礼记·经解》），祭祀作为礼文化，在提升文化素养和陶养性情方面功效显著，这和“慎终追远，民德归厚”（《论语·学而》）所言教化之效是一致的。

同时，转型虽不是抛弃，但也意味着不是完全照搬，而是有所发展、“损益”，所谓礼应因时事人情而为之“节文”，也就是应与时迁移。故而，具体的仪节形式、步骤则可以结合现代的行为交往习惯适当予以简化。当然，祭祀背后所要表达的对先圣先贤先师的诚敬之心应该保留，祭祀活动作为一件庄重的事情，不管如何简化，在具体环节中的心态、摆设、程序等都不应有失庄重，“祭如在，祭神如神在”（《论语·八佾》），否则祭祀就无法发挥其应有的价值了。

（三）讲学功能继承

古代书院非常重视讲学，书院的创办也主要是为了传播文化、推行教化，讲学是最主要的实现方式。如元代太极书院主讲为理学家赵复，选拔俊秀有才识者为学生，听讲者过百人，其中一些如许衡、郝经、姚枢、窦默、刘因后来也成了理学大家，太极书院一定程度上弥补了辽金时期儒学教化和弘扬的缺位，有力推动了理学北传。明代注重讲会类的书院有首善书院、叠翠书院、通惠书院、双鹤书院等。首善书院虽遭阉党攻击，存在时间并不长，却影响颇广、名噪一时，与著名的东林书院声名相应，时称“南东林北首善”，但与对时政抨击的实际效果相较，首善书院在办院之初所确立的旨趣首重乃在讲学，定期会讲，探究学问，通过讲学明道来激起节义、挽回人心、重振纲纪，以挽救当时明朝内外交困之颓势。

可见，书院对于传播思想学术、塑造社会风气乃至培育文化共识方面可以发挥积极作用，这点在今天也极有意义，如中华优秀传统文化的普及、社会主义核心价值观的弘扬、“四个自信”的树立、新思想的宣讲等，都可以通过书院的讲学活动来落地、展开。北京书院继承讲学功能，也有其独特的地缘优势，因为北京学术资源丰富、高知密集、文化氛围浓厚等，为讲学活动的延续及创新提供了可能。通过调研我们发现，新兴书院在讲学功能方面确实有突出表现，主题明确而有特色，并自觉构建具有系列性的开展方式等，如什刹海书院儒学季、道学季、易学季、佛学季的讲学活动，苇杭书院分别以“孝”“礼”“信”“耻”“廉”“义”“和”“忠”“恕”为主题开展年度会讲等。

（四）文化传播功能拓展

上述讲学功能可以成为文化传播的重要途径。讲学的重要特点是注重学术，自由研讨，这对激发思想活力、深化思想交流、促进理论共识都是有帮助的，从而为北京作为“文化中心”的定位助力。除此之外，书院在文化传播功能之外还可以继续扩展，不断探索相应的文化传播形式。比如除较为强调学术性为先导的讲学形式外，还可以有读书会形式、文化沙龙形式、文艺交流形式、礼乐展演形式、文化专题展览形式、公益讲堂形式等。以通州运河书院为例，运河书院是由北京市通州区文化委员会批准、通州区民政局注册登记的民办非营利社会组织，以“弘扬中华优秀文化，开展中华美德教育，服务社区居民百姓”为办院宗旨，开展国学研究与普及推广工作，近期“通州区公共文化服务实践基地”在运河书院揭牌，实现书院文化传播功能的进一步扩展。此类形式的典型特点是注重开放性，以大众化和普及化的途径，面向社会，可以吸引更多的民众自觉自愿地参与进来，以期达到振育民德、涵养民风、移风易俗之功效。

（五）教育功能转化

元明时期，以讲学为主，实现了社会教化的推行；明清两代受科举考试制度盛行的影响，考课、应试成为书院的主要目标，书院成为官学的附庸，但这也可视为是官学教育的一支重要力量。考课类书院明代有如白檀书院，清代如金台书院。“清代北京书院沦为士子科举附庸，生徒数量也创下历史新高，尤以金台书院为盛，京外各省士子都来金台书院落脚学习，准备应试。在历届会试中，该院生徒均有数十人中进士，众多士子由这里荣登龙门，或者成为官吏，或者成为学者，有时会试中进士的多达百人。”①这说明书院可以在不同的文化层面、以不同方式起到作用。

由此，立足现代教育体系来看，书院所代表的传统教育方式与现代教育体制相结合应可起到相得益彰之功效。从时段上，少儿阶段多从蒙学德育到小学智育的阶段打好基础，大学阶段从通识教育到专业教育的过渡，为后续学习做好充分准备；从内容上，书院的教育模式在现代转化中，实现德智结合、通专结合、理论与实践结合等。正如有学者指出的：“实践证明，借鉴书院制度对于传授传统文化、培养传统文化的研究人才有着特别明显的效果。何以会如此呢？简单地说，是由于书院的体制有着与传授传统文化、培养传统文化研究人才相适应的三个‘打成一片’：把现代学校中分科的知识打成一片；把为学与为人打成一片；把教师与学生打成一片。”② 书院教育功能可以与现代教育体制产生化学反应，共同推进构建全面立体、丰富多元的现代教育系统。

胡适曾从“代表时代精神”“讲学与议政”“自修与研究”方面对书院精神进行概括。③ 围绕着“学”与“政”、“研”与“修”，书院的文化功能还有很大的待开发空间，不过书院应“代表时代精神”，结合对时代主题的把握，实现对书院文化功能的不断转化、拓展和更新。

五、北京书院传承发展的转型模式

（一）遗迹保存与历史记忆

古代书院中部分因历史久远、记载不明，难以确定准确地址，如西城区太极书院、昌平区谏议书院。有的被毁坏，遗迹不存，如西城区首善书院，据《燕都游览志》载：“首善书院在宣武门内左方，对城。天启初，邹公南皋、冯公少墟两先生为都人士讲学之所。叶少师台山撰碑，董宗伯思白书。党祸起，

---

① 赵连稳，方彪，梁燕．古代北京书院：文教传承的重镇［N］．北京日报，2014-06-09（19）．

② 陈卫平．“国学热”与当代学校传统文化教育的缺失［J］．学术界，2007（6）：107-113.

③ 胡适．书院制史略［J］．东方杂志，1924（3）：142-146.

魏忠贤矫旨毁天下书院，搥碎碑；嗣即其地开局修历。”① 现宣武门内天主教堂司铎院即原首善书院院址所在地，但首善书院遗迹已不存在了。又如昌平区的燕平书院，现存部分遗迹于今昌平检察院内。遗迹考古与保存是第一步，如果仅停留于博物馆藏品般的“历史记忆”，未能转化为活的传统，恐怕仍非最佳转型模式，我们更需要的是在古为今用的过程中实现传承发展。昌平区政府主办的“燕平书院公益大讲堂”就不失为一条继承传统文化遗产的灵活路径。

（二）保存为文物保护单位

以书院为主体入选文保单位的，据统计，只有金台书院一处，为北京市文物保护单位。金台书院也是北京唯一一所完整保存至今的古代书院，现为金台书院小学。叠翠书院，国家文物保护单位。不过叠翠书院是因隶属于居庸关长城景区，属于国家文物保护单位的一部分，并不是以书院为主体入选的。

（三）转型为现代教育单位

此类是北京古书院现代转型的一个主流模式，这和清末书院改制为学堂的历史有关，学堂延续下来就是现在中小学的前身。具体有金台书院——金台书院小学、卓秀书院——良乡小学、云峰书院——房山城关小学、白檀书院——密云二小、缙山书院——永宁小学/永宁幼儿园、冠山书院——延庆一小、经正书院——北京一中等。

（四）转型为社会文化单位

叠翠书院，后名叠翠书馆，现为居庸关博物馆；卓秀书院，现为良乡小学校史馆；前面提到的燕平书院，仅存昌平检察院内残存遗迹，但燕平书院精神却得到继承，现昌平区开展的“燕平书院公益大讲堂”，即是对传统书院社会讲学功能的转化与继承。书院转型为现代社会文化单位，说明现代社会对书院文化的某种需求。挂靠书院，也可以加深相关单位的文化韵味。当然，也可能与相关管理者的认知水平有关，可能对书院的文化功能并没有深入、整全的认识和了解，因此这一转型模式，可以在已有基础上，进一步发展会讲、讲座、讲堂、会议、研学、读书会等内容。

（五）与现代培训事业结合

这方面包括政德培训、师资培训、商企培训等，如敬德书院（政德、师资）、慧聪书院（商企）、长青书院（创客）等。敬德书院系海淀区委区政府创办，以海淀区教师培训为主体内容，形成了“读经、会讲、研修和学术”为基

① 于敏中，等．日下旧闻考：第三册［M］．北京：北京古籍出版社，1981：774.

本架构的课程体系，力图探讨传统文化教育融入国民教育体系的方式与方法。

（六）与传统建筑的功能转型和拓展相结合

上述与现代培训事业结合，目前发展运作比较有规模的还有一个代表，位于中关村大街 15 号以商企培训为主要内容的慧聪书院，是在原“黄庄双关帝庙”原址修建而成的。据门前勒石《中关村文圣庙志》载：“此庙龄无从考证，惟殿前古树逾六百年，故此推断此庙建于明、清年间。”既接续了原始建筑的命脉，也体现了今日书院复兴的趋势，表明当下社会民众对书院文化的认可和需求。加之作为历史文化名城的北京，古建筑较多，客观上也为古建筑的“书院化”提供了可能条件，成为当下书院发展的一个重要方向。前面提及的故宫博物院与昌平区在十三陵设立紫禁书院，也应属于这一转型模式。此外还有丁香书院（位于宣武艺园内）、明德书院（位于地坛公园斋宫西院）等。

（七）与现代教育体制需求互补相结合

教育体制内部也在不断调整自身，进行教学改革尝试，书院化是其中一个重要方向。如清华大学先后成立苏世民书院、新雅书院，分别面向国外学生和本科生，推行跨学科、通识性的教育模式。放眼全国，成立“书院”业已成为高校推行通识教育的一种重要形式。社会办学方面，尤其是蒙学教育需求较大。与现代幼儿园、小学教育过于注重书本教育和知识教育不同，蒙学教育更注重德性培养和文化熏陶，并在孩童天性养成、技艺传承方面有特色安排，越来越受到社会的认可，办学模式也越来越丰富多元。有与现代教育体制相配套以德育教育为主的（如七宝阁书院），有类似现代教育体制又独具特色的拥有一整套从幼儿园到高中的教育班子的（如四海孔子书院），也有私人创办的类似私塾性质的以教授四书五经等传统国学为主的，还有立足传统面向国际的古今结合的教育模式（如博雅书院）等。

（八）以崇德弘道为目的的新兴书院

以上所述，不管是转型为文保单位、社会文化单位、教育体制单位，还是承担各类培训事业，其实都是以某种实用的功能为旨归，这说明书院可以发挥非常实际的社会功用，成为社会组织架构中的有效因子。不过，书院还有另外一层功用，即以一种非实际、非功利的形式存在和发展，以对道统、德性、学术的传承、研习和弘扬为主要目的，所发挥的功能主要体现在文化层面，重点关怀方向是对社会的教化、文化的普及和中国人文精神的重建。这一层面的功能转型主要继承的正是古代书院讲学、讲会功能，以此为基础转型为现代化的学术讲座、读书会、文化沙龙、会议研讨、年度会讲、国学讲堂等形式，同时延展包括相关的研究著作、文化刊物、文化普及著作（如中国文化书院导师文库、苇杭书院国学玩诵本系列、什刹海书院年刊系列）等，实现对传统文化的全面继承和弘扬。此类书院我们还可以列举出中国文化书院、原道书院、弘道书院、什刹海书院、苇杭书院等。虽然崇德弘道在古代书院同样有其表现，但对于处在物欲横流、利来利往的社会环境中的新兴书院而言，就显得尤为可贵了。这当然和当代学人志士的道统担当意识和文化责任感也是分不开的。

六、北京书院传承发展的建议

（一）鼓励书院的多元化发展

历史地看，书院形态的形成受到多种因素的影响，书院的创办者、教学内容、教学模式、社会功能取向等不同，都会对书院形态产生相应影响。北京书院从古至今均包含多元化的发展形态，创办主体的不同在“北京书院的类型”部分已有说明。其他方面，如授课内容方面，传统书院一般以儒家文化为主体，通州潞河书院则主要教授新式文化。新兴书院也有与书院传统的教学内容和模式不同的形态，如培德书院以“现代书院式人文生态耕读学习村落”形态创设的校园空间包含幼儿园、国际学校（筹）、教育馆、画廊等；中外籍教师协同教学，因材施教，适性发展；采用中国台湾道禾实验学校 20 年细心打磨的新古典雅文化节气生活美学课程。再如选址方面，一般形态的书院首先应有一定规模的书院院落，不过新兴书院有独特的发展思路，如苇杭书院创立之初便立意不立道场，但处处皆可为道场，团结志同道合之士并充分利用既有场地开展活动，类似的情形还有弘道书院等。

当代北京新兴书院如雨后春笋般出现，热度不减，更加促动了书院的多元化发展，甚至出现鱼龙混杂的现象，不过我们可以予以引导、鼓励，而不应一味排斥、否定，因为“虽然当今书院与传统书院有差距，整体水平也参差不齐，但以儒家经典为载体的教化功能基本被延续了下来。各类机构均以‘书院’命名，也说明他们对这一儒家传统教育方式表示认同”①。这是有助于传承中国优秀传统文化、有助于当今文化建设的表现。书院形态的多样性本质上是文化自信、文化繁荣的表征。

（二）注重书院的文化传播功能

不管是讲学型还是教育型，书院都在发挥着某种文化传播、普及的功效，在这种文化活动中，书院也作为现代社会生活的一部分，重新活转于当下。面

① 韩寒．复兴中华传统文化的深层需求——当代书院兴起的动因与情缘［N］．光明日报，2016-09-12（01）．

向社会大众，打造“活”的文化遗产，不是仅仅作为博物馆的观赏品，而是参与到当下的生活实践中，重新进入历史—现实的链条中，成为文化生活演进的一部分，这也是“书院”不同于其他文化遗产的一个重要特征。所以开放性、大众性和参与性很重要。下面会提到对书院的保护，尤其是古书院及其遗址，但保护是为了传承，保护绝不意味着封闭。北京部分古书院转型为现代教育单位，如金台书院小学、良乡小学（卓秀书院），反而出现了封闭的现象，当然这是为学校教育、学生安全考虑，可以理解，但从书院传承的角度看，这其实不符合书院的文化精神，也极大限制了书院的文化功能，尤其像金台书院、卓秀书院作为北京历史上有名的古书院，作为文化资源应该是属于北京全体市民的，而不应过分封闭化，在保障学校安全和教学秩序的前提下，至少可以考虑设置诸如开放日、公益文化活动等，以一种开放的姿态，让更多的北京民众了解并参与到书院活动中，它本身也才能真正参与到文化资源的开发和利用中，才真正能对首都历史文化名城建设，以至“四个中心”建设起到应有的作用。

《中共中央关于深化文化体制改革　推动社会主义文化大发展大繁荣若干重大问题的决定》指出：“加强对优秀传统文化思想价值的挖掘和阐发，维护民族文化基本元素，使优秀传统文化成为新时代鼓舞人民前进的精神力量。”书院的开放性、大众性无疑可以推动社会文化发展大繁荣。而且书院也不仅仅是带动优秀文化的传播，对于当代文化的弘扬如社会主义核心价值观、文化自信的树立等，书院的讲学、教育、交流等活动也能起到相应的助力。

（三）充分开发书院的教育模式

有学者认为当前教育的困境、教育本土化的趋势、社会道德的危机和“国学热”的推动是现代书院兴起的原因①，2014 年教育部印发的《完善中华优秀传统文化教育指导纲要》正反映着适应当代教育需求的及时调整与方向。《纲要》规划把中华优秀传统文化教育系统融入课程、教材体系，分小学低年级、小学高年级、初中、高中、大学等学段，有序推进中华优秀传统文化教育，在课程育人上，突出“渗透融合”，改变单纯传授知识、说教的方式，推进学科统筹。书院在这方面无疑具有突出的优势，书院在知识教育的同时，非常注重通过挖掘儒家经典道德教育内涵、发挥书院教师道德示范效应，以及体现书院环境道德育人功能来进行道德教化，“古代书院通过系统的讲学论道、开放的学派会讲、庄严的祭祀典礼、平等的质疑辩难、严格的学业课考、惬意的外出游学，以及通俗的社会宣教等形式，向书院生徒及社会大众传递价值观念、传播文化

① 刘怀远．当代书院兴起的原因探析［J］．理论观察，2013（10）：35-36.

知识，同时非常注重自省检视与躬行实践，使个体的‘知’与‘行’达到真正统一”①。有学者着重从现代大学和传统书院的对比中，思考面向21世纪的中国教育，“传统的书院教育，是否能为我们提供某种思想资源?”② 并认为可以从如下三种思路进行思考：“从教育体制考虑：私立大学、研究院及民间学会对于中国学术思想多元化的贡献；从教育理念考虑：全人格教育、通识教育以及打破教育的实用主义传统；从教学方法考虑：强调独立思考、自学为主、注重师生之间的理解与沟通。至于某些具体学科及研究领域——如中国传统文化研究，借鉴书院教学，效果十分明显，自不待言”，并强调：“整个学术思路的转移，即二十一世纪的中国大学，不应该只是‘欧洲大学的凯旋’。”③

书院的办学宗旨、教学内容与方法、书院环境的育人功能以及讲会制度等各项资源也值得深入挖掘，“古昔圣贤所以教人为学之意，莫非使之讲明义理，以修其身，然后推以及人……”这一由南宋大儒朱熹撰写的《白鹿洞书院揭示》就是一个典型代表。尤其北京教育、文化资源丰富，可调动北京教育资源、名师、学者，借助书院的教育模式，实现教育体系的立体化模式，实现多重教育资源、教育特色的互补和共振。

（四）加强北京古书院的研究

北京古书院可以扩展北京文化遗产的内容，为北京历史文化名城建设提供实体基础，同时古书院可以为不同层面的文化需求提供资源，“书院作为一种文化教育组织，可以满足人们不同的文化需求，不同追求、不同爱好的人，皆可以运用书院来实践自己的理想。”④ 加强北京古书院研究无疑具有重要意义。这些资源包括历史传承、书院宗旨、书院规制、书院建筑、培养方式、学规学制等多个领域，值得分门别类加以研究，如建筑领域可以吸收建筑规制、设计、功能等经验，教育领域可以重点整理研究古书院的学制、学规、讲记等内容。尤其是后一方面，既继承古代书院“内圣外王”“知行合一”“终身学习”“有教无类”等优秀教育传统，与古代书院一脉相承，同时又与当代文化对接，形成独特的现代书院，可以对现代国民教育起到良好的补充。

---

① 杜华伟．书院的复兴与现代转化——以同济复兴古典书院为例［J］．大学教育科学，2017，3（3）：81-86.

② 陈平原．大学之道——传统书院与二十世纪中国高等教育［J］．岭南学报，1999（1）：539-553.

③ 陈平原．大学之道——传统书院与二十世纪中国高等教育［J］．岭南学报，1999（1）：539-553.

④ 邓洪波．中国书院史［M］．上海：东方出版中心，2006：109.

（五）加强书院遗址保护，酌情纳入文化保护单位

《北京城市总体规划（2016年—2035年）》明确提出“加强老城和‘三山五园’整体保护”。除了我们熟知的老城的道路、胡同、四合院、城门楼，作为承载京味文化的载体，北京古代书院及其遗址，也应得到有效的保护。但对北京古书院院落的传承保护以前重视得还很不够。独立完整列入文保单位的，只有金台书院一个入选，北京市文物保护单位中，书院入选的也仅有这一个案例。此外，也可以算入文保单位的有叠翠书馆，不过是因其在居庸关内，是随居庸关作为国家级文物保护单位进入的；还有区级文物保护单位，通州区有协和书院教士口入选，即潞河书院，不过只能算作书院的部分建筑入选。《中华人民共和国文物保护法》第十五条规定：“各级文物保护单位，分别由省、自治区、直辖市人民政府和市、县级人民政府划定必要的保护范围，做出标志说明，建立记录档案，并区别情况分别设置专门机构或者专人负责管理。”根据保存现状情况，并不是都值得或都需要设立专门机构、专人负责，不过对北京二十多所古代书院都“做出标志说明、建立档案”是完全可以做到的。北京市、区级文保部门都可以展开此项工作，镇一级的也可以积极参与进来。一个值得借鉴学习的案例经验是：苏家坨镇作为海淀区“文物重镇”，共有不可移动文物82处，数量占全区四分之一，文物级别有国家级文物1处、市级文物6处、区级文物23处、文物普查登记项目52处，按照《文物保护法》相关规定，苏家坨镇域内的各级文保单位，都制作了标志说明，而“文物普查登记项目”作为未定级的文物项目，《文物保护法》并未强制要求要设立标志说明，苏家坨镇则认为文物级别低并不代表文物价值低，这52处文物都是独一无二的，他们有责任保护好，故对这52处普查登记文物也统一进行了挂牌保护。对北京古书院可从“文物普查登记项目”入手，立牌说明、建立档案，为重建做好前期准备。

特别值得一提的是，国家文物局于2016年7月发布《关于开展文庙、书院等儒家文化遗产基本情况调查的通知》，指出以文庙、书院等文物为代表的儒家文化遗产，是中华优秀传统文化的珍贵物质载体，也是我国独具特色的文物类型，“十二五”期间，国家文物局拟组织实施儒家文化遗产保护利用工程，切实加强儒家文化遗产保护利用工作，充分发挥文物的公众文化服务和教育功能。北京古书院的保护和传承理应在这一宏观趋势下获得更大的关注和投入。

（六）在加强保护的基础上，有条件的考虑重建

据房山区张坊镇政府微博透露，2018年2月22日，北京市文物局、房山区政府、房山区文委领导到张坊镇文靖书院遗址调研，重点对遗址中700多年的古槐树、古井等进行了考察，为文靖书院今后的修缮奠定了基础。此类经验具

有较强的可推广性，尤其是北京古书院的重镇通州区，如潞河书院、通惠书院，延庆的缙山书院，昌平的燕平书院，等等。缙山书院现为永宁幼儿园，其可利用的资源较多；燕平书院虽然遗迹较少，但精神延续，现有“燕平书院公益大讲堂”活动开展。这些都为重建奠定了基础。

（七）加强新兴书院的规范管理和政策扶持

古代书院的建设是有一定的规制要求的，包括书院的建制、格局、房舍、学田等。因应、助推传统文化、书院热的发展趋势，加之北京市地理空间、土地资源的紧俏，对新兴书院并不加以严格的规制要求，而是鼓励书院多元形态的发展。不过涉及教育、培训为导向的书院，在规范化上应有相应的监管措施，事关思想导向及教育水准，不能让书院走“改旗易帜的邪路”，也不能走“封闭僵化的老路”。

少儿国学教育、蒙学教育，幼儿园、小学、初中，表现出较大的教育需求和市场空间，但应注意一个问题，即书院教学机制如何与体制内的教育环节相结合，尤其幼升小、小升初的升学阶段。现代社会民众对书院式国学培育特别认可，是激发书院热潮的一个重要因素，在提供书院特色教育的同时，如何保障学子的体制化身份及升学需求，就是以蒙学教育为主体的书院必须面对的问题。事实上，这也是北京地区乃至全国书院蒙学教育的共同难题。如果只顾书院特色，不顾现代教育的制度安排，肯定不是一个理性应有的态度。但是，需要引起社会尤其是政府教育管理单位重视的是，书院蒙学教育与体制教育的融合和接轨，不是书院能够靠自力解决的，这离不开教育管理部门提供更多的政策性支持，为书院蒙学教育提供更大的体制性准入机会，实现学业认可和升学模式的正常化，或者为书院提供具有办学资质的学校、幼儿园创造引入、融合等共同办学的条件，鼓励多元化的教育模式共同发展。

（八）加强北京书院发展的有机统筹

古代书院与新兴书院统筹，尤其是书院的分布性统筹是值得关注的问题。

从数量上来看，古书院分布市区和郊区相对平衡，“北京的书院大多分布在郊区，少者 1 所，多者 5 所。市中心的书院数量并不多，共有 3 所。这种现象说明，明清时期北京地区书院教育资源比较均衡，并且达到普及的程度。”① 新兴书院的数量分布则不太均匀，体现出进行统筹的必要性。据不完全统计，以民办新兴书院为例，分布集中在教育资源高地海淀和西城，这和书院的主要功能

---

① 赵连稳，李爽．从通惠书院到潞河书院——通州书院在北京书院发展史上占有重要地位［N］．北京日报，2017-09-04.

是一致的，而在顺义、昌平等郊区书院数量有所增加，这和北京中心城区地理空间和成本越来越高不无关系，书院向外围扩展的趋向加重。

从统筹的角度看，北京书院的发展应该向协调、均衡的方向调整，整体上应该有规划的自觉性，这既有利于书院自身的发展，互相形成呼应态势，又有利于北京文化建设的平衡发展。首先，进行数量配置的统筹，保证每个区至少有一个书院，有遗址的保护或重建，遗迹不存的可以选择建立新兴书院。其次，加强古今的统筹，新兴书院要注重吸收北京古书院的文化特色，自觉打造北京书院的独特韵味；同时应该扶持以民办的形式实现古书院的重建模式，前面提到加强古书院重建，除了政府的力量外，民办力量也可以利用，这对新兴书院自身以及文化遗产保护而言，是双赢的模式。再次，加强书院不同类型之间的统筹，书院功能类型上有讲学型、教育型、蒙学性、培训型、文化单位等不同形式，在数量统筹方面也应该考虑自身类型与区域配置的关系。最后，加强书院之间的沟通协作关系，全国著名书院之间文化交流和经验沟通有很好的组织和交流，但北京地区的内部联系、协同发展不够，不利于资源的共享和互补。我们认为可以推动“北京书院联盟（或协会）”的组织建设。① 总之，各方面的统筹发展，共同指向一个目的，即集中力量、协调共进，更好地整合资源、服务首都功能建设。

（九）与首都城市规划接轨

北京市文物局在2015年曾提出了“三个文化带”的概念，2017年在新版北京城市总规中进一步明确，三个文化带即大运河文化带、长城文化带、西山永定河文化带。与三个文化带接轨，书院文化都可以有机地参与其中并提供自己的独特资源。

以大运河文化带为例，从历史上看，书院发展就和运河文化有着密切关联，“历史上通州一共有5所书院，相较于北京其他地区来说，书院的数量也是比较多的。通州位于京杭大运河的北端，著名的漕运码头所在地，明清两朝均在此设立仓场总督，这里商贾云集，是北方地区的交通枢纽、商贸中心，经济发展水平相当高，这是历史上通州书院数量较多的重要原因。”② 比如著名的通惠书院、双鹤书院、潞河书院都是在运河及其支流附近而建的，“通州书院和大运河关系密切。从东便门大通桥至通州北运河这段河道称为通惠河，明代的巡仓御

---

① 程旺，牛伟坤．古往今来的北京书院［N］．北京晚报，2019-03-01.

② 赵连稳，李爽．从通惠书院到潞河书院——通州书院在北京书院发展史上占有重要地位［N］．北京日报，2017-09-04.

史阮鹗在通惠河畔创办书院，故名通惠书院。还有张家湾的双鹤书院，也是建在运河旁边。清代的潞河书院也与运河有关联”①。现代通州地区的新兴书院有“运河书院”，明显也是取意与运河文化的关联性，如果在此基础上，着重开发、保护、重建历史上运河周边的古书院，会有更好的效果，将有助于历史遗产保护，有助于上文提及的书院建设之间的古今统筹，更重要的是，对首都城市规划起到有特色、有底蕴的助推作用。

对长城文化带而言，北京书院也可以有相应的助力作用，如居庸关长城的叠翠书院，就可以更好地利用自己的地理优势和历史资源积淀展开活动。拓展来看，北京的古建筑资源也可以发展、转型出书院化的模式或方向。前文总结北京书院的转型模式，即已提出“与传统建筑的功能转型和拓展相结合”是书院转型的一个方向，除紫禁书院外，慧聪书院、丁香书院、明德书院的发展模式皆为其例，这也将深入助力北京古建筑资源的现代转型。

与首都城市规划发展结合，还有很多资源可以结合、利用，实现首都城市资源的功能升级，如“书院+教育资源”的模式，可以涵盖面向社会的大众教育、文化普及（“图书馆+书院”的模式②），以及体制内教育（中小学图书馆主体书院、高校通识教育主体书院等）；又如“书院+社区发展”模式，尤其是可以通过乡村书院建设，助力乡村建设，提升乡村文化，平衡文化资源，为城乡交流和资源平衡搭建平台。

七、结语

初步调研分析显示，北京地区九成以上的社会民众认为书院文化很有意义，近八成社会民众参与书院活动的意愿较强、对书院的文化活动兴趣浓厚；不过与之相应的是有超过七成的社会民众对北京古代书院的传承情况及北京新兴书院的发展情况并不了解，六成以上还未有合适机会接触或参加书院的相关活动。③ 这凸显着文化资源运用和社会民众文化需求之间的矛盾，对书院资源情况的了解不够也是今天我们未能充分加以关注和传承的主要原因，这些同时反映出对北京书院进行综合研究的必要性。

---

① 赵连稳，李爽．从通惠书院到潞河书院——通州书院在北京书院发展史上占有重要地位［N］．北京日报，2017-09-04.

② 夏冰．中国传统文化的传承——“图书馆+书院”模式的作用及其发展途径［J］．人文天下，2016（24）：36-39.

③ 程旺的《北京书院的传承保护现状、文化功能及其转型模式的调查与研究》——北京高校师生服务首都四个中心功能建设“双百行动计划”市级青年教师社会调研报告．

“一千年以来，书院实在占教育上一个重要位置，国内的最高学府和思想的渊源，惟书院是赖。”① 胡适的这个论断或有过高之嫌，不过，也确实彰显了书院所发挥的重要作用。毛泽东也曾对书院做过评价，结合学校和书院的利弊对比进行了更为辩证的分析，其中总结书院的优势在于“一来是师生感情甚笃；二来，没有教授管理，但为精神往来，自由研究；三来，课程简而研究周，可以优游暇豫，玩索有得”②。毛泽东认为从“研究的形式”说，“书院比学校实在优胜很多”，所以湖南自修大学的创办应“取古代书院的形式，纳入现代学校的内容”③。这个论断，在今日看来恐怕仍是具有深刻的指点意义的。2020 年 4 月，北京市颁布《北京市推进全国文化中心建设中长期规划（2019 年—2035 年）》，“坚持以首善标准做好首都文化这篇大文章”，提出“保护历史文化底蕴，留住老城乡愁记忆”“构建群众身边的公共文化设施网络”等具体举措。北京书院文化亦是我们需要继承的重要资源，可为当代书院文化的复兴和重建提供滋养。我们需认真总结、吸收北京书院及其文化资源，加强保护和扶持的力度，并适当进行引导和统筹管理。“不忘历史才能开辟未来，善于继承才能善于创新”④，源远流长、于今为盛的北京书院理应成为北京“文化中心”功能建设的积极支撑，北京书院的传承、保护和重建也应是北京历史文化名城建设的重要组成部分。

结合本文分析，我们认为北京书院应结合“古代书院的现代化”和“新兴书院的传统化”的发展原则，在保持基本模式和与现代接轨之间找到平衡，合力共振，定能成为北京文化资源不可或缺的一分子！

---

① 胡适．书院制史略［J］．东方杂志，1924（3）：142-146.
② 毛泽东．湖南自修大学创立宣言［J］．党的文献，2011（1）：3-4.
③ 毛泽东．湖南自修大学创立宣言［J］．党的文献，2011（1）：3-4.
④ 习近平．习近平谈治国理政（第二卷）［M］．北京：外文出版社，2017：313.

八、附：古往今来的北京书院

一边是古代书院的没落，一边是现代书院的兴起

金台书院（现金台书院小学）

图1 程旺（中）在七宝阁书院（顺义区）调研

提起书院，大多数人首先想到的是岳麓书院、白鹿洞书院等赫赫有名的地方书院，很少会有人将其与北京联系起来。实际上，北京书院有着更为悠久的历史，不仅古代就有二十多座书院，而且现代书院更是在全国具有独特的地位。北京中医药大学马克思主义学院青年教师程旺对于北京书院情有独钟，经过一番专门的调研，向世人展示了北京书院的今昔变迁。

古代书院

现状：二十多处书院仅存留一处实体

“其实，北京的书院有着非常悠久的历史，只是研究程度不高、重视程度不足。”程旺博士感慨道。在北京师范大学攻读哲学专业时，他的研究方向就是儒学，书院正是儒家藏书、讲学的场所。在开始课题研究之前，程旺对于北京书院的历史已有所了解。他介绍道，与全国的书院发展历程相似，北京古代书院兴建很早，在五代时期的后梁，北京就诞生了第一所书院——窦氏书院。随后，北京书院时快时慢地陆续发展。程旺粗略统计，元明清三朝，北京地区总计书院不少于23所。

虽然没有出现岳麓书院这种全国知名的大书院，但北京地区也有一些书院在当朝闻名世人。明朝的首善书院，是明代有识之士议论时政、抨击阉党的集会场所，与远在无锡的东林书院遥相应和，有“南东林北首善”之称。首善书院所表现出的士人气节，为世人所敬仰。清朝的金台书院，前身是明朝大臣洪承畴的私人住宅。后来，顺天府设义学，收留孤寒生童在此就读，康熙皇帝特赐御书“广育群才”的匾额。乾隆十五年（1750），这里正式更名为“金台书院”，成为考生准备科举考试的场所。

那么，承载着厚重历史的这些古代书院现状如何？令人遗憾的是，京城的二十多处古代书院，目前存留有实体的只有金台书院一处。“部分书院因为历史久远、记载不明，所以难以确定准确地址，诸如西城区太极书院、昌平区谏议书院；还有的被毁坏，就像西城区首善书院。”程旺说道，很多清代书院改制为学堂，延续下来就是现在中小学的前身。除了金台书院转型为金台书院小学之外，此前的卓秀书院旧址上建起了良乡小学、云峰书院旧址上为现在的房山城关小学、白檀书院旧址为现在的密云二小等。

不过，与金台书院小学依然留有古色古香的历史建筑不同，其余由书院转型而来的学校已经看不到古代书院的建筑印记，部分学校仅以碑刻或校史馆的形式提醒着那段历史的存在。虽然有金台书院小学和良乡小学转型现代教育机构的代表，但在程旺看来，古代书院的整体保护还任重道远。以书院为主体入选文保单位的，只有金台书院一处，是北京市文物保护单位。叠翠书院虽然是国家文物保护单位，但因为隶属于居庸关长城景区，只属于国家文物保护单位的一部分，并不是以书院为主体入选。通州区潞河书院入选区级文物保护单位，也只是以古代书院的部分建筑入选。程旺走访时发现，更多的古代书院遗址无声地消逝在了历史长河中。

建议：进行普查登记 摸清书院家底

“文物级别低，并不代表文物价值低。”程旺明确提出自己的观点。他建议，应该对古代书院的遗址加强保护，对古代书院进行普查登记、摸清家底、建立档案，并在遗址上设置相应标志说明。在加强保护的基础上，有条件的可以考虑重建。

“保护意味着传承，保护绝不意味着封闭。”程旺认为，像金台书院、卓秀书院等北京历史上有名的古书院，应该是属于全体市民的文化资源。在保障学校安全和教学秩序的前提下，可以考虑设置诸如开放日、公益文化等活动，以一种开放的姿态，让更多的北京民众了解并参与到书院活动中。

此外，在程旺眼中，古代书院的研究也有重要意义。“这些资源包括历史传承、书院宗旨、书院规制、书院建筑、培养方式、学规学制等多个领域，值得分门别类加以研究。比如：建筑领域可以吸收建筑规制、设计、功能等经验；教育领域可以重点整理研究古书院的学制、学规、讲记等内容，对现代国民教育形成补充。”

现代书院

现状：文化热、国学热推动书院发展

与古代书院的“没落”不同，北京地区的现代书院呈现出一片生机勃勃的景象，甚至可以用“热潮”来形容。“这与上世纪80年代‘文化热’、90年代‘国学热’的兴起有很大关系。”程旺如此表示。

通过对新兴的现代书院梳理，程旺进行了大致分类：新兴书院的主体是民办书院。同时，有小部分属于公办书院，诸如隶属国家图书馆的文津书院、海淀区委区政府创办的敬德书院、故宫博物院与昌平区政府合作创办的紫禁书院等。此外，还有一部分是学办书院，比如清华大学的苏世民书院、新雅书院，北京三十五中的鲁迅书院等。

从承担的功能上来看，现代书院大致分为“讲学”和“童蒙教育”两类。

其中，什刹海书院以讲学、培训为主。自2012年以来，连续开办系列传统文化主题论坛活动，并对社会公众免费开放，发挥了一定的社会教化和文化普及作用。作为蒙学教育的代表，七宝阁书院开设课程涵盖经、史、子、集、中医、书画等内容，面向社会开设传统文化课堂。

但是，不得不承认的是，北京新兴书院快速发展的背后是标准的缺失。“新兴书院没有相应的准入条件、限定因素和监管机制，创立比较容易，所以数量还会持续增长下去。”程旺认为，这就导致了很多新兴书院“有其名无其实”，造成了书院文化的虚无化和空心化。同时，一些书院还化身校外培训机构、书画商店、旅游景点。更有甚者，一些以商业开发为目的的项目也高挂书院之名，以提升文化品位。“这些都只是把‘书院’当成了一种符号，借用其背后的文化内涵。”

在程旺看来，除了具有传统教育的基本功能外，书院还涵盖着其他富有中国文化特色的功能，比如讲学、研究、藏书、刻书等。其中，讲学、藏书、祭祀一般被认为是传统书院最为重要的“三大功能”。“新兴书院无论怎样发展，都不能丢失教育的内涵。”

建议：鼓励多元化发展 出台相应监管措施

程旺表示，虽然当今书院与传统书院有差距，整体情况也参差不齐，但是以儒家经典为载体的教化功能基本被延续了下来。因此，对于新兴书院的发展，不能一概加以否定，而应该进行引导和鼓励。与此同时，在规范化上应有相应的监管措施。

书院教学机制如何与体制内的教育环节相结合，也是需要关注的一大问题。“在提供书院特色教育的同时，如何保障学子的体制化身份及升学需求，是以蒙学教育为主体的书院必须面对的问题。”程旺认为，只顾书院特色，不顾现代教育的制度安排，不是应有的理性态度。不过，书院蒙学教育与体制教育的融合和接轨，离不开教育管理部门的政策性支持。

书院在数量和功能上的有机统筹也势在必行。据不完全统计，民办新兴书院分布呈现出不均衡状态：一方面，海淀区和西城区较多，反映出新兴书院集中在教育资源高地，这和书院的主要功能相一致；另一方面，书院向外围扩展的趋向明显，在顺义、昌平等郊区数量有所突出，这和北京中心城区地理空间和成本越来越高不无关系。程旺认为，“可以推动‘北京书院联盟或协会’的组织建设，既进行数量和功能上的统筹，也能取长补短，形成规模效应和协同效应，实现书院质量的共同提升。”

（来源：《北京晚报》2019年03月01日14版“深度报道”，记者 牛伟坤）

今日传统文化经典会读应有之态度

题引：近年来，国人在寻回文化主体性和心灵归属感的历程中，逐渐返归传统文化经典来建立文化认同，国学热、读经热逐渐升温，传统文化经典正重新成为民众文化教养的本原，这无疑是文化传统之复兴的重要一程。此间，怎样“读”经典，就成为一个迫切需要回答的问题。本文并非普泛地谈读经方法，关于此点，历代哲人已多有论述，其中尤以朱子、马一浮先生《读书法》之专论，谆谆翔实，宜为细观，笔者无须续貂。本文主要就时下渐兴的“经典会读”活动而谈。笔者在就读北京师范大学期间，曾积极参与过“辅仁读书会”（哲学学院主办，以研读儒家四书为主）、“老庄读书会”（人文宗教高等研究院主办，以研读道家老庄为主）等经典会读活动，蒙诸师友夹持扶养，熏染所致，幸得一二体会，深感有些关于经典会读的前提性问题还需再加省思，故不揣浅陋，针对当时的一些所思所感，姑妄以“经典会读应有之态度”为题，掇拾前贤余蓄以为提点，略陈一管之见，以期有助于经典会读参与者更“深入”地走进经典、经典会读组织者更“有效”地开展活动。

经典会读活动，是指由多人共同研读某部经典著作的持续性学习活动。会读人数少则三五人，多则十余人、几十人均可开展。会读地点，一般室内环境即可满足，也可在室外开阔场地或在线网络平台灵活安排。会读时间可根据会读成员时间综合安排，非工作时间、课余时间或晚间均可考虑，尤以周末为佳。会读时长以 2—4 节课（1. 5—3 小时）为宜。会读程序一般包括诵读、讲解、讨论、总结四大环节，也可以酌情增加静默（会读前）、点评（会读后）等环节。会读内容以经典著作为核心，如中国传统文化经典、马克思主义经典、西方文化经典、各学科奠基性的必读经典等。本文以中国传统文化经典为中心展开讨论。“中国优秀传统文化的丰富哲学思想、人文精神、教化思想、道德理念等，可以为人们认识和改造世界提供有益启迪，可以为治国理政提供有益启示，也可以为道德建设提供有益启发。"① 中国传统文化经典属于通识性的学习内容，各行业人员、各专业学生均可开展和参与。中共中央办公厅、国务院办公厅 2017 年 1 月印发的《关于实施中华优秀传统文化传承发展工程的意见》特别指出"推动高校开设中华优秀传统文化必修课，在哲学社会科学及相关学科专业和课程中增加中华优秀传统文化的内容"。将优秀传统文化融入教育教学将成为今后教学改革的系统性工程，对高校而言，传统文化经典会读活动更应成为弘扬中华优秀传统文化的重要抓手。

一、先存"温情与敬意"

今日读经，首先应对经典抱持一份温情与敬意。为何？因今日我们处在近乎断裂的传统之中，已经丢掉了经典置身其中的文化土壤和思维方式，若不先存一温情与敬意，我们必以今日之文化、今日之视角、今日之思维去评点、审视、质疑古人，轻则诬为糟粕，重则径为唾弃，实均不免隔绝、误读、狂妄之弊。存"温情与敬意"者，如钱穆先生所言："至少不会对本国历史抱一种偏激的虚无主义（即视本国以往历史无一点价值，亦无一处足以使彼满意），亦至少不会感到现在我们是站在以往历史最高之顶点（此乃一种浅薄狂妄的进化观），而将我们当前种种罪恶与弱点，一切诿卸于古人（此乃一种似是而非的文化自谴）。"② 先存"温情与敬意"，并非欲诉诸非理性的心态来信奉古人，恰恰相反，"温情与敬意"主张应先摆脱今日之成见，贴近古人之思维和立意，设身处地体察古人著说之情境，对经典进行一番"客观的了解"，在现代视域中重新滋生起对传统、对经典的再启蒙效应，然后方能合情、合理、合时地去做评判，否则难以持守公正的态度。是以先存"温情与敬意"实乃今日对"经典"进行"客观了解"的前提。陈寅恪先生指出："古人著书立说，皆有所为而发。故其所处之环境，所受之背景，非完全明了，则其学说不易评论，而古代哲学家去今数千年，其时代之真相，极难推知。吾人今日可依据之材料，仅为当时所遗存最小之一部，欲藉此残余断片，以窥测其全部结构，必须备艺术家欣赏古代绘画雕刻之眼光及精神，然后古人立说之用意及对象，始可以真了解。所谓真了解者，必神游冥想，与立说之古人，处于同一境界，而对于其持论所以不得不如是之苦心孤诣，表一种了解之同情，始能批评其学说之是非得失，而无隔

① 习近平．在纪念孔子诞辰 2565 周年国际学术研讨会暨国际儒学联合会第五届会员大会开幕会上的讲话［N］．人民日报，2014-09-25.

② 钱穆．国史大纲：上［M］．北京：商务印书馆，2016：1.

阂肤廓之论。”① 不能“同情”，多半源于不够“了解”；而若能得入此“真了解”之境地，不仅不会诬评古人，反而自会有一种“了解之同情”的心态。故而，从“温情以了解”到“了解之同情”，其间贯彻的恰是一理性的认识态度。

二、重视历代重要注疏

今日读经，若欲达陈寅恪先生所言之“真了解”，亦非易事，毕竟我们与经典之隔膜并非一日而然。所以我们需要借助古注，来帮助我们了解经典。尤其是公认的重要注疏，应重点参看。其他注疏，若能“统之有宗，会之有元”，有助于“知一篇之体要”者，亦可适当简择。最好能参看两本以上不同时代、不同风格的古注，作为会读之基础了解。历代经典注疏汗牛充栋，我们并不主张竭泽而渔，但由此走向另一个极端，而废注不观，则尤为盲目可警戒者。如我们读《老子》，“汝开《老子》卷头五尺许，未知辅嗣何所道，平叔何所说，马、郑何所异，《指例》何所明，而便盛挥麈尾，自呼谈士，此最险事”②。所以我们应对古注有必要的了解，这是我们接近经典、走近经典的重要阶梯，又有助于今人规避“神游冥想”所可能导向之弊，以免以今律古，流于穿凿附会之说。但也应注意，不能完全停留于古注，任何注解，都有其自身的体系性、时代性、取向性，古注是我们回归经典之津梁，却并非经典本身。这是运用古注所应清醒之态度。

三、善于利用现代研究成果

近几十年，中国文化、中国哲学、中国传统经典的研究取得了飞快发展，相关领域已有不少成熟的研究成果。今日研读经典，若能对一些现代研究的成熟成果有自觉的了解和利用，则会取得事半功倍的效果。这一点，似乎是目前各类会读活动中做得不太充分的。会读过程中纠缠的问题，其中一些学界已有了相对充分的研究和讨论，我们若能对这些成果进行一下基本的查考，了解一些已有的总结、论述、观点、分歧、争论，无疑会增进我们的理解、加深问题的深度、开阔讨论的视野、提高会读的水平。即使我们欲自创新说，也应建立在对已有成果的充分把握基础上，否则只能是固步自封，难以服众。对现代研

① 陈寅恪．“审查报告一”［M］//冯友兰．中国哲学史：上．北京：中华书局，2014：891.

② 萧子显．点校本二十四史修订本·南齐书：第二册［M］．北京：中华书局，2017：662.

究成果的尊重，并不主张轻于附和，而是在借鉴甚或辩难的同时，更多地发现经典所包含的丰富意蕴和理论可能，逐渐建立自己解经之宗旨，找到自身与经典对话的规范机制。

四、微观考据与宏观义理相结合

今日我们的会读情形，似更偏于“微”的一面，对“宏观义理”的表达略少。会读研讨以精读、细读为主，每句话，甚至每个字都要严防死守，未明不可权放过，这种态度是很必要的，非如此经手一番，则对经典不能谓之熟识，这是探明文义的重要基础。程子指出：“凡看文字，先须晓其文义，然后可以求其意，未有文义不晓而见意者也。”① 这说明考据对于文义理解的基础性意义，但同时指示出在文义之外，尚有“意”可求。故在微观、细致地考究字义、词义、文义之后，还需从宏观义理上深求玩味、体贴、提升、观照，否则就成了饾饤之学，见树不见林，大义缺失，买椟还珠，经典的意义也就无所依附了。古人云：好读书不求甚解。这句话并不严谨，但其所指示不要拘限于文字训诂，而要探求大义，则是有道理的。进一步看，宏观上的义理把握对微观字词考据的贞定亦是不无帮助的。这个问题在汉学和宋学的方法对比中表现得更为明显，如比较朱子《孟子集注》和焦循《孟子正义》，朱子之注并不废训诂，但更注重义理的言说及与训诂的结合，以理明义，故对字词篇章的理解，常常比偏重于事事均求考据精详的《正义》还有说服力。其实，“由大略而切求”与“循度数而徐达”②，两种研习进路在先后主次上正相反对，然并无优劣之分，均主宏、微之间的两端贯通，最终指向“闻道”之境。若执其一端，则不免偏执。

五、逻辑方法与体认方法相结合

中国传统思想学术，与现代学科体系并不能构成严格意义上的对应关系，如哲学、宗教等学科，但确实常能感受到其丰富的哲理性、蕴含着一定的宗教性。故仅以逻辑推导式的方法来阅读、理解经典文本，则难免会遮蔽其富含智慧启示的一面；而仅诉诸感悟会通式的体认方法，亦不能满足今日“研究”之需要。两者结合，不宜偏废。然两方面并不是平行并重的，对中国哲学而言，后一方面的体认尤其应引起今日研读之重视，本体认而进以逻辑，以逻辑来支撑体认，庶几不失大旨。近现代中国学术大师重建文化传统的努力中，往往对

---

① 程颢，程颐．二程集［M］．北京：中华书局，2004：296.

② 章学诚．文史通义［M］．沈阳：辽宁教育出版社，1998：47.

体证、证验、性智、智的直觉等多有强调，现在杜维明先生仍大力弘扬“体知”观念，都是出于这样的考虑。盖近现代以来，我们将理性、逻辑视为“科学”，大力肯认，将中国学问固有之学问方法则视为“神秘”，避之不及。直至今日，我们仍未能完全适当地承接这一方法传统，故不论我们对此方法掌握、运用到何种程度，都应明确地树立起这一方法意识。关于此点，前人实早已有过睿智的明示，如汤用彤先生有言：“宗教情绪，深存人心，往往以莫须有之史实为象征，发挥神妙之作用。故如仅凭陈迹之搜讨，而无同情之默应，必不能得其真。哲学精微，悟入实相，古哲慧发天真，慎思明辨，往往言约旨远，取譬虽近，而见道弘深。故如徒于文字考证上寻求，而乏心性之体会，则所获者其糟粕而已。”① 汤先生所论虽就佛教而言，但揆诸儒、道，又何尝不然。传统经典的主体内容不外乎以一种普遍性的论说指点切于人生的意义，与之“同情之默应”“心性之体会”，常存切己体察、变化气质之心，方不致“对塔说相轮”，而能浃洽经典会读之大要。程子尝云：“今人不会读书……如读《论语》，旧时未读是这个人，及读了后来又只是这个人，便是不曾读也。”②

六、会读活动的基本组成、环节及其规矩

会读活动基本组成人员一般包括主讲者、参加者、主持人三部分，也可视情况而定增加评议者等。在具体的展开环节中，结合实践总结出的会读人员应有的规矩模范，略述如下。

（一）主讲者

主讲对经典内容的讲解，应包含以下层次：历代注疏梳理、现代研究介绍、原文现代翻译、本章义理旨要，以及对经典内容的引申。引申内容可因具体情况适当从以下几个方面展开：结合本经以解经、结合后学思想引申、结合不同派别比较、结合西学比较、结合现代社会比较、结合自身体认等。需要强调的一点是，主讲对此章内容和宗旨要有自己的主张和把握，即使是认同其中一家之说也无妨，关键是要有充分的理据支撑自己的主见，否则，在回答问题时就会无所适从，以水济水，不能一以贯之。

（二）参加者

参加会读的人员，对本次会读内容理应有所预习，至少几种主要的注疏应提前阅读，对基本的字词文义有初步的认识，否则如何有效地参与到“会”读

---

① 汤用彤．汉魏两晋南北朝佛教史［M］．上海：上海人民出版社，2015：620.

② 程颢，程颐．二程集［M］．北京：中华书局，2004：261.

之中？最好能带着问题来参加，切中要害，增加“有效”的讨论。善于提问本身也是一门“学问”。马一浮先生于此言之甚明：“先学而后问”，“学是学，问是问，虽一理而有二事”，“学是自学，问是问人”，“善问者必善学，善学者必善问”，“学以穷理，问以决疑；问前须学，问后要思”……①善于提问之外，参加者也应积极发言，敢于阐释自己的见解。但发表之言应关乎宏旨，并不是可以随意乱言，若所言不着边际，徒有“盛挥麈尾，自呼谈士”，无益于讨论主题，亦无益于发言者，更耽误大家时间，这恐怕不能称作“自由”。自由也应有其自身的内在要求。况且，未有真知灼见便轻易指点，是否会“一盲引众盲，相牵入火坑”呢？可不慎乎？总之，不管提问还是发言，都要求参加者本着一颗真诚的心。

（三）主持人

一次会读是否能“高效”地开展，主持人实起着举重若轻的作用。主持人并不是可有可无的，若仅仅负责在主讲之后说一句“大家有什么问题”，那此类主持恐怕是不合格的，发挥不了实质的作用。会读活动，对主持人的要求实际是很高的，甚至要高于主讲人，主持人对所讲章节的掌握应比主讲人还要明晰、还要宽泛，主持人不仅要熟悉每章文义，还要对此章的宗旨有明确把握，要掌控好讨论的范围，不要跑题太远，对于离题过远的发言，能及时收回；主持人还要对本章会出现的问题、可能出现的争论有足够的了解，在大家争论激烈时，可以合理地疏通各方观点；在冷场时，可以及时调整节奏，对重点、难点加以引导，在主讲人、参加者、评议者之间建立积极互动；对于应该讨论的论点未被提出时，应适时地提出，予以讨论；在可以引申而未被提及时，可以适当加以引申；在讨论比较充分时，要清楚地意识到，并适当加以总结，保证会读的进度开展；等等。所以说，主持人实际操控着整个会读活动的节奏、气氛、广度、深度，应该引起重视，不能随意视之。

七、读经作为一种生活方式

在北京师范大学“经典传习与人文教化——辅仁读书会百期纪念学术座谈会”上，宗教研究造诣颇深的张百春教授曾提出这样一个问题：“如果说新教徒星期天阅读经典，参加礼拜仪式，那么我想问一下，在礼拜天，一个中国人（如果他不是基督徒的话）干什么最合理？对这个问题，我没找到答案。……可以这样说，这个问题是基督教对中国文化提出的最大挑战。问题的实质是，礼

① 马一浮．泰和宜山会语［M］．沈阳：辽宁教育出版社，1998：45-47.

拜天（星期天）对我们中国人而言意味着什么？我们应该如何度过礼拜天？这一天我们干什么最合理？”① 他给出的答案是认为“辅仁读书会”提供了最合理的答案：礼拜天阅读儒家经典。对于问题的回答，当然可以见仁见智，但对这个问题却不容忽视，笔者认为提得极有意义，若非对宗教问题极有见地又对中国现实深有感触的人，是提不出这一问题的。我们知道，百余年来，中国一直处于向西方学习的时代，我们学习西方的科学、技术、民主，甚至生活方式，但是，在西方人的心里，他们还有个宗教的世界，他们每个礼拜天都放下一切，走进教堂，寻求心灵的慰藉。我们只学了外在的“用”，却没学其内在的“体”。所以我们现时代特别呼吁应树立文化自觉，要坚定文化自信，此当为“百年未有之大变局”的题中之义。不论是社会态势、道德境况，还是我们自己的内心，都告诉我们需要回归传统，重新去接受传统文化的浸润与陶养，去建立一个内在的、道德的、超越的世界，以作为人心的慰藉、勖勉和终极关怀。如何重建这样一个世界？笔者认同张教授的见解，即读经可以作为推动建立这个世界的积极进程。在周末开展经典会读活动，实还应从这一文化意义上来加以审思，即有意表明在现实性、物质性的世界之外，当今中国人还需在心灵归属、意义重建、文化认同等问题上加以应有的提撕。我们若对此问题有自觉的省察，就应该坚持下去，不仅周末开展会读，还要让读经成为一种生活方式。

“经为常道，不可不读”，在经典读诵、研习、辩难的会读过程中，让经典常道潜移默化地引生认同，对树立正确的价值观、养成应有的德性、端正合理的行为等产生正向影响。经典会读活动的开展，不仅有助于增进知识性、专业性的切磋琢磨、细致研讨，而且有益于交流思想心得，博学审问，砥砺德行；尤其是青年学生参与者，使他们能够更亲切地感知文化传统，对培护文化底蕴、提升人文教养，以至活跃校园文化氛围等，都是甚有助益的。故此文若能引得一二共鸣，为此类活动的组织起到些许借鉴作用，则幸所望焉。立足经典，回归传统，脚踏实地，通过一次次的会读，让更多的人参与进来，把经典读下去，在经典中沐浴文化、传承文化，我们的文化复兴、文化自信才能具有更坚实的基础。以“经”会友、以友辅仁；学聚问辩，宽居仁行；经典养润、文以化人，“观乎人文，以化成天下”（《周易·彖传》）。勉哉！

---

① 辅仁读书会．经典传习与人文教化——辅仁读书会百期纪念学术座谈会纪要［M］//李景林，李祥俊．京师中国哲学：第四辑．哈尔滨：黑龙江人民出版社，2013：253.

后　记

也许是家乡（籍贯山东曲阜）文化习俗的浸润，也许是学校（先后就学于曲师大、北师大）学风校风的陶育，也许是自身性情（既愚鲁又讷言）使然，自大学学习哲学专业后，就对儒学智慧情有独钟、心有同然，跌宕至今，算来也有十余年矣！从硕士阶段学习开始，开始进入学术研究的脉络来关切、体贴儒学智慧及其理论旨趣，至博士阶段，则逐步明确了为学宗旨，确立起了问学、思考、诠释的中心，虽然仍有思维发散、文笔散漫的毛病，兴趣点多变而多有浅尝辄止之陋，但回头反思，近几年的学思历程及攸心所关，始终是围绕“教化”这个理论内核的。这里我要叩谢我的博导李景林先生、硕导姚春鹏先生，衷心感谢两位先生不仅不弃愚徒，且言传身教、耳提面命、不断地给予理论提点及思想指引。

书中篇章或部分观点曾发表于《光明日报》《道德与文明》《孔子研究》《国学研究》《社会科学战线》《人文杂志》《儒学评论》《儒家典籍与思想研究》《周易文化研究》《当代中国价值观研究》《地域文化研究》《北京晚报》《东方论坛》等报刊，在此向刊发拙文的刊物及赐知修订建议的评审专家、费心指点修订的编审老师一并致谢。

“儒家思想和中国历史上存在的其他学说都坚持经世致用原则，注重发挥文以化人的教化功能，把对个人、社会的教化同对国家的治理结合起来，达到相辅相成、相互促进的目的。”（《习近平在纪念孔子诞辰2565周年国际学术研讨会暨国际儒学联合会第五届会员大会开幕式上的重要讲话》）在庆祝中国共产党成立一百周年大会上，习近平总书记进一步提出要继续推进马克思主义中国化，明确提出继续加强马克思主义基本原理同中华优秀传统文化相结合的重要指引。本书列入北京中医药大学马克思主义理论学科特色研究著做出版资助计划，希望能为此一方向提供一个初步探索。儒学教化问题的探讨，不仅关涉学界已提出的马克思主义社会教化略有缺失的问题，也与思想政治教育的理论追求具有内在关联性，本书的粗浅讨论或可为相关论题深入研究提供一点思考和资料。

“教化之后”这个书名，正如明眼所见，乃借鉴自麦金太尔的名著《德性之后》（*After Virtue*，又译《追寻美德》）。教化可能从来就不只是达成一个既成的结果，更是追求一场诚著形变、化育流行的生命/社会动态进程！从这个意义上理解，“教化之后”（或曰“追寻教化”），其实正构成着我们的生存样式。

本书仅是立足自身短浅鄙拙的学术视野来对博大精深的儒学智慧的管窥呈现，对于儒学教化的义理内涵及其重要功能，恐怕是“标瓦砾于珠林”，书中虽已尽力尝试就其德育价值及当代转化提出一些新的思考和观点，但更多是留下了有待大力拓展、深化的问题和论域，肯定还存在非常多的不足甚至错漏之处，以后需要继续“追寻”下去！

程旺

辛丑仲秋谨识于北中医守望刺猬斋